고려와 북방문화

※ 이 저서는 2007년도 한국학술진흥재단의 지원에 의한 연구결과임
(연구과제번호 : KRF-2007-321-A00007)

고려와 북방문화

장남원 · 강병희 · 권순형 · 김순자
김영미 · 안귀숙 · 정은우

한 시대의 문화는 자국의 전통을 계승하는 한편 새로운 외래 문화를 수용 발전시킨 것으로서, 사회 구성원들의 정체성에 중요한 영향을 미친다. 따라서 어떤 사회를 이해하기 위해서는 그 사회의 문화를 연구하는 것이 효율적이다. 문화를 알기 위해서는 그 사회가 이어 받은 문화는 물론, 주변 국가와 교류한 문화를 이해해야 한다.

이 책은 11-12세기 고려문화와 북방문화의 교류를 탐구함으로써 고려문화의 성격을 새롭게 이해하려고 한 것이다. 중국대륙의 한족문화를 중심으로 연구되어온 동아시아 사회 문화 교류의 시각을 전환하여 북방문화와 고려문화의 상호 영향을 이해하고자 한 것이다.

고려는 독자적인 천하관을 바탕으로, 한족왕조인 송은 물론 거란·여진·몽골 등 여러 북방민족과 대립하면서도 공존하는 국제관계를 유지하였다. 특히 10-12세기의 상황은 통일신라시대에 唐과, 고려후기 이후 元·明·淸과 일원적 외교 관계에 놓여 있던 상황과는 크게 다르다. 여러 북방민족과 장기간에 걸쳐 외교관계를 맺게 되었으므로 다양한 북방문화와 접촉하고 영향을 받았다. 이때 고려가 접촉한 북방문화는 고려가 정체성을 형성하는데 기여했을 것이다.

고려문화를 이해할 때 최근까지는 한족왕조인 송과의 교류와 그 영향이 강조되었다. 한국사학계나 미술사학계 모두 북방민족과 그들이 세운 국가와의 교류는 크게 주목하지 않았다. 일차적으로는 공식적인 국교 이외의 문화 교류에 대한 기록이 매우 적기 때문이기도 하고, 이에 더하여 이 시기 유물에 대한 파악이 부족하여 상대적으로 관심이 적었기 때문이기도 하다. 그러나 고려가 요, 금과 2세기 이상에 걸쳐 국교를 유지해온 점을 고려해볼 때 북방민족 문화의 영향이 적을 수 없다. 현재 남아 있는 범종의 경우 송의 연호를 쓴 것은 1구에 불과하지만, 요의 연호를 쓴 것은 21구에 달하고 있는 것으로 나타나 미술사 분야에는 이 시기의 유물들이 적지 않다. 더욱이 최근 중국에서는 요·금시대의 유적이 발굴되어 새로운 자료들이 축적되고 있다. 따라서 11-12세기에 조성된 여러 분야의 예술품과 최근의 연구, 발굴 성과를 토대로 새로운 연구를 수행할 수 있을 것이다. 북방민족, 혹은 북방왕조에 대한 당시인들의 인식과 제도적 영향까지 포괄적으로 연구한다면 고려 문화와 그 성격을 폭넓게 이해할 수 있을 것이다. 나아가 고려·송·요, 고려·남송·금의 문화교류라는 거시적 관점에서 이해한다면, 고려 문화의 특징을 파악하는 데에도 도움이 될 것이다.

본 연구는 역사학과 미술사 영역의 협동연구로 이루어졌다. 역사학 분야에서는 북방민족과 그들이 세운 국가인 거란[요], 금에 대한 당시인들의 인식, 북방민족이 세운 국가가 고려의 제도에 끼친 영향, 고려와 요의 불교 교류의 실상을 다룬 세 개의 주제로 구성되어 있다. 미술사 분야에서는 불탑 건축, 불교 조각, 도자기, 금속공예의 네 부분에서 북방문화의 영향과 교류 양상을 검토하였다.

「고려전기의 契丹[遼]·金에 대한 인식」은 고려가 거란[요]과 국교를 수립한 993년부터 1218년까지 고려인들의 북방 종족-거란족, 여진족-과 그들이 세운 국가-거란[遼], 金-에 대한 인식을 검토한 것이다. 건국 초에 고려인은 거란족, 여진족을 문화적으로 낙후하고 야만스럽다고 하여 오랑캐, 혹은 '금수와 같다'고 하였다. 이러한 인식은 거란[요]과 국교를 맺게 되면서 변하게 되었다. 거란[요]의 침입이 계기가 되어 993년부터는 거란[요]과 책봉국, 조공국 관계의 국교를 맺게 되었고, 1126년부터는 여진족이 세운 金과의 관계로 연장되었다. 국교 수립 이후 고려는 책봉국의 위치에 있는 거란[요]과 金을 더 이상 야만시하지는 않았다. 오히려 거란문화는 건국 이래 오랫동안 동경의 대상으로 고려사회에 유행했던 것으로 보인다. 그러나 북방민족이 세운 두 왕조를 중화사상의 주체인 中國, 中華로도 인식하지 않았다.

제도적인 측면에서도 요와 금의 영향을 찾을 수 있다. 그동안 고려의 정치제도는 당과 송의 것을 원용했다고 이해되어 왔다. 「고려 내직제의 비교사적 고찰-요·금제와의 관련을 중심으로-」는 고려 內職에 끼친 북방민족의 영향을 고찰함으로써 고려 내직제의 연원과 특성을 밝히고자 한 것이다. 내직은 왕후를 제외한 왕실 여성들의 관직체계로서 내명부라고도 부른다. 동아시아에서 내직제는 서주시대에 시작되어 수·당을 거치면서 완비되었다.

고려 내직제는 국초에는 '王后-夫人' 체제로 고대와 같았다. 현종 이후 정비되기 시작해서 중국과 같은 諸妃 칭호가 나타나게 되었는데, 妃 이하의 후궁직제는 보이지 않는다. 이러한 '王后-諸妃' 체제는 요의 후비체제와 같았는데, 양국의 일부다처제가 한족국가에서와 같은 내직제로 발전하는 것을 막았기 때문으로 보인다. 인종 이후 元妃와 次妃가 나타나는데, 이는 금과 책봉조공관계를 맺으면서 그 영향을 받은 것으로 보인다. 고려의 내직제는 북방민족과 관련이 깊었던 것으로 생각된다.

요와 공식 사절이 왕래하면서 요 대장경 등의 서적이 전래되었다. 그러나 관찬 史書에서는 그 구체적 내용을 파악하기 어렵다. 「高麗와 遼의 불교 교류-『釋摩訶衍論』을 중심으로-」는 『석마하연론』을 통해 고려와 요 사이 불교 교류의 양상을 구체적으로 살펴본 것이다. 『석마하연론』은 용수가 『大乘起信論』에 대해 주석한 글로 알려져 있다. 중국에서는 단편적으로 언급되다가 요에서 처음으로 대장경에 편입되었으며, 도종 황제와 여러 승려들이 연구할 정도로 중시되었다. 고려의 大覺國師 義天은 『新編諸宗教藏總錄』에 『석마하연론』과 그에 대한 요 승려 守臻·志福·法悟의 저술을 포함시켰으며, 이것들을 간행해 송과 일본에 전해 주었다. 당시 요와 송은 서로 서적 수출을 규제하고 있던 상황이었으므로 의천의 이러한 작업은 동아시아 불교계에서 『석마하연론』이 재평가되고 연구되는 계기가 되었다. 또 요 도종이 『대승기신론』과 그 주석서인 『석마하연론』에 대해 終教 겸 頓教라고 한 教判에 대해 요에서는 논의가 분분했는데, 의천의 글이 요에 전해진 후 논의가 종식되었다. 고려와 요는 단순히 불교 서적을 교류한 것에 그치지 않고 教學 연구에도 서로 큰 영향을 끼쳤음을 알 수 있다.

요와 금은 자신들의 문화적 전통 위에 중국 북부 지역을 지배한 이후 다양한 기술과 많은 장인을 수용함으로써 발달했던 唐 문화를 계승하여 새로운 문화를 만들어냈다. 이들 국가와 국교를 유지하던 시기에 조성된 고려의 미술품에는 그 문화적 영향이 보인다.

11-12세기에 조성된 고려 석탑의 특징은 탑신에 호국적 銘文이 새겨지거나 각층에 별석받침이 등장하는 것이다. 「고려 11-12세기 불탑의 북방적 영향」은 이를 다루고 있다. 조성 기록이 남아 있는 고려시대 銘文 탑은 모두 6기인데, 이 가운데 4기에는 현종대인 1010년, 1018년의 요 침입과 관련된 호국적 기원이 새겨져 있다. 그 중에서 淨兜寺址五層石塔(1019년 발원, 1031년 건립)의 하층대석 안상에 새겨진 花頭文은 요의 陀羅尼石幢 받침석의 것과 같은 양식이다. 양식면에서 별석받침은 신라 말부터 초층 탑신 밑에 나타나기 시작하여 11-12세기에는 전 층으로 확산되었다. 이는 구조적 측면에서 요의 중층 목조탑에 나타나는, 상하층과 구별되는 독립적인 암층형 평좌와 일치한다. 이러한 양식은 중국 남부지역의 건축 요소를 받아들인 송과는 차이가 있으므로, 당을 계승한 북방문화의 영향으로 이해된다.

「고려중기 불교조각에 보이는 요의 영향」은 고려중기의 불교조각에 나타나는 많은 외래요소 가운데 북방문화와의 관련성을 고찰한 연구이다. 이 시기 불교조각에는 불상·보살상의 착의법, 선정인 여래좌상, 보관의 화불과 연꽃을 든 관음상, 백의관음, 두건 쓴 나한상의 유행 등 새로운 형식과 도상이 나타나는데, 이는 요와 금으로 이어지는 북방문화와 밀접한 관련이 있는 것으로 보인다. 이 가운데 두건은 10세기 돈황 지역을 중심으로 제작된 피건지장상에서 나타나다가 요로 전해졌을 가능성이 높아 보이는데, 이후 다시 고려로 전해져 보살상이나 나한상의 주요 형식으로 자리잡게 된 것으로 보인다. 화불을 가진 보관과 손에 연꽃을 든 보살상 역시 요대에 본격적으로 유행한 형식으로, 고려시대에는 관촉사 석조보살입상이나 중원 미륵대원의 석조여래입상과 같은 대형 석불에 적용되었다. 이는 크기와 명칭에서 미륵으로 인식되는 사례들인데, 고려만의 새로운 미륵도상으로 생각된다.

「10-12세기 고려와 遼·金도자의 교류」는 10-12세기 고려에서 제작된 도자와 고려에 수용된 중국도자를 통해 요·금과의 도자 조형 및 제작 기술의 교류 상황을 살펴본 것이다. 중국의 북방지역 요업 현황을 바탕으로 고려청자의 제작 계보와 조형의 전통을 검토하였다. 중국에서는 10-11세기 이후 金代까지 북방의 여러 요장에서 定窯·邢窯系 기술을 바탕으로 하는 다양한 백자가 제작되었다. 중국 북방 요장의 다양성은 고려의 백자에서도 나타난다. 중국 북방지역의 백자가 직접 유입되기도 하고, 일부 요장에서는 중국 남방과는 달리 청자와 백자를 함께 생산하기도 하였다. 이때 唐代에 유행했던 옥벽저 완들이 적지 않은 비중으로 재현되었다. 또 10세기 말경에 중부지방 博築窯에서 생산된 백자에서 상감기법이 시작되었는데, 이는 중국 하북이나 산서지역 도자의 영향으로 보인다. 그밖에 磁州窯系 철화기법이 국내에 확산된 것도 고려전기 요업의 전반적인 흐름과 궤를 같이하는 것이라 생각된다.

문종–인종시기인 11-12세기에 제작된 금속공예품은 기법과 조형성 및 실용성, 장식성에서 한국 금속공예사상 가장 우아하고 정교한 수준을 보여주었던 것으로 평가받고 있다. 「고려 금속공예에 보이는 遼文化의 영향」에서는 그같은 발전 배경을 고려인들의 조형 능력과 미의식 외에 11세기에 진행된 요와의 교류로 설명하였다. 고려와 요의 사신이 왕래할 때에는 최고의 기예를 보유한 官匠들이 만든 朝服과 銀器 등이 오갔으므로 공예기형 및 기술도 교류되었을 것이다. 또한 야금기술을 비롯하여 수준 높은 공예기술을 가진 거란 장인들이 귀화하여 고려의 관장으로 활동함으로써 고려의 공예는 더욱 발전할 수 있었다. 기종 가운데는 淨瓶(Kundika)같은 불교공예품과 쌍룡문경, 장도 등 일상용품에서 거란적 요소가 보인다. 또 문양가운데 雙龍文과 太極火焰寶珠文, 蒲柳水禽文 등 불교계 문양과 牧丹文, 竹文 등이 나타나고, 기법면에서는 多重釘을 이용하여 촘촘하게 打出한 魚子文 技法이 대표적인데, 이는 통일신라시대의 공예 전통을 바탕으로 거란계 기술을 수용한 것으로 보인다.

이상의 연구들을 통해 11-12세기의 고려문화는 여러 측면에서 요·금과 같은 북방문화와 서로 영향을 주고받았음을 알 수 있다. 오늘날처럼 국제화·세계화가 논의되지 않던 시기에도 한 국가의 문화는 주변의 국가와 교류하면서 끊임없이 교류하고 영향을 주고 받았음을 알 수 있다. 고려가 받아들인 북방민족의 다양한 문화는 고려문화를 풍부하게 했으며, 다음 시대로도 이어졌던 것이다. 이 책의 출간으로 고려문화의 다양성, 나아가 한국문화의 다양성 탐구에 새로운 시야를 여는데 작은 기여라도 할 수 있다면 보람으로 여길 수 있을 것이다.

　이 연구가 이루어지는 동안 많은 분들의 도움을 받았다. 이화여대 대학원 박사과정의 김수연, 김태은, 석사졸업생 이윤진은 연구조교로서 모든 과정과 마무리까지　수고를 아끼지 않았다. 또 연구비를 지원해 준 한국연구재단과 연구 뒷바라지를 위해 최선을 다해준 이화여자대학교 한국문화연구원에 감사드린다. 아울러 순수 학술서적의 출판을 기꺼이 맡아 성심을 다해주신 경인문화사 양사재 한정희 사장님과 편집실 여러분께도 진심으로 고마운 마음을 전한다.

2011년 12월
필자 일동

목 차

고려전기의
契丹[遼]·金에 대한 인식

김 순 자

Ⅰ. 머리말

본 연구는 고려인들이 북방왕조인 契丹[遼]과 金을 어떤 대상, 혹은 국가로 인식했는가 하는 문제를 검토하는 것이다. 고려인들은 '中國'을 天子國, 책봉국으로 인정하고, 스스로를 조공국으로 위치 짓는 외교관계를 수용하였다. 이러한 국제관계는 일차적으로는 정치적, 군사적 힘의 우열에서 성립하는 것이지만, '中國'의 문화를 우월한 것으로 인정하는 인식이 동시에 수반된다. 아울러 국가, 국왕[혹은 황제] 수준에서 조공과 책봉이라는 외교 의례가 이루어질 때 문화적 교류가 수반되었다.

고려가 건국한 10세기초는 중국대륙의 북쪽에 거란족의 契丹[遼]이 존재했으며, 북중국에는 五代의 왕조가, 남중국에는 10國의 여러왕조가 병존하며 교체되는 혼란기였다. 고려는 933년 後唐으로부터 高麗國王으로 책봉받은 이래 後晉, 後漢, 後周를 이어 963년부터 宋과 조공·책봉관계를 유지해왔다. 고려는 이들 漢族왕조를 '中國', '中華'로 인식하였으므로 조공·책봉관계를 맺고 유지하는 데 있어서 인식상의 갈등은 없었다. 그러나 고려가 이들 국가와 조공·책봉관계를 유지한 것은 933년 처음 책봉받은 이래 993년 契丹의 침략으로 宋과 국교를 단절하기까지 60년에 불과했다. 고려는 契丹의 침략을 물리치기 위한 협상과정에서 宋과의 국교를 단절하고 契丹[遼]과 조공·책봉관계를 수립하기로 약속하였다. 1120년대 들어 중국에서 契丹[遼]이 몰락하고 여진족이 세운 金이 새로운 강대국으로 등장한 후에는 金과 이러한 관계를 맺었다. 즉 고려는 건국 이래 金이 몰락하는 1220년대까지 한족왕조와 60년간, 거란족, 여진족에 의한 북방족 왕조인 契丹[遼], 金과 200여 년간 조공·책봉관계를 유지하였다.

그런데 고려는 건국초인 10세기초 태조대에 거란족 혹은 거란[遼], 여진족을 禽獸와 같다거나 人面獸心으로 인식하였다.[1] 거란족, 여진족이나 거란족이 건국한 거란[遼]을 '야만스럽다'고 인식한 것은 태조대 이후에도 반복적으로 나타난다. 조공·책봉관계 수립 이전의 거란족, 여진족에 대한 禽獸論的, 혹은 人面獸心論的 인식이 거란[遼], 金이라는 국가가 건립된 뒤에도 계속되었는가 하는 의문이 든다. 거란[遼]과 金은 중국대륙에서 정통 中華를 자처하는 宋[뒤에는 南宋]과 대립하였으며, 정치적 군사적으로는 오히려 강하였다. 고려는 993년 고려-거란[遼] 전쟁을 겪으면서 송과의 국교를 단절하고 거란[遼]과 조공·책봉관계를 맺었으며, 거란[遼]이 몰락한 뒤에는 1126년부터 金과 조공·책봉관계를 유지했다. 고려인들이 내면적으로 이들 두 국가를 中華왕조, 혹은 '中國'으로 인정했느냐와는 관계없이, 현실적 국제관계에서는 책봉국의 입장에 있는 거란[遼]과 金이 中華이며 천자국의 위치에 있었던 것이다.

2세기의 장구한 기간 국교를 유지하면서 외교 관계상 책봉국의 위치에 있는 이들 두 국가를 국교 수립 이전과 같이 '야만스럽다'고 인식할 경우 관념과 현실의 국제질서 사이의 모순을 어떻게 해결했을까? 고려인들이 국초에 이들 두 종족에 대해 가지고 있던 금수론적 인식을 국가 수립 이후에도 변화 없이 유지하였다

---

1) 金光洙, 「高麗前期 對女眞交涉과 北方開拓問題」, 『東洋學』 7, 단국대학교 동양학연구소 ; 崔圭成, 「高麗初期의 女眞關係와 北方政策」, 『東國史學』 15·16합집, 1981 ; 金南奎, 「高麗前期의 女眞觀 -女眞懷柔政策과 관련하여-」, 『가라문화』 12, 1995 ; 朴玉杰, 「高麗時代의 歸化人 研究」, 국학자료원, 1996 ; 李孝珩, 「高麗前期의 北方認識 -발해·거란·여진 인식 비교-」, 『지역과 역사』 19, 2006.

면 관념과 현실세계 사이의 괴리를 어떻게 합리화했을까? 실제적이든 명목적이든 조공국의 입장에서 책봉국인 거란[遼], 金과 국교를 장기간 유지해야 할 때 그들을 '야만스럽다', '금수와 같다'고 인식하는 것이 현실세계와 갈등 없이 유지될 수 있었을까? 그렇지 않다면 책봉국의 위치에 있는 거란[遼]과 金을 '中國'으로 인식할 것인가? 그럴 경우 993년까지 '中國'으로 인정해왔으며, 중국대륙에서 거란[遼], 金과 병존하고 있는 한족왕조 宋에 대한 인식은 어떻게 되었을까?

고려인들의 거란관, 여진관에 대하여는 여러 차례 연구되었다.[2] 그러나 거란족, 여진족에 대한 인식과 이들 두 종족이 국가를 수립한 이후의 거란[遼]과 金에 대한 인식이 구분되어 검토되지 않았으며, 금수론적 인식에서 벗어난 연구는 없었다. 건국초인 태조의 '금수론'적 인식을 보여주는 기록이 강조된 반면, 金과의 국교가 단절되는 1220년대까지 긴 기간 동안의 변화 가능성은 검토하지 않았다.

본고는 고려전기 고려인들의 거란[遼], 金에 대한 인식을 검토하려고 한다. 일반적으로 학계에서 고려시대를 전 · 후기로 구분할 때 고려전기는 무인정변이 일어난 1170년까지를 말한다. 그런데 고려전기 중국대륙쪽 외교 상대국은 五代, 宋, 거란[遼], 金이었다. 고려가 金과 사신을 왕래한 것은 중앙정부 차원에서는 1213년, 지방 관서 차원에서는 1216년에 끝나지만, 몽골과 처음 접촉하는 1218년(고려 高宗 5)까지를 하한으로 검토하겠다. 연구방법은 거란[遼], 金 지칭어를 통계적으로 정리하고 사례별로 그 의미를 검토하는 방법을 사용한다.

원론적으로 조공 · 책봉관계를 이해하자면 고려가 제후국의 입장에서 조공하는 상대인 책봉국은 천자국으로서 中華, 혹은 中國으로 지칭되어야 할 것이다. 고려와 국교를 맺었던 상대국, 혹은 상대종족은 국호인 宋, 契丹, 遼, 金 외에 中國, 中華, 華夏, 契丹, 女眞, 禽獸, 夷狄, 胡狄, 北虜 등 다양한 용어로 지칭되었다. 고려인들은 宋, 거란족과 거란[遼], 혹은 여진족과 金을 가리킬 때 엄격하게 용어

---

2) 李丙燾, 위 책, 1961 ; 崔圭成, 위 논문, 1981 ; 李孝珩, 위 논문, 2006 ; 朴玉杰, 위 책, 1996, 18-24쪽에서는 거란의 침입을 받는 993년까지의 거란관을 금수론으로 보았고, 추명엽, 「고려전기 '번(蕃)' 인식과 '동 · 서번'의 형성」, 『역사와 현실』 43, 2002에서는 金 건국 이전의 여진관이 금수론이었던 것으로 보았다.

를 선택하여 사용했던 것으로 보인다. 지칭어가 구별되어 사용된 것은 각 지칭어의 의미가 달랐고 고려인들이 그것을 인식하고 있었기 때문일 것이다. 외교문서에서 사용된 지칭어는 조공·책봉관계의 의례절차에 적합한 외교적 수사로 선택된 용어이기 때문에 구별하여야 할 것이다. 검토하는 자료는 『高麗史』, 『高麗史節要』 등 正史類 기록이 중심이 되며, 그 외 『東文選』에 수록된 외교문서류이다.[3] 중국측 정사류의 五代, 宋, 거란[遼], 金의 기록에서는 고려측에서 보낸 외교문서나 고려인의 인식을 전하는 기록이 전해지지 않는 듯하다.

본론에서는 대상과 시기에 따라 크게 두 부분으로 나누어 검토할 것이다. 먼저 993년-1125년까지 거란[遼] 지칭어를 통계, 정리하고 당시인의 인식이 드러난 중요 기록을 개별적으로 검토할 것이다. 다음으로 고려와 金 사이에 조공·책봉관계가 수립된 1126년부터 1218년까지의 기록에서 金에 대한 지칭어를 같은 방법으로 검토할 것이다. 인간의 인식은 어떠한 사건을 기점으로 선을 그을 수 있을 정도로 분명하게 변하지는 않는다. 따라서 두 나라에 대한 인식은 국가 수립 이전의 거란족, 여진족에 대한 인식과 연관될 것이므로 함께 검토한다. 거란[遼], 金을 中華, 혹은 中國으로 인식하는 문제는 993년 이전 中華로 인정했던 宋[뒤에는 南宋]에 대한 인식과 연관될 수밖에 없으므로 宋에 대한 지칭어도 함께 검토한다.

Ⅱ. 契丹[遼]에 대한 인식

1. 거란족과 契丹[遼] 지칭어[4]

『고려사』를 비롯한 고려측 편찬 사서에는 건국 이후 거란[遼]과 공식적으로 사

---

3) 『東文選』 권31-권44는 表箋文으로 편집되었으며, 이중 상당 부분이 외교문서 중 사대문서로 이루어져 있다. 그 중에서 고려가 거란[遼]과 金으로 발행한 사대문서는 고려-거란[遼]·金 외교관계에서 중대한 현안이었던 保州 영유권 분쟁에 관한 문서가 대부분이다. 『東文選』에 수록된 외교문서의 수신자(기관)와 작성된 연도, 使行의 목적에 관해서는 아직까지 정리된 적이 없는 것으로 알고 있다. 본고에서는 외교문서에서 사용된 용어, 지칭어는 외교적 수사이므로 제외하며, 비교를 위해 필요한 경우에만 사례에 포함시켰다.

신이 왕래한 기록이 거의 없다. 태조 王建이 거란을 배척한 것으로 유명한 이른바 '만부교사건' 이전에는 공식적인 사신 왕래 기록이 전하지 않는다. 그러나 고려는 후삼국이 정립하던 시기부터 거란[遼]과 몇 차례 사신을 왕래한 것으로 확인된다.5) 거란[遼]은 고려보다 앞서 건국되었다. 고려가 거란으로부터 침략을 받은 993년 이전 거란[遼]을 어떠한 대상으로 인식하고 있었는지에 관하여는 '만부교사건'으로 불리는 942년의 사건 관련 기록과 943년 태조 왕건이 사망시에 후손들에게 남겼다는 訓要 10조 중의 관련 기록 뿐인 것 같다.

契丹이 使臣을 보내와 낙타 50필을 선사하였다. 왕은 "契丹이 일찌기 渤海와 화목하게 지내오다가 별안간 의심을 내어 맹약을 어기고 멸망시켰으니 심히 무도하다. 멀리 화친을 맺어 이웃으로 삼을 만하지 않다"고 하였다. 드디어 交聘을 거절하고, 그 사신 30명을 섬으로 유배 보내고 낙타를 萬夫橋 아래에 매어서 다 굶어 죽게 하였다.6)

내전에 거동하여 大匡 朴述希를 불러 친히 訓要를 주면서 말하였다. … 4조는 '우리 東方은 예로부터 唐의 풍속을 본받아 문물과 예악이 모두 그 제도를 준수하여 왔다. 그러나 서로 다른 곳에 있는 나라는 사람의 성품도 각각 다르므로 구차하게 반드시 같게 하려고는 하지 말라. 契丹은 禽獸와 같은 나라이다. 풍속이 같지 않고 언어도 다르니 衣冠制度를 삼가 본받지 말라.'7)

---

4) 본고에서 사용하는 '거란[遼]'은 국가를 지칭할 때 사용한다. 거란족이 세운 나라를 가리킬 때 '거란'보다는 漢族 중국왕조식 국호인 '遼'로 불러왔다. 그러나 '遼'보다는 '거란'이라는 국호가 사용된 기간이 더 길기 때문에 거란이라는 명칭이 더 타당하며, '거란遼'로 부르는 것이 적합하다는 의견이 제시되었다(金在滿, 『契丹·高麗關係史研究』, 國學資料院, 1999).

5) 金在滿, 「契丹 聖宗의 高麗侵略과 東北亞細亞 國際情勢의 變趨(상)」, 『대동문화연구』27, 1992 ; 김순자, 「高麗의 多元外交」, 『東北亞 諸地域間의 文物交流 I』, 東北亞時代를 展望하는 國際學術大會 발표문(진단학회 외), 2004.11.

6) 『高麗史』 권2, 태조 25년(942) 冬 10월.

7) 『高麗史』 권2, 太祖 26年(943) 夏 4월.

태조 왕건은 거란이 '심히 무도하다'고 하여 만부교사건을 일으켰다. 거란 적대정책을 공공연히 표방한 것이다. 訓要 10조에 나타나는 거란관은 이보다 심하여 '禽獸와 같은 나라'라고 단정하고, 中華의 문명을 동경하는 고려로서는 우호관계를 유지할 수 없는 나라라고 하였다. 고려 국초의 이와 같은 거란관을 흔히 '禽獸論的 거란관'으로 표현해왔다.

태조 이후의 거란관이 어떠하였는지, 중국에서 五代왕조, 혹은 宋과의 정세 변화에 따라 거란관에 변화가 있었는지 여부는 『고려사』에서 찾을 수 없다. 그런데 외교정책면에서 보면 고려는 태조 이후에도 거란 적대정책을 시종일관 유지하고 있었다.[8] 친선관계를 유지하는 바다 건너 五代왕조, 혹은 宋과는 달리 국경선 바로 이북에 존재하는 강대국 거란[遼]에 대하여 적대정책을 유지한 것에서 미루어 보면 태조 당시의 禽獸론적 인식이 그대로 유지되었거나, 변하였다고 볼 경우에도 크게 변하지는 않았다고 판단된다.

거란[遼]에 대한 인식은 당시 고려인들이 그들을 어떤 용어로 지칭했는가를 검토하면 추론할 수 있다. 五代왕조, 宋, 거란족 혹은 국가로서의 거란[遼]에 대한 지칭어는 구별되어 사용되었기 때문이다. 아래의 〈표 1〉은 건국-1125년까지 거란[遼] 지칭어를 정리한 것이다. 漢族왕조인 宋 지칭어와 대조하면 그 의미가 보다 분명해질 것이다.

〈표 1〉 거란[遼], 宋 지칭어

연도	거란[遼]	宋	비고 : 문서의 성격, 기타	출전*
942-10 태조 25	契丹		만부교 사건 기사	권2, 세가
943	契丹, 强惡之國		태조의 訓要 10조. 禽獸論	권2, 세가
947			국호 변경 : 契丹 → 大遼	遼史5
982 성종 元	契丹	中華, 華風 華夏	최승로 時務 22조	권93, 최승로전
982			국호 변경 : 大遼 → 契丹	
983-3		大國, 中國	외교문서 : 宋의 성종 책봉 조서	권3, 세가
〃		皇華	책봉받은 후 반포한 詔書 중 宋使 지칭	권3, 세가
985-5		大國, 天朝	외교문서 : 宋의 成宗 加册 조서	권3, 세가
〃		大朝	加册받은 후 국내 사면조서 중	권3, 세가

8) 김순자, 「고려전기의 영토의식」, 『고려 실용외교의 중심 서희』, 서해문집, 2010.

〃	契丹	宋	윗 기사에 대한 고려측 기사	권3, 세가
985-5	北虜		외교문서 : 宋이 韓國華 파견하여 거란 협공 촉구하는 조서	권3, 세가
〃	外國	中朝	고려가 韓國華에게 해명하는 기사	권3, 세가
993-10	契丹		거란 침입 당시 기사	권3, 세가
993.10 -994.1			고려-거란[遼] 강화 성립(서희-소손녕회담)	
999-10 목종 2		華(風)	고려사신과 宋帝의 대화	권3, 세가
1011-1 현종 2	契丹主		2차 거란 침입 기록	권4, 세가
1012-6	丹主		고려측 기사	권4, 세가
1016-1	隣(國)		외교문서 : 宋이 거란 협공 제안을 거부하며 고려에 보낸 詔書	권4, 세가
1020-2	契丹		외교문서 : 거란 침입 후 稱藩, 조공 사신 파견을 요청하는 기사	권4, 세가
1021-6		大宋, 皇帝, 天子		東文選33, 「上大宋皇帝謝賜曆日表」**
1021	契丹主		고려측 기사	권4, 세가
1031-5 현종 22	隣('强隣')		顯宗 卒記 史臣 崔冲贊	권4, 세가
1035-5 정종 元			외교문서 : 거란 來遠城使가 興化鎭에 보낸 문서 고려를 貴國, 附庸國으로 표현	권5, 세가
1035-6	大國, 上國		외교문서 : 寧德鎭이 契丹 來遠城에 보낸 牒文	권6, 세가
1036-7	契丹		을묘년(1015, 현종6) 對거란전 전사자 포상 기사	권6, 세가
1037-3	天朝		외교문서 : 외교 재개하는 거란 詔書 고려 = 藩國으로 표현	권6, 세가
1051 문종 5			여진을 東蕃賊, 蕃賊으로 표현	권7, 세가
1055-7	契丹		都兵馬使 奏文	권7, 세가
1055-7	上國, (天)朝		외교문서 : 거란 東京留守 致書	권7, 세가
1056-1	北朝		거란 興宗의 '眞'字 避諱 기사	권8, 세가
1057-4	彼朝		保州城 궁구문란 철폐에 관한 中書省 奏文	권8, 세가
1058-2	中華		거란 사신의 발언	권9, 세가
1058-8	契丹	南朝, 宋國, 中國	內史門下省 上奏	권9, 세가
1058-11	北朝		국왕 制書	권9, 세가

1066-3 문종 20			국호 변경 : 契丹 → 大遼	권9, 세가
1073-5	契丹		西北面兵馬使 奏文:西女眞이 내지 郡縣으로 편입 요청한 기사	권9, 세가
1073-6	契丹(人)		契丹人來投 기사 → 종족 지칭	권9, 세가
1075-3	遼		賀正使, 節日使 파견 기사	권9, 세가
1076-8	北朝		有司 奏文	권9, 세가
1077-8		中朝	羅州道 祭告使 奏文	권9, 세가
1078-4		大朝	文宗의 인식	권9,세가
1078-7		中華	탐욕스런 宋使에 대한 평가 기사	권9, 세가
1079-4	北朝		西女眞 귀부 기사:文宗은 女眞 = 夷狄 = '禽獸와 같다'고 함	권9, 세가
1083-7 선종 卽位	遼氏	宋朝	문종 卒記 李齊賢贊	권9, 세가
1085-8		宋	弔慰使 파견	권10, 세가
1088~	遼		사신 왕래 등 모든 기사	권10, 세가
1097-3	大朝		외교문서: 遼 東京兵馬都部署에 獻宗 사망 통보하는 牒文	권11, 세가
1098-7		皇朝	외교문서: 宋에 즉위 통보하는 表文	권11, 세가
1099-6		中國 宋帝	宋의 勅書(告卽位使(숙종) 윤관 귀국편에 동봉됨)	권11, 세가
1088-1101 사이	(大遼?)		외교문서 : 遼 황제를 聖(君), 고려는 隘域, 雄藩	東文選33, 「謝毀罷鴨江前面亭子表」***
1101-8 숙종 6	大遼-북	大宋-남		권11, 세가
1103-7			盈歌 시기. 여진≠야만, 禽獸 인식과 차이	권12, 세가
1108 예종 3	大朝		외교문서 : 예종2-4년(1107-1109) 여진 정벌과 동북9城 축성 사실 알리는 告奏文	東文選39, 「上大遼皇帝告奏表」****
1109-5	契丹		여진 정벌 토론 조정회의 중 발언	권96, 金仁存傳
1113-7		宋	宋 明州에 모후상 통보	권13, 세가
1115-11	遼		외교문서: 遼가 여진 정벌에 고려의 發兵 독촉하는 詔書	권14, 세가
1116 이전			외교문서 : 表文에서 遼 황제를 '皇帝'로 표현	東文選34, 「謝橫宣表」

시기			내용	출처
1119-1 宣和1-1	契丹		외교문서 : 宋에 보낸 외교문서. 거란=國家邊捍, 女眞=虎狼로 비교함	皇朝編年綱目備要 3-28, 宣和1년1월
1122-4 인종 즉위		中華	睿宗 卒記 史臣贊	권14, 세가
인종대		中華	仁宗의 인식	권122, 李寧傳
1126-3	大遼	皇宋	金에 대한 事大 여부를 太廟에서 점친 占辭	권15, 세가
1129-5	丹狄	華夏	화려한 풍속을 경계하는 국왕 詔書. '태조가 華夏의 법을 행하고 丹狄(=거란)의 풍속을 금하였다' 운운	권15, 세가
1185-1 명종 15	契丹(絲)		契丹絲 무역 기사. 明宗이 서북면병마사에게 義州에서 무역하라고 지시	권20, 세가

* 표기된 권호는 『고려사』를 말한다. 『고려사』에 수록된 경우 중복을 피하기 위해 『고려사절요』의 권호는 표기하지 않는다.
** 「上大宋皇帝謝賜賜曆日表」에 언급된 고려사신 崔元信이 귀국한 것은 1020년(현종 11) 5월이고 이듬해 12월에 謝恩使行을 파견하였다. 이 表文은 이때 작성된 것으로 추정된다(『고려사』 권4, 顯宗 11년 5월 庚辰, 12년 6월 丁卯).
*** 고려는 거란[遼]이 압록강 이동에 城橋와 弓口門欄, 亭舍를 설치한 것을 철폐해줄 것을 여러 차례 요구하였는데 1088년(宣宗 5)까지 철폐되지 않고 있었다. 1101년(肅宗 6) 都兵馬使의 奏聞에 의하면 이때는 철폐되어 있었다. 따라서 고려가 亭子 철폐에 대하여 謝恩使行을 파견한 것은 그 사이일 것이다(『고려사』 권10, 宣宗 5년 9월 ; 권11, 肅宗 6년 8월 乙巳).
**** 『고려사』 권11, 예종 2-4년조에는 告奏使를 파견한 기록이 없다. 表文에는 '새로 개척한 땅에 城池를 설치하고'로 되어 있다. 고려가 9城을 축성한 것은 1108년 3월조에 기록되어 있다. 1109년(예종 4) 2월부터 9城 반환을 주장하는 논의가 제기된 것에서 판단해 볼 때, 이 告奏文은 1108년 3월 이후 작성되었을 것이다. 1108년 3월 이후 고려는 3회 거란[遼]에 사신을 파견하였는데, 그 중의 하나일 것이다.

거란[遼]을 가리키는 용어로는 契丹, 遼, 大遼, 遼氏, 北朝, 彼朝, 隣國, 大朝, 大遼, 天朝, 上國, 大國, 中華, 北虜 등 다양한 용어가 사용되었다. 이들 용어는 해당 용어를 사용한 자가 누구냐에 따라 다른 용어가 선택되었으며, 그 의미도 다르다. 고려가 거란[遼]를 가리킬 때는 契丹과 遼라는 지칭어가 가장 빈번하게 사용되었으며, 그 외에 遼氏(1083), 北朝(1056, 1058, 1076, 1079), 彼朝(1057), 隣國(1031), 大遼(1101, 1126)가 사용되었다. 고려가 책봉국인 거란[遼]측에 보낸 사대문서에서는 大朝(1097, 1108), 大遼(1088-1101 사이)라는 지칭어가 사용되었다. 北虜(985)는 宋이 고려에 보낸 외교문서에서 거란[遼]을 지칭할 때 사용한 용어이고, 거란[遼]이 고려에 보낸 외교문서에서 스스로 자칭할 때는 天朝(1037,1055), 上國(1055), 中華(1058)라는 지칭어를 사용하였다.

2. 국교 수립 이후의 거란[遼]에 대한 인식

먼저 외교문서 중 事大문서에서 사용된 거란[遼] 지칭어를 검토하겠다. 위의 용어 중에서는 大朝(1097, 1108), 大遼(1088-1101 사이), 北虜(985) 사례가 해당한다. 大朝는 사전적으로는 '천자의 조정'이라는 의미로서,[9] 여기에서는 책봉국인 거란[遼]을 가리키는 지칭어이다. 大遼는 당시의 국호이다. 고려와 거란[遼]은 993년 이래 조공국, 책봉국의 관계에 있었다. 993년 고려와 거란[遼]의 강화 협상에서 거란군의 철수를 요구하고 평화를 유지하는 조건은 고려가 종래의 책봉국인 宋과의 관계를 단절하고 거란[遼]을 새로운 책봉국으로 인정하는 것이었다. 책봉국, 조공국이 상·하로 설정되고 책봉국을 中華, 中國으로 인정하는 中華적 외교질서는 외교의례에 나타나야 했을 것이다. 외교의례는 일차적으로 외교문서에 나타난다. 따라서 거란[遼]에 보내는 고려의 외교문서는 천자국과 제후국, 혹은 책봉국과 조공국의 위상에 적합한 형식은 물론, 사용되는 용어도 적합하게 선택되어야 했을 것이다.[10] 따라서 외교문서에 사용된 거란[遼] 지칭어를 당시 고려인의 거란관을 나타내는 것으로 볼 수 없다. 이러한 접근법은 고려와 金 사이의 외교문서를 검토할 때에도 마찬가지로 적용된다.

외교문서 중에서 〈표 2〉의 1126년(仁宗 4) 12월 사례를 예로 든다. 「謝不收復保州表」는 고려의 保州 영유권을 金이 승인한 것에 대한 謝恩 表文이다.[11] 保州

---

9) 구산우, 「高麗 成宗代 對外關係의 展開와 그 政治的 性格」, 『韓國史研究』 78, 1992, 37쪽.
10) 조선이 明에 보내는 表箋文에 적합하지 않은 용어가 사용되었다고 해서 조선과 明 사이에 이른바 '表箋文 사건'이라는 외교분쟁이 발생했던 것은 유명한 사실이다. 고려시대에도 외교문서의 격식이 적합한가에 따라 외교적 갈등이 발생한 사례가 있다. "司宰少卿 陳淑과 尙衣奉御 崔學鸞을 金에 보내었는데, 金은 國書가 表文이 아니고 또 稱臣하지 않았다 하여 받아들이지 않았다"(『고려사』 권15, 仁宗 3년 5월 壬申).
11) 「謝不收復保州表」, 「謝回付沒入人馬表」, 『東文選』 권35.

영유권 문제는 993년 이래 1세기가 넘도록 고려와 거란[遼] 사이에 최대의 외교 분쟁 사안이었다.[12] 12세기에 접어들면서 여진족이 급격하게 세력을 확장하고 거란[遼]이 몰락하는 정세 변동을 맞이하여, 金과의 국교를 시작할 때 고려가 가장 유의한 문제는 金으로부터 保州 영유권을 승인받는 것이었다. 고려의 영유권 주장을 승인한다는 金의 입장이 전달된 것은 같은 해 9월이었고, 위의 문서는 回使편에 보낸 謝恩 表文이었다.[13] 고려는 金의 요구를 수용하여 이미 4월에 신하의 나라를 칭하고, 황제에게 表文을 보냈으나[稱臣上表], 고려왕이 책봉받기 전이어서 아직 金의 연호를 사용하지 않고 있었다. 金이 稱臣上表를 요구한 것에 대한 고려인의 반감은 조야를 물론하고 격심했다.[14] 『고려사』에 의하면 1126년을 전후하여 金의 황제는 '金主'로 표현되어 있다. 그러나 위의 表文에는 金은 大朝와 上國, 夏, 朝廷으로, 金 황제는 皇帝, 聖明으로 표현되고 聖王으로도 비유된 반면 고려는 小邦, 下國으로 표현되었다. 金 사신은 皇使로 표현되었다. 〈표 2〉의 1142년 사례인 「回封册表」, 「上大金皇帝謝恩起居表」는 인종 책봉에 대한 謝恩表文으로 작성된 것이다. 책봉사가 귀국할 때 붙여보낸 문서로서 총 9건의 表文이 남아 있다.[15] 이 表文에서 고려는 金을 '大金'으로, 金의 황제는 '大金皇帝'로 지칭하였다. 表文 안에서는 金을 周의 계승자로, 金 황제를 '聖慈', '崇天體道欽明文武聖德皇帝'로 표현하고 虞舜, 商湯에 비유하기도 하였다.

고려가 金과의 국교를 정상화한 것은 金이 요구한 表文과 誓表를 모두 보낸 1129년(인종 7)이라 볼 수 있는데, 이 과정에서 고려는 종래의 고려='海東天子'國과 여진=蕃 관계의 역전에서 오는 당황스러움과 '금수론적 여진관'으로 큰 갈

---

12) 朴漢男, 『高麗의 對金外交政策 硏究』, 성균관대학교 박사학위논문, 1993 ; 김순자, 「10-11세기 高麗와 遼의 영토 정책-압록강선 확보 문제 중심으로-」, 『북방사논총』11, 고구려연구재단, 2006 ; 金佑澤, 「11세기 對契丹 영역 분쟁과 高麗의 대응책」, 『한국사론』 55, 서울대학교 국사학과, 2009.

13) 『고려사』 권15, 仁宗 4년 9월 辛未 ; 仁宗 4년 12월 癸酉.

14) 朴漢男, 앞 논문, 1993.

15) 『고려사』 권17, 仁宗 20년 10월 庚辰조에는 "遣同知樞密院事崔灌 諫議大夫崔惟淸 如金 謝册命"으로만 되어 있고 表文은 기록되어 있지 않다. 『東文選』 권34에 「回封册表」, 「謝册表」, 「又」, 「上大金皇帝謝恩起居表」, 「謝表」, 「謝別賜表」, 「謝恩起居表」, 「謝表」, 「方物表」 등 9건 문서가 일괄 수록되어 있다.

등을 겪었다. 1142년은 그러한 여진관, 反金정서에서 그리 오래 지나지 않은 시간이었다. 위의 사대문서에 나타나는 金 지칭어가 당시의 金에 대한 인식을 나타내는 것으로 보기 어렵다. 고려가 발행한 외교문서에서 사용된 용어, 국가 지칭어는 그 대상이 누구냐에 따라 차이가 있지만, 기본적으로는 中華질서의 외교의례에 적합한 용어가 선택되었어야 한다는 당위론을 고려할 때 외교적 수사로 사용된 용어, 지칭어는 제외하고 검토하는 것이 타당할 것이다. 이런 관점에서 宋이 거란[遼]에 대한 협공을 종용하면서 사용한 '北虜'라는 지칭어 역시 제외한다. 또한 거란[遼]이 고려에 외교문서를 보낼 때 책봉국, 천자국을 자임하면서 자칭한 天朝, 上國, 中華라는 지칭어 역시 고려인의 인식을 나타내는 것은 아니다.

고려인은 거란[遼]과의 국교가 지속되는 기간에 契丹, 遼 외에 遼氏, 北朝, 彼朝, 隣國이란 지칭어를 사용하였다. 1126년의 大遼는 이미 거란[遼]이 멸망하여 고려와 어떤 국가적 이해, 혹은 갈등이 소멸한 뒤에 사용된 용어이므로 제외한다. 이 중에서 '契丹'과 '遼'라는 국호가 가장 빈번하게 사용되었다. 이는 契丹[遼]의 정식 국호일뿐, 특별히 야만시하는 지칭어가 아니다. 隣國, 彼朝는 국가 대 국가의 입장에서 지칭한 용어이다. 北朝는 '북쪽에 있는 나라'라는 뜻으로 4회나 사용되었는데, 모두 文宗代의 기록에서 확인된다. 이는 宋을 南朝로 볼 경우 남-북으로 대등하게 표현한 경우이다. 고려인이 외교문서가 아닌 문서에서 大遼라는 지칭어를 사용한 것은 1101년이 유일한데, 이 때 역시 大宋과 大遼로 병렬적으로 언급한 경우이다. 중화론적 정통론 입장을 고수하고 있는 한족왕조 宋과 대비하여 표현할 때 大宋과 大遼, 南朝와 北朝로 표현한 것은 宋과 거란[遼]을 양립하는 두 개의 국가로 대등하게 인식한 것을 나타낸다. 조공·책봉관계에 있는 거란[遼]을 정당화하여 天朝, 華夏, 혹은 中國이라 하지 않았으며, 이 경우에는 漢族왕조로서 中華세계의 정통왕조임을 주장하는 宋 역시 거란[遼]과 병존하는 '남쪽의 왕조'로서만 표현하였다. 985년 사례인 '外國'은 거란[遼]과의 전쟁을 앞두고 고려에게 강압적으로 군사적 연합작전을 강요하던 宋使에게 고려의 입장을 해명할 때 사용한 표현이다. 거란[遼]과 송이라는 두 강대국의 분쟁에 개입하지 않으려는 의도에서 사용된 표현으로 볼 수 있으므로 고려인의 거란관이 드러나는 지칭어로 보기 어렵다.

이상에 의거해서 보면 고려는 책봉국인 거란[遼]을 中國, 中華, 天朝와 같은 지칭어로 표현한 적이 없다. 이와 관련하여 살펴볼 지칭어는 遼氏, 丹主, 契丹主이다. 遼氏는 국가로서의 遼를 비하한 표현이다. 丹主, 契丹主란 표현 역시 비하한 것이다. 中華세계의 정당한 지배자인 皇帝, 혹은 일정 지역에 대한 통치를 分封받은 지배자인 王이라는 지칭어를 피하여 선택된 것이다. 丹主, 契丹主는 1011-1021년간에만 사용되었다. 이 시기는 康兆의 정변과 顯宗의 즉위를 빌미삼은 거란[遼]의 제2차 침입과 연이은 제3차 침입, 江東 6州 귀속 여부로 고려와 거란[遼] 사이의 국교가 단절된 기간이다.[16) 조공·책봉관계가 정상화한 것은 1022년(현종 13) 4월이었다.[17) 앞서 993년 양국 강화회담 이후 고려와 거란[遼] 사이에는 조공·책봉관계가 성립했으므로 이에 의거한다면 거란[遼]의 군왕은 '황제', '契丹帝'로 지칭되었어야 할 것이다. 그러나 양국이 전쟁과 분쟁을 겪는 이 기간에는 의례적인 사신의 왕래도 단절되었으며, 일시적으로 고려와 宋의 국교가 재개되기도 했다. 거란[遼]의 군왕을 '帝'로 표현하지 않고 '主'로 표현한 것은 이러한 상황에서 선택된 용어로 보인다. 遼氏란 지칭어는 1083년 文宗 卒記에 붙인 이제현의 贊에 사용되었다. 여기에서는 공식적 국교가 단절된 宋을 '宋朝'로 표현함으로써 거란[遼]에 대한 멸시관이 보인다. 이제현의 贊은 문종 당시의 기록이 아니라 14세기에 살았던 이제현의 역사인식을 반영한다. 따라서 이 지칭어가 11세기 중엽 문종대 거란[遼]에 대한 인식을 나타내는 것으로 바로 연결지을 필요는 없을 것이다.

이상에서 살펴본 바에 의하면 고려는 거란[遼]과 조공·책봉관계를 맺은 이후로는 특별히 거란[遼]을 야만시하는 지칭어를 사용하지 않았음을 알 수 있다. 또한 993년 국교 수립 이후에는 태조 당시와 같은 금수론적 인식, 인면수심론도 표현된 적이 없다. 오히려 야만시하여 비하하기보다는 契丹, 遼라는 국호를 보편적으로 사용함으로써 국가로서의 실체를 인정하였다고 할 수 있다.

거란[遼] 지칭어는 宋과 宋 황제에 대한 표현과 대비된다. 국가, 혹은 국왕 수준에서 공식적인 국교가 단절된 시기에도 고려는 宋을 中國, 中朝, 中華, 華夏로

---

16) 김순자, 앞 논문, Ⅳ장 '1. 거란의 保州 점령 배경과 對高麗 영토 정책', 2006.
17) 『고려사』 권4, 현종 13년 4월.

표현하였다. 거란[遼]과 동시에 가리킬 때는 南朝, 北朝로 병칭하기도 하였다. 정작 책봉국인 거란[遼]에 대하여는 中國, 中華의 '中'字, 皇朝의 '皇'字를 冠하여서는 절대로 사용하지 않았다. 고려는 거란[遼]에 대하여 조공국이고 거란[遼]은 고려에 대하여 책봉국이었다. 중화론적 외교질서에 의하면 거란[遼]은 上國, 中國이어야 할 것이다. 그러나 조공·책봉관계가 단절된 한족왕조 宋을 中國, 中華로 표현하면서도 정작 책봉국인 거란[遼]에 대하여 이러한 표현을 전혀 사용하지 않았다. 이는 현실상의 조공·책봉관계에도 불구하고 고려가 거란[遼]를 天下의 정당한 천자국으로 인식하지는 않았던 것을 나타내는 것이다. 오히려 국교가 단절된 宋을 中國, 中華로 인정하였다고 하겠다.

그러나 宋을 中國으로 인정한 것은 상대적이었다. 11세기 중반 宋에 사신을 다시 파견하여 국교를 재개하려는 문종의 시도에 대하여 내사문하성은 반대하였다.[18] 거란[遼]이 멸망함으로써 고려가 어느 나라와도 조공·책봉관계를 맺지 않은 기회를 타서 고려와의 국교를 재개하려는 宋의 제안을 고려는 거절하였다.[19] 북방족왕조인 거란[遼]을 중화세계의 중심으로 인정하지 않을 때 宋은 제한적인 의미에서 中華로 인정되는 정도였다.

한편 고려인은 거란의 문화를 야만시하거나 적대하지는 않았다. 오히려 고려 사회에는 국가의 금지에도 불구하고 거란 문화가 상당히 보급되어 있었던 것으로 보인다. 앞서 인용한 태조 왕건의 訓要 10조에서는 거란의 衣冠制度를 본받지 말라고 금지하였다. 태조가 반거란정책을 채택했고, 거란[遼]과 사신 왕래조차 거의 없었던 당시에 태조가 이러한 금지 조항을 유언으로 남긴 이유는 무엇일까?

---

18) "王이 耽羅와 靈巖에서 재목을 베어 큰 배를 만들어 장차 宋과 통하고자 하였다. 內史門下省이 아뢰기를 '國家가 北朝(契丹)와 우호를 맺어 변방에 급한 급보가 없고 백성은 그 삶을 즐기니 이로써 나라를 보전함이 상책이옵니다. 옛적 경술년(1010, 현종1)에 契丹의 問罪書에 말하기를 '동으로 女眞과 결탁하고 서로 宋國에 왕래하니 이것이 무슨 꾀를 쓰고자 함인가?'라고 하였습니다. 또 尙書 柳參이 사신으로 갔을 때 東京留守가 南朝[宋]에 사신을 보낸 일을 물은만큼 의심함이 있는 듯하오니, 만약 이런 일이 누설되면 반드시 틈이 생길 것입니다. … 더구나 우리 나라는 文物禮樂이 흥행된지 이미 오래 되었고 商船이 잇달아서 귀한 물자가 날로 들어오니 中國에 의지할 것이 실로 없습니다. 만일 契丹과 국교를 영원히 단절할 것이 아니라면 宋朝에 사신을 보내는 것은 마땅하지 않습니다'라고 하였다. 이를 따랐다"(『고려사』권8, 문종 12년 8월 乙巳).
19) 『고려사』권15, 인종 원년 6월 癸卯.

고려에 거란 문화가 이미 상당히 전파되어 수용되고 있었던 사정을 말해주는 것이다. 거란의 문화를 수용한다는 것은 그 문화에 대한 동경심을 전제로 하여 일어난 사회현상이었을 것이다. '야만스럽다'고 평가하는 문화를 동경하고 모방하는 문화적 현상을 기대하기 어렵기 때문이다. 거란[遼] 적대정책을 고수했던 태조가 미연에 경계한 것으로 볼 수도 있으나, 당시의 금수론적 거란관, 반거란정책 실시라는 사정을 고려하면 더욱 그러할 것이다.

거란 문화는 唐 문화를 계승하고 초원적 경향을 보태어 형성된 것으로 평가된다.[20] 신라-唐 관계에서 唐의 화려한 문화가 적극적으로 수용되었음을 생각해볼 때, 고려초에 거란 문화가 수용되는데 문화적 측면에서 거부감은 없었던 것으로 유추된다. 거란 문화의 전파와 수용은 다음 기록에 잘 나타난다.

> 詔하기를 "… 우리 太祖께서 개국하시고 검소하고 덕스럽게 삼가시며 오직 장구한 계획을 생각하여 華夏의 법을 크게 행하고 간절히 丹狄의 풍속을 금하였다. 그런데 지금은 위로는 朝廷으로부터 아래로는 民庶에 이르기까지 화려한 기풍을 다투고 丹狄의 풍속을 답습하여 가서는 돌이키지 않으니 깊이 탄식할 일이다. 이제 짐은 솔선하여 末俗을 고치려 한다. 그 수레와 服御같은 것은 모두 화려한 것을 버리고 질박한 것을 숭상할 것이다. 아아, 너희들 공경대부는 짐의 뜻을 체득하여 받들어 행할지어다"라고 하였다.[21]

이 조서는 1129년(인종 7)에 발표되었으며 태조의 訓要가 발표된 때로부터는 190년여 이후이다. 또한 거란[遼]은 역사의 무대에서 사라진 뒤였다. 고려인들은 '朝庭으로부터 民庶에 이르기까지' 거란의 화려한 풍속을 답습하고 있어서 국왕이 특별히 금지령을 내릴 정도로 사회에 만연되어 있었다. 거란 문화는 고려의 지배층은 물론 피지배층에게까지 널리 동경의 대상, 모방의 대상으로 받아들여지고 있었다. 거란 문화의 수준이 당시 고려의 그것보다 우수했느냐 아니냐 하는 평가의 문제를 논의하기는 어렵다. 고려인들이 거란을 야만시하고 그 문화를 고려 문

---

20) 안귀숙, 「高麗時代 金屬工藝의 對中 交涉」, 『고려미술의 대외 교섭』, 예경, 2004, 156쪽.
21) 『고려사』 권15, 인종 7년 5월 甲辰.

화보다 열등한 것으로 인식하였다면 그 문화를 모방하고 추종하는 현상은 일어날 수 없을 것이다.

거란 문화는 매우 정교하고 사치스러웠던 것으로 보인다. 위의 조서에서 인종은 '고려가 화려한 기풍'을 다투게 된 데에는 거란 풍속의 영향이 적지 않았다고 하였다. 이는 서긍의 기록에서도 뒷받침된다. 12세기초에 고려를 견문한 서긍은 고려의 공예에 관해 다음과 같이 기록하였다.

> 고려는 工匠의 기술이 지극히 정교하여, 그 뛰어난 재주를 가진 이는 다 官衙에 귀속된다. 이를테면 僕頭所·將作監이 그 곳이다. 이들의 常服은 흰 모시 도포에 검은 건이다. 다만 시역을 맡아 일을 할 때에는 관에서 紅袍를 내린다. 또 들어보니 契丹의 항복한 포로 수만 명 중에 工匠이 열 명 중에 하나는 있는데, 그 정교한 솜씨를 가진 자를 王府에 머물게 하였다 한다. 요즈음 器服이 더욱 공교하게 되었으나, 다만 부화스럽고 거짓스러운 것이 많아 전날의 순박하고 질박한 것을 되살릴 수 없다.[22]

서긍이 '부화스럽고 거짓스러운 것이 많다'고 한 것은 화려하고 사치스러우며 장식적이라는 의미로 이해된다. 고려전기의 공예품, 도자, 불탑, 불상 등은 양식, 문양, 재질, 기법 등의 측면에서 거란의 영향을 뚜렷하게 받은 것으로 보인다.[23] 우리나라 묘탑 중 최고 걸작의 하나로 꼽히고 있는 法泉寺智光國師玄妙塔(국보 101호)은 11세기에 활동한 법상종 승려 海麟(984-1070)의 묘탑이다. 1085년 (고려 宣宗 2)에 건립된 이 묘탑은 페르시아적 문화 요소를 담고 있는 이국적인 승탑이다. 이 승탑의 상층기단 면석 남면의 사리공양도에는 키질석굴 벽화에 등장하는 쿠차인과 같은 단발 형태의 머리와 복장 인물들이 등장한다. 사리공양도, 혹은 사리전래도에 서역인이 등장하는 것은 거란[遼] 불탑의 주요 장엄 주제로 거의 모든 탑에 묘사되어 있다. 또 현묘탑에 등장하는 天蓋, 장막 등은 거란[遼]

22) 『고려도경』 권19, 民庶 工技조.
23) '고려와 북방문화'라는 공동연구 주제로 본 논문과 함께 연구된 아래의 연구 참조. 강병희, 「고려 11-12세기 불탑의 북방적 영향」; 정은우, 「고려중기 불교조각에 보이는 요의 영향」; 장남원, 「10-12세기 고려와 遼·金도자의 교류」; 안귀숙, 「고려 금속공예에 보이는 遼文化의 영향」(본서 수록).

불탑들에 보이는 天蓋들과 밀접하다. 현묘탑은 거란[遼]으로부터의 문화 전래와 그 영향을 증거하는 중요 유물이다.[24] 공예사적 측면에서 문종-인종대 약 1세기 동안 제작된 금속공예품은 조형성과 실용성, 장식성면에서 한국 공예사상 최고의 경지에 이른 것으로 평가받고 있다. 그러한 발전은 11세기에 진행된 거란[遼]과의 공식적인 교류, 귀화 거란인을 통한 북방문화의 유입과 토착화가 중요한 요인으로 작용했기 때문이다.[25]

이런 점을 고려해볼 때 고려인에게 있어 거란 문화는 동경의 대상, 모방할 가치가 있는 문화로 평가되고 있었다고 할 수 있을 것이다. 거란이 멸망한지 60년이 지난 1185년(明宗15)에 국왕은 서북면 병마사에게 契丹絲 수입을 지시하였는데,[26] 이는 여전히 왕실과 귀족층에게 契丹絲에 대한 수요가 있었음을 알려준다.[27] 993년 국교 수립 이후 고려인의 거란족, 혹은 국가로서의 거란[遼]에 대한 인식은 '丹狄'과 같은 태조대의 禽獸論的 인식과는 완전히 달랐다고 할 수 있을 것이다.

Ⅲ. 金에 대한 인식

1. 女眞, 金 지칭어와 金 건국 이전의 女眞에 대한 인식

金 건국 이전의 여진족에 대한 인식은 여러 차례 검토되었다.[28] 여진족이 고려의 역사에 등장하는 것은 왕건이 건국한 당시부터이다. 궁예정권 때 화를 피하여 북쪽으로 피해갔던 尹瑄이 왕건이 즉위했다는 소식을 듣고 흑수의 무리[黑水蕃衆]을 끌고 귀부했다고 하는데[29] 여기의 '黑水蕃'은 東蕃이라고도 불린 동여진족

---

24) 강병희, 위 논문, 2011.

25) 안귀숙, 「고려 금속공예에 보이는 요문화(遼文化)의 영향」, 『이화사학연구』 40, 2010.

26) 『고려사』 권20, 명종 15년(1185) 정월 辛丑.

27) 거란이 멸망한 이후이므로 고려가 수입하고자 한 絲가 과연 '契丹絲'인가에 대한 논란이 있을 수 있다. 그것을 생산하는 사람, 장소가 어디인가의 문제를 접어두고, '契丹絲'로 형상화된 물품이라고 할 수 있을 것이다.

28) 주1) 참조.

29) 『고려사』 권92, 王順式 附 尹瑄傳.

의 하나로 밝혀져 있다.[30] 金 건국의 주체인 여진족은 10세기 이래 고려를 천자국가로, 자신들은 천자국 주변의 '蕃'으로서 고려에 조공하는 관계를 유지해왔다. 고려는 여진 여러 종족을 '蕃'으로 지칭했으며, 때로는 北狄, 혹은 異類로 표현하기도 하였다. 태조는 여진족이 人面獸心이라고 하였다.[31] 인면수심론적 여진 인식은 金이 건국하는 12세기초까지 유지되었던 것으로 보인다.[32] 태조 시기에서 1세기 여 지난 1038년(靖宗 4) 기미주로 편입되어 있던 여진족 사이에서 살인사건이 발생하였다. 이에 대한 처벌을 논의하던 조정회의에서 다수의 관리들은 여진족을 여전히 人面獸心으로 인식하고 있었다.[33] 1115년 金 건국 당시의 여진족에 관해서는 "(生女眞의) … 풍속은 匈奴와 같다. 여러 부락은 城郭이 없으며 산과 들에 나누어 거주한다. 문자가 없어서 말로 하며, 약속은 매듭을 맺어서 한다"라고 하였다.[34] 고려인의 관점에서 볼 때 거주하는 가옥조차 없으며 문명의 표징이라 할 문자를 사용하지 않는다는 사실은 야만관 형성의 주요한 배경이었을 것이다. 이는 유교적 가치관에서 종족을 구분하여 문화의 우열을 인식하는 데에서도

---

30) 金庠基, 「여진 관계의 시말과 윤관의 북정」, 『국사상의 제 문제』 4, 1959, 68-70쪽 ; 추명엽, 「고려전기 '번(蕃)' 인식과 '동·서번'의 형성」, 『역사와 현실』 43, 2002.

31) "이 해에 有司에게 詔하기를 '北蕃人들은 얼굴은 사람이나 마음은 짐승 같아서[人面獸心] 굶주리면 오고 배부르면 가 버리며, 이익을 보면 부끄러움을 잊는다. 지금은 비록 (우리에게) 복종하여 섬기고 있지만 向背함이 무상하다. 마땅히 그들이 지나가는 州鎭에는 館舍를 성 밖에 지어서 그들을 접대하라'고 하였다"(『고려사』 권2, 태조 14년).

32) "이에 宣旨하기를 '… 하물며 이 東蕃賊 무리는 祖宗 이래로 우리나라의 國勢에 빌붙어서 많이 恩賞을 입었음에도 불구하고 지금은 배은망덕하게도 멀리 있는 적을 불러모아 우리나라 국경을 침범하고 있다'"(『고려사』 권13, 睿宗 4년(1109) 5월 癸丑). 이에 관해서는 李孝珩, 2006, 앞 논문, 79-80쪽에 자세하다.

33) "威鷄州의 여진 仇屯, 高刀化 2인이 그의 都領將軍 開老와 더불어 재물을 다투다가 (開老가) 취한 틈을 타서 때려 죽였다. 이 일을 輔臣에게 의논케 하였다. 侍中 徐訥 등 6인은 의논하기를 '女眞은 비록 異類이지만 이미 귀화하여 이름이 版籍에 실렸으니 編民과 같습니다. 진실로 마땅히 나라의 법에 따라야 합니다. 이제 그의 長을 때려 죽였으니 죄는 용서하지 못합니다. 청컨대 법대로 논하소서'라고 하였다. 周亮 등 11인은 의논하기를 '이 무리가 비록 귀화하여 우리의 번방울타리[藩籬]가 되었으나 人面獸心이라서 風教를 익히지 못했습니다. 그러므로 형벌을 가하지 못할 것입니다. 또 律文에 이르기를 모든 化外人으로써 同類끼리 서로 범한 자는 각각 그 本俗法에 의한다고 하였습니다.' … 왕이 周亮 등의 의논을 좇았다"(『고려사』 권95, 黃周亮傳).

34) "生女眞完顔阿骨打稱皇帝 更名旻 國號金 其俗如匈奴 諸部落無城郭 分居山野 無文字 以言語 結繩爲約束"(『고려사』 권14, 睿宗 10년(1115) 정월).

영향을 받았을 것이다.[35] 그러나 무엇보다 이들이 통일된 정치체를 형성하지 못하고 고려를 '大國'으로 섬겨온 역사가 금수론적 인식을 강화시키고 유지하는 가장 큰 요인이었을 것이다. 金 건국 후 국가 대 국가로서 관계를 맺기 전까지 여진에 대한 고려인의 인식은 禽獸論, 혹은 人面獸心論에서 벗어나지 않는다.

고려가 禽獸論적 인식하에 번방울타리[蕃]로서가 아니라 고려와 대적할 상대국으로서 관계를 맺은 것은 1115년 金 건국 이후부터이다. 金의 阿骨打는 1117년 3월 처음으로 金 황제의 자격으로 사신을 파견하여 金과 고려의 관계를 兄弟관계로 맺을 것을 제안하였다.[36] 10년이 채 지나지 않은 1126년에 이르면 金은 형제관계를 부정하고 스스로 고려에 대한 천자국으로 자임하면서 고려에게 제후국으로서 表文을 보낼 것을 요구하였다.[37] 金과 고려의 관계를 君臣관계로 설정하겠다는 것이었으니, 이는 종전의 고려-여진족 관계를 역전시키는 것이었다.

거란[遼]이 몰락하고 고려와 거란[遼] 영향권 범위에 있던 여진족이 흥기하여 국가를 수립할 뿐 아니라, 宋이 여진과 연합하여 대거란전쟁을 시작하는 등 동아시아의 정세가 변화하자, 고려는 1116년부터 거란[遼] 연호의 사용을 중지하였다. 물론 고려와 거란[遼] 사이의 사신 왕래도 단절되었다. 고려가 金의 제안대로 형제관계의 국교를 수용하였는지는 확인되지 않는다. 1125년 거란[遼]이 멸망하자 고려는 金과의 국교를 어느 수준에서 설정할 것인지 고민해야만 했을 것이다. 金의 요구에 따라 金을 책봉국으로 받아들이고 고려의 위상을 조공국으로 위치 지운 조공·책봉관계를 맺은 것은 1126년 4월이다.[38] 金의 요구에 따라 신하를 칭하고 表文을 올리는[稱臣上表] 절차가 수반되었음은 물론이다. 객관적인 국제 정세를 보면 金은 거란[遼]을 멸망시켰을 뿐 아니라, 옛 거란[遼]의 영토 범위를 훨씬 넘어서 北宋을 멸망시키고 淮河선까지 영토를 확장한 강대국이었다. 그러나 고려가 金을 책봉국으로 받아들이기에는 복잡한 갈등이 없을 수 없었다.

---

35) 金光洙, 위 논문, 1977.
36) "金主阿骨打 遣阿只等五人 寄書曰 兄大女眞金國皇帝致書于弟高麗國王"(『고려사』 권14, 예종 12년 3월 癸丑).
37) 『고려사』 권15, 인종 4년(1126) 4월.
38) "鄭應文과 李侯를 金에 보내어 신하를 칭하고 表文을 올렸다"(『고려사』 권15, 인종 4년 (1126) 4월 丁未).

아래 〈표 2〉는 金 건국을 전후한 시기부터 몽골족의 등장으로 金과의 국교가 단절되는 1220년대까지 女眞·金에 대한 지칭어를 정리한 것이다. 대조하기 위해 南宋 지칭어를 함께 정리하였다.

〈표 2〉金, 女眞, 南宋 지칭어

연도	金,女眞	南宋	비고 : 문서의 성격,기타	출전
1102-4 숙종 7	東女眞		東女眞酋長 盈歌 제1차 사신	권12,세가
1106-2 예종 元	北虜		여진족 조공 기사	권12,세가
1107-12	東女眞		윤관의 여진정벌 기사	권12,세가
1109-5	女眞		'東備女眞 北備契丹'	권96,金仁存傳
1113-4	女眞		9성을 여진에게 돌려준 후 여진의 답례사신	권13,세가
1114-10	女眞		阿骨打 반대세력 등 여진 동향 기사. 고려에 군사 협공 요청	권13,세가
1115-1	金		金 건국 기사	권14,세가
1115-6		大宋, 華, 夏	宋에 〈請學生入學〉 表文	권14,세가
1116-4	金(主)		阿骨打를 처음으로 金主로 기록	권14,세가
1116-4			거란[遼] 연호 사용 중단	권14,세가
1117-3	金(主)		외교문서 : '兄大女眞金國皇帝致書 于弟高麗國王' 문서	권14,세가
1118-4		宋	安和寺 重修 낙성 후 宋에 편액 요청 기사	권14,세가
1119-2	金(主)		고려-금 형제맹약 후 金에서 온 외교문서에 대한 고려측 기록	권14,세가
1122-4 인종 즉위		中華	睿宗 卒記 史臣贊	권15,세가
1122-10	(東)女眞		완안부 이외의 여진	권15,세가
1126-3	金,大國	宋	對金 事大 논의하는 조정회의 중 이자겸 발언	권15,세가
1126-3	女眞	皇宋	對金 事大 여부 묻는 占辭 남-皇宋, 북-大遼	권15,세가
인종대		中華	仁宗의 인식	권122,李寧傳
1126-4	金		金에 稱臣奉表한 기록	권15,세가
1126-12	大朝,上國, 夏, 朝廷, 皇 (使)		외교문서 : 金 황제는 皇帝, 聖明으로 지칭. 聖王에 비유됨. 고려는 小邦, 下國	『東文選』35, 「謝不收復保州表」「謝回付 沒入人馬表」
1127-3	金人		고려사신단에서 金人 구타사건 발생	권15,세가

연도			내용	출전
1127-10	華夏		외교문서 : 宋의 흠종, 휘종 포로 사실 통보한 金 宣慶使 귀국편에 보낸 表文	권15,세가
1128-12	上國		외교문서 : 保州영유권 문제로 金에 보낸 표문. 거란을 '北國'으로 표현	절요권9
1129-5		華夏	화려한 풍속을 경계하는 국왕 詔書. '태조가 華夏의 법을 행하고 丹狄(=거란)의 풍속을 금하였다' 운운	권15,세가
1129-8		宋	書籍所 설치 기사	권15,세가
1129-11	金		외교문서 : 金에 誓表. 君臣관계로 정리	권15,세가
1131-4	金	宋	국왕과 宰樞의 대화. 고려의 대송인식 포괄적으로 드러남	권15,세가
1131-9	金(主)		관료 중 적대적 대금인식 사례	권15,세가
1142-10인종 20	大金(皇帝)		외교문서 : 金황제를 '聖慈' '崇天體道欽明文武聖德皇帝'로 표현, 虞舜과 商湯으로 비유 거란사신을 '皇華'로 표현	『東文選』34,「回封冊表」외
1146-2의종즉위	金,北朝,大國,胡狄		仁宗 사망에 대한 김부식贊	권17,세가
1158-8	北虜		太史監侯 劉元度의 奏文. '金을 병탄할 수 있다' 운운	권18,세가
1161-11	金(主)		金 海陵王 시해 기사	권18,세가
1162-3	金	宋	宋, 金 대립하는 정세에 관한 기사	권18,세가
1170-5의종 24	金(主)		王孫 출생을 통보하려던 관련 기사	권19,세가
1172-5명종 2	金		明宗책봉사	권19,세가
1184-10	金(主)		일상적 기사. 金 貞義皇后喪건으로 하정사 중지시킨 기사	권20,세가
1197-10신종즉위	金(主)		金主와 同名으로 神宗 改名 기사	권21,세가
1205-8		宋	宋 商船 기사	권21,세가
1206-4	北(國)		熙宗 책봉사신 관련 기사	권21,세가
1211-5	金		蒙古 첫 기사. 고려의 국왕생신사 파견에 대한 사은사가 蒙古兵에게 해를 당한 기사	권21,세가
1216-윤7고종 3	金		金 東京에서 韃靼, 契丹遺種, 蒲鮮萬奴 동향을 통보한 것에 대한 기사	권22,세가
1216-11	金		金이 韃靼兵의 고려 침입 가능성 통보	권22,세가
1217-1	上國		寧德城에서 金 來遠城에 보낸 牒文	권22,세가

金이 건국한 1115년 이후 金을 지칭하는 용어로는 국호인 金이 가장 일반적으로 사용되었고, 그외에 北國(北朝), 上國, 華夏, 女眞, 胡狄, 北虜 등의 지칭어가 사용되었다. 고려 내부에서 金을 지칭하는 용어로는 金, 北國(北朝) 외에 胡狄(1146), 北虜(1158)라는 지칭어가 사용되었다. 개별적인 女眞 부족을 가리킬 때 외에 女眞으로 지칭된 적은 없다. 女眞으로 지칭한 유일한 사례는 1126년 기사이다. 大朝, 上國, 夏, 朝廷(1126), 華夏(1127), 上國(1128, 1217), 大金(1142) 사례는 金에 보내는 사대문서인 表文에 사용된 용어이다. 반면 金과 대립하는 南宋은 皇宋(1126), 中華(인종대), 華夏(1129)로 지칭되고, 국호인 宋으로 가장 빈번하게 지칭되었다. 金의 황제는 金主(1116, 1117, 1119, 1131)로 표현되었다.

2. 국교 수립 이후의 金에 대한 인식

앞서 거란[遼]에 대한 지칭어에서 검토한 바와 마찬가지로, 책봉국인 金에 보내는 외교문서 表文에서 사용된 용어는 외교적 수사이기 때문에 고려인의 인식을 나타내는 용어로 볼 수 없다. 따라서 위의 지칭어 중에서 大朝, 上國, 夏, 華夏, 朝廷, 大金은 제외하였다. 1126년의 사례를 제외하면 金은 일반적으로 金, 北朝로 지칭되었다. 胡狄이란 지칭어는 1146년 仁宗 卒記에서 金富軾이 史贊을 지으면서 사용한 지칭어이지만, 1126년 金과의 국교 수립 전후의 대금인식을 반영하는 것으로 보아도 큰 문제는 없을 것이다. 이렇게 볼 경우 '北虜'라는 지칭어가 예외적이다. 국가로서의 金을 '女眞'으로 표현한 유일한 경우인 1126년 사례는 金과 조공·책봉관계를 수립하기 전, 즉 金의 요구에 따라 稱臣上表할 것인지, 아니면 金에 적대할 것인지 외교노선을 결정하기 위해 太廟에서 점칠 때 占辭에 사용된 표현이다. 太廟의 占辭는 국교 수립 전 金에 대한 고려인의 복잡한 인식을 잘 보여주는 기록이다. 당시의 상황을 전하는 金富軾의 史贊을 함께 검토하겠다.

李之美를 보내어 大廟에 고하고 金을 섬기는 것이 타당한지 아닌지를 점 치게 하였다. 그 占辭에 "저 女眞은 尊號를 자칭하고 남으로 皇宋을 침략하고 북으로 大遼를 멸하여 사람을 많이 얻고 또한 영토를 넓게 개척하였습니다. 돌아보건대 小國은 그 나라와 강역을 접하고 있으니, 혹은 장차 사신을 보내어 강화해야 한다고 하고, 혹은 군사를 길러서 사방의 변방에 대비해야 한다고 합니다. 의심스러운 바를 大筮에 묻노니 신께서는 이를 결정하여 주시옵소서!"라고 하였다.[39]

　　史臣 金富軾이 贊하기를 … "金國이 갑자기 흥기하여서는 여러 의논을 물리치고 表를 올려 臣이라 일컫고, 北使를 예로써 접대하기를 매우 공손히 하였기 때문에 北人들도 사랑하고 공경하지 않는 사람이 없었다. 文詞를 맡은 신하들이 應制할 때에 혹 北朝를 가리켜 胡狄이라고 하면 감짝 놀라시면서 '신하로서 大國을 섬기면서[事大] 어디 오만하게 이렇게 일컫는단 말인가?'라고 말씀하셨다. 이리하여 대대로 우호의 동맹을 맺어 변경에 걱정거리가 없었다. … 왕께서 훙거하셨을 때 나라 안팎에서 슬퍼 그리워하였으며, 비록 北人도 이를 듣고는 역시 슬퍼하여 애도하였다."[40]

즉 거란[遼]과 金이 교체된 직후인 1126년에

　　宋 = 皇宋,　거란[遼] = 大遼,　金 = 女眞

으로 표현하였다. 宋과 거란[遼]은 皇宋과 大遼로 지칭했으나, 정치적 군사적으로 우월하지 않은 北宋을 皇宋으로 표현함으로써 거란[遼]과 차이를 두어 인식하였음이 드러난다. 반면 이미 거란[遼]을 멸망시키고 北宋까지 압박하고 있는 신흥강대국 金에 대하여는 국가 수립 이전의 종족명인 '女眞'으로 표현함으로써 국가로서의 실체를 인정하지 않았다. 고려에 대하여 조공국으로서의 외교의례를 요구하는 金에 대한 거부감이 나타나는 기록이다. 金富軾의 사찬에 의하면 大國인 金을 事大의 대상국으로 인정한 仁宗과 달리 상당한 수의 관리들은 金을 '胡狄'으로 지칭함으로써 종래의 夷狄觀에 머물러 있었음을 알 수 있다. 이러한 이적관은 宋에 보낸 외교문서에서도 확인된다. 거란[遼]과 오랜 기간 대립해온 宋은 12세기 들어 거란[遼]이 쇠락하자 여진의 힘을 이용하여 이를 제압하려고 하였다.

---

39) 『고려사』 권15, 인종 4년 3월 乙未.
40) 『고려사』 권17, 仁宗 24년(1146) 2월 甲子, 仁宗 사망 史臣 金富軾贊.

그래서 여진과 오래 관계를 맺어온 고려에 주선을 요청하였다. 이에 대하여 고려는 '契丹은 오히려 국가의 방어막[邊捍]이 될 수 있지만 女眞은 호랑이와 이리[虎狼]와 같아서 사귈 수 없다'고 반대하였다.[41] 여진을 '虎狼'이라고 표현한 것은 宋의 여진연합책을 중지시키려는 의도에서 선택한 지칭어이겠지만, 당시 고려의 여진관도 반영된 것으로 보인다. 1158년 사례의 太史監侯 劉元度가 '북쪽 오랑캐[北虜]'로 지칭한 것은 이러한 이적관, 금수론의 연장선에 있는 인식이다. 金에 대한 금수론적 인식은 고려—金 국교 수립 전후에 상당히 일반적이었던 것으로 보인다.

위의 3건 사례를 제외하면 〈표 2〉에 나타나는 바와 같이 金이 건국되고 고려와 정식 국교를 수립한 1126년 이후에 金을 가리키는 지칭어는 모두 金, 北國(北朝)이었다. 仁宗과 金富軾은 국교 수립 당시에 金을 大國, 北朝로 지칭했다. 仁宗은 大國 金을 현실적으로 존재하는 北國으로 인식해야 하며, '胡狄'으로 지칭하는 것은 小國으로서 事大하는 예의에 어긋난다는 생각을 분명하게 밝혔다. 이는 현실세계의 역학관계에 따라 金을 새롭게 인식한 것이며, 종래의 금수론적 이적관과는 다른 것이라 하겠다. 이러한 인식은 金과의 외교관계 정립에 관한 조정회의에서 이자겸, 김부식에 의해 표명되었다. 金이 동아시아세계의 질서를 주도하는 정세 변화에 응하여 여진관도 변화해야 했으며, 金, 北朝라는 지칭어가 가장 일반적으로 사용된 것은 그러한 인식상의 변화를 드러낸 것이다.

金을 北國으로 표현한 것은 南宋과 대비하여 병존하는 두 개의 국가로 표현한 것이다. 그러나 金에 稱臣上表함으로써 조공국, 책봉국으로서 외교관계를 맺은 이후에도 中華, 혹은 中國으로는 표현한 적이 없었다. 또한 金의 군왕을 '황제'로 표현하지 않고 한결같이 '金主'로 표현하였다. 고려—거란[遼] 강화 이후 거란[遼]의 군왕을 '契丹主', '丹主'로 표현한 것과 같은 맥락이다.

한편 金과 대립관계에 있는 南宋은 皇宋(1126), 中華(인종대), 華夏(1129), 宋으로 표현하였다. 1129년 華夏 용례는 구체적으로는 北宋을 가리키는 것이

---

41) "金使來 … 初高麗來求醫 … 將與女眞圖契丹 因是勸止中國 謂苟存契丹 猶可爲國家邊捍 女眞虎狼 不可交也"(陳均, 『皇朝編年綱目備要』 3-28 宣和 1년 1월 ; 張東翼 편, 『宋代麗史資料集錄』, 서울대학교출판부, 2000, 176-177쪽에서 재인용).

만, 南宋까지 포괄하는 것으로 보아도 무방할 것이다.[42] 책봉국인 金에 대하여는 中華, 華夏라는 표현을 절대 사용하지 않았던 것과 비교된다. 이는 중국대륙에서 金, 南宋이 병립하여 경쟁하는 13세기에 고려인에게 한족 중심적 화이론이 수용되어 있었다는 의미로 볼 수 있을 것이다. 그런데 또한 南宋과 金을 南朝, 北朝로 지칭함으로써 양립하는 두 개의 국가로 동시에 인정하기도 하였다. 이는 南宋을 中華로서 절대화한 것은 아니라는 것을 의미한다.

고려는 南宋을 中華로 지칭하였지만 외교의 중심을 金에 두었으며 南宋과는 소원한 관계를 유지하였다. 거란[遼]이 몰락하면서 고려와 거란[遼] 사이에 사신 왕래가 단절된 것을 파악한 宋은 1123년 고려에 조공·책봉관계를 맺을 것을 제안하였다. 고려는 적절한 외교적 문사로서 이를 거절했다.[43] 이는 宋의 국제적 위상이 고려의 책봉국이 될 수 없다는 현실 인식에서 나온 외교적 대응이다. 조공·책봉관계를 거절한 것은 물론, 오히려 金 건국 이후 고려는 국가 수준, 국왕 수준에서는 南宋과의 국교를 완전히 중단하였다고 할 정도이다. 1163년(의종 17) 7월 南宋은 상인편에 황제의 密旨로 金銀合에 담긴 沈香을 전달하였다. 고려는 답례 차원에서 이듬해에 鍮銅器를 보낸 것이 유일한 사신 파견이다. 이외에는 南宋이 고려 漂流民을 송환시킨 것이 4회 확인될 뿐이다.[44] 일반적으로 고려전기의 대외관계를 '다원적 국제관계'라고 표현해왔지만, 거란[遼]과 국교를 유지하던 때와는 달리 金과 국교를 수립한 이후 고려는 국가 차원, 국왕 수준에서 南宋과 사신을 왕래한 것은 위의 사례가 유일하다. 南宋도 마찬가지로 고려에 사신을 파견하지 않았다.

한족왕조인 南宋을 中華, 中國으로 인정하였지만, 그들의 중화사상을 절대화하지 않았으며 물론 내면화하지도 않았다. 따라서 조공·책봉질서의 上·下國관계는 현실적 강대국인 金과 유지하였다. 그러면서도 金을 中國, 혹은 中華로 지칭하지 않은 것은 북방족 왕조인 金을 中華로 인정하지 않은 고려인의 화이론이다. 金

---

42) 고려시대의 기록에서는 北宋과 南宋을 별개의 국가로 보지 않고 동일한 왕조로 표현하였다. 北宋이든 南宋이든 단지 '宋'으로 표현하였다.
43) 『고려사』 권15, 인종 원년(1123) 6월.
44) 김순자, 앞 글, 2004, 320쪽.

은 실제 책봉국임에도 불구하고 고려인의 천하관에 있어서 中國, 中華는 아니었다. 이럴 경우 고려인의 인식 세계에서 中國, 中華가 될 수 있는 대상은 南宋뿐이었던 것이다. 그러나 中國, 中華로 지칭된 南宋은 고려와 외교의례를 맺지도 않은 제3국이었을 뿐이다. 中華질서가 외교관계에서의 실제와 이념 사이에서 괴리된 시기였다.

위와 같이 현실적인 역학관계상 조공국, 책봉국의 외교의례를 받아들였으면서도 책봉국인 金을 中華가 아닌, 단지 大國으로만 인식하는 것은 金과의 국교 수립 초기부터 일관된 것이었다. 고려의 이러한 인식은 金과 국교 수립 초기에 외교 분쟁을 일으키도 했다. 金은 고려와의 국교 수준을 거란[遼]-고려 관계에 준하겠다고 통보하였다.[45) 고려는 처음에 이를 수용하지 않았던 듯하다. 1125년 金에 보낸 외교문서는 表文이 아니었고, 문서 속에서 고려왕이 '臣으로 칭하지 않음'으로써 金이 외교문서 접수를 거부하는 사태가 발생하였다.[46) 金의 요구에 따라 신하를 칭하고 表文을 보낸 20년 뒤에도 외교문서의 형식 때문에 외교문제가 발생하였다. 1146년(의종 2) 외교문서에서 고려왕은 이름을 칭하지 않고[稱名] 관리들도 陪臣이라고 칭하지 않았다.[47) 외교의례상 金과 고려의 관계는 君臣관계였으므로 고려왕은 金 황제에게 보내는 문서에서 이름을 칭해야 했으며, 고려왕의 신하들은 陪臣으로 칭해야 했을 것이다.

조공·책봉관계라고 해도 국가간의 역학 관계에 따라 그 외교의례는 다양하였다. 명분과 실제가 일치하여 군신관계가 철저하게 구현되는 외교의례가 있는가 하면, 고려-거란[遼]의 관계는 명분상 君臣관계이나 외교의례에서는 한 단계 낮은 賓禮 관계였다.[48) 앞선 시기 고려와 거란[遼]과의 관계에서 이러한 외교문제가 발생한 적이 없었던 것에서 유추해보면, 고려는 거란[遼]와의 관계보다는

---

45) 『고려사』 권15, 인종 4년(1126) 9월 辛未.

46) "司宰少卿 陳淑과 尚衣奉御 崔學鸞을 金에 보내었으나 金이 國書가 表文이 아니고 또 稱臣하지 않았다 하여 받아들이지 않았다"(『고려사』 권15, 仁宗 3년(1125) 5월 壬申).

47) "進奉使 王軾이 金에서 돌아와서 '金人이 말하기를 表文 서두에 왕의 이름을 쓰지 않았고[不書王名], 또 사신을 파견하면서도 陪臣이라고 쓰지 않았으므로 法司에 명하여 죄를 물을 것이다.'라고 전하였다"(『고려사』 권17, 毅宗 2년(1146) 2월 乙卯).

48) 奧村周司, 「使節迎接礼より見た高麗の外交姿勢」, 『史觀』110, 1984.

보다 우월한 위치에서 고려-金 국교를 유지하려고 했음을 알 수 있다.

이와는 달리 金 건국 이전과 같은 禽獸論的 인식에서 벗어나지 않은 경우도 적지 않았다. 이들은 단순히 金을 국가 차원에서 고려와 상대할 국가로 인정하지 않는데 그치는 것이 아니라, 고려에 국가적 모욕을 준 정벌의 대상으로 적대시하였다. 고려와 金은 1126년 金의 稱臣上表 요구를 고려가 받아들임으로서 국교를 수립하였다. 그런데 金은 이에서 그치지 않고 1128년(仁宗 6) 충성을 맹세하는 誓表를 요구하였다.[49] 고려는 건국 이래 五代왕조를 이어 宋, 거란[遼]과 조공·책봉관계를 맺어왔고, 외교의례로서 사대문서인 表文을 보내었다. 그러나 993년 전쟁 끝에 국교를 맺게 된 거란[遼]에도 국가간, 혹은 통치자간 충성을 맹세하는 誓表를 요구받은 적이 없었다. 고려는 논란 끝에 1129년 11월 誓表를 보내었지만,[50] 당시 사람들은 이를 국가적 모욕으로 받아들인 것으로 보인다. 충성을 맹세하는 誓表의 대상이 고려가 건국 이래 한결같이 야만시해왔으며, 오래 동안 고려의 영향 아래 있었던 '여진족'이었기 때문에 더욱 그러했을 것이다. 金에 대한 稱臣上表를 의논하는 조정회의에서 李資謙과 拓俊京 외의 모든 관리들이 반대하였다는 사실이[51] 당시 고려인들의 일반적 정서를 나타내는 것으로 보인다.

金에 대한 반발은 몇 가지로 나타났다. 金과 같이 황제를 칭하고 독자적인 연호를 사용[稱帝建元]하자는 주장, 이에서 더 나아가 金을 멸망시키기 위해 齊나라와 동맹하여 협공하자는 주장, 金으로 가는 길을 빌려달라는 南宋의 假道論에 동조하는 주장까지 제기되었다. 稱帝建元論을 주장한 대표는 妙淸과 그에 동조했던 사람들이다. 妙淸으로 대표되는 정치세력이 西京 천도를 계획하고 국왕을 황제라고 칭하며 독자적인 연호를 사용할 것을 주장하면서 仁宗의 신임을 받아 활동한 시기는 고려와 金 사이에 稱臣上表와 誓表 제출이 외교적 현안이 되었던 시기와 겹친다. 묘청측 정치세력의 西京 천도 계획과 반란의 원인에 대해서는 풍수·도참사상의 영향, 고구려 부흥운동의 일환, 혹은 정치세력간의 갈등 등 여러 가지 설명이 제시되었지만,[52] 그 배경에 金에 대한 거부감이 강하게 깔려 있었음은 분

---

49) 『고려사』권15, 인종 6년 12월 甲戌.
50) 『고려사』권16, 인종 7년 11월 丙辰.
51) 『고려사』권15, 인종 4년(1126) 3월 辛卯.

명하다.

묘청 반란은 1135년(고려 仁宗 13) 1월에 일어났는데, 묘청이 등장하여 仁宗에게 영향을 주기 시작한 것은 1127년부터이다. 이 해는 고려가 논란 끝에 金에 稱臣上表하기로 결정한 해이다. 묘청측 정치세력의 주장이 金의 강성을 의식하고 있었음은 다음에 잘 드러난다.

1128년(인종 6) : 이에 妙淸 등이 말씀을 올리기를 "臣等이 西京의 임원역 땅을 보니 이는 음양가에서 말하는 大華의 형세입니다. 만약 궁궐을 세워 이곳으로 옮기시면 天下를 합병할 수 있을 것입니다. 金國이 폐백을 가지고 스스로 항복할 것이며 36國이 모두 臣妾이 될 것입니다"라고 하였다.

1132년(인종 10) : 西京의 老父인 檢校太師 致仕 李齊挺 등 50인도 妙淸과 (鄭)知常의 뜻에 맞추어 表文을 올려 尊號를 칭하고 연호 정하기를 청하였다. 知常 등이 왕을 설득하기를 "대동강에 상서로운 기운이 있으니 이는 神龍이 침을 뱉은 것입니다. 천년에 한번 만나기 어려운 일이니 청컨대 위로 天心에 응하고 아래로 人望을 따라서 金國을 누르소서"라고 하였다.[53]

1128년의 기사는 西京의 임원역에 궁궐을 짓자고 건의할 때이다. 만약 그곳에 궁궐을 짓는다면 그 결과로 金國이 항복할 것이며 아울러 36國이 신하국이 될 것이라는 주장이다.[54] 1132년의 기사에서는 연호를 정하고 하늘의 뜻에 따라서 金을 제압하라고 건의하였다. 묘청측 정치세력에 속하는 사람들의 의도가 실제 西

52) 李丙燾, 「仁宗朝의 妙淸의 西京遷都運動과 그 叛亂」, 『高麗時代의 연구』, 아세아문화사, 1980 ; 金庠基, 「妙淸의 遷都運動과 稱帝建元論에 대하여」, 『국사상의 제문제』 6, 국사편찬위원회, 1960 ; 『東方史論叢』, 서울대학교 출판부, 1974 재수록. 묘청 반란의 배경에 관한 연구사 검토는 이정신, 「묘청의 난과 대금관계」, 『고려시대의 정치변동과 대외정책』, 경인문화사, 2004, 89-92쪽 참조.

53) 『고려사』 권127, 妙淸傳.

54) 여기의 36국은 고려측 기록은 물론 중국측 기록에도 나오는 숫자이다. 구체적으로 36개 나라를 지칭하는 것은 아니다(金庠基, 『新編 高麗時代史』, 서울대학교출판부, 1985, 301-302쪽).

京 천도를 통해 정치권력을 얻으려는 것이었는지, 아니면 稱帝建元을 통해 고려의 국가적 자부심을 고취시키려는 것이었는지에 관한 논란은 접어두더라도, 그 배경에 金에 대한 강한 반감이 있음은 분명히 드러난다. 이는 건국 이래 고려의 영향권 아래, 혹은 고려의 기미하에 있던 '야만스런 종족'에 불과했던 여진이 단기간에 강성해져서 천자국을 자처하면서 고려에 대하여 신하의 의례를 강요하는 국제 정세의 급변에 대한 거부, 부적응의 표현으로 보아야 할 것이다.

齊나라와 함께 金을 공격하자는 협공론은 妙淸 정치세력이 활동하던 1129년(인종 7)에 제기되었다.[55] 齊는 중국 본토의 河南, 山東, 陝西 등 황하유역을 통치한 국가로서 金 太宗이 北宋을 멸망시키고 이 지역을 간접통치하기 위해 세운 꼭두각시 국가였다.[56] 1130-1137년까지 존속했으며,[57] 金과는 父子관계에 있는 국가였다. 협공론과 달리 1131년에 書狀官으로 金 東京에 파견된 적이 있는 崔逢深은 '國家에서 나에게 장사 1000명만 주면 金國에 들어가서 그 임금을 사로잡아다가 바칠 것'이라고 호언장담하였다.[58] 南宋의 假道論은 정강지변으로 金에 사로잡힌 徽宗, 欽宗 두 황제를 고려에 길을 빌려서[假道] 본국으로 송환시키자는 주장이다. 南宋 초기 그 내부에서 중요하게 제안되었던 방안인데, 고려에 정식으로 전달되었다.[59] 南宋의 假道論이 고려에 제안된 것은 1128년인데, 그 20년 뒤 李深과 智之用은 이에 편승하여 南宋의 고려 침공을 종용하기도 했다.[60] 고려 내부에서 이 의논에 동조하는 사람들이 있었던 이유는, 고려가 金에 稱臣한 국제관

---

55) "어떤 사람은 齊나라와 동맹하여 金나라를 협공하여 멸하기를 청하였다. 식자는 그것을 비난하였으며 妙淸의 무리는 유창한 말로 지껄였다. 왕이 마침내 듣지 않았다"(『고려사절요』 권9, 인종 7년(1129) 2월).

56) 김상기, 앞 책, 1985, 303쪽.

57) 『金史』 권3, 本紀 太宗 天會 8년 9월 戊申 ; 권4, 本紀 熙宗 天會 15년 11월 丙午.

58) 『고려사』 권15, 인종 9년(1131) 9월 丁酉. 崔逢深은 妙淸측 인물이었다고 한다(『고려사』 권127, 妙淸傳).

59) 1128년 假道論을 고려에 전하려는 목적으로 파견되어온 南宋 사신 楊應誠은 『建炎假道高麗錄』을 남겼다고 한다(金庠基, 앞 책, 1974, 588-590쪽).

60) 1148년경(고려 毅宗 2) 李深과 智之用은 宋나라 사람 張喆과 공모하여 南宋의 太師 秦檜에게 "金을 친다고 하여 고려에서 길을 빌리면[假道] 우리는 안에서 응하겠습니다. 고려를 가히 취할 수 있을 것입니다"라고 제안하면서 고려 지도를 보냈다. 이에 관해서는 金庠基, 「金·宋과의 관계」, 『국사상의 제문제』 5, 국사편찬위원회, 1959 ; 『東方史論叢』, 서울대학교출판부, 1974 재수록 참조.

계의 역전 상태를 인정할 수 없는 심리적 반발감에서 金과 적대관계에 있는 南宋과 협력하는 것이 필요하다는 판단 때문일 것이다.

金에 대한 稱臣 문제가 제기된 1127년부터 묘청이 반란을 일으키는 1135년 사이에 金을 정벌하자거나 제압하자는 주장은 꾸준히 제기되었던 듯하다. 묘청 반란의 성공 여부와 관계없이 국왕인 仁宗이 묘청을 등용하고 그들의 주장에 동조한 것은 그러한 反金 정서가 당시 고려인 사이에 상당히 퍼져있었기 때문일 것이다. 국왕인 仁宗은 물론 하급관리들에게도 金에 대한 事大는 국가 차원에서 굴욕적인 것으로 받아들여졌던 상황을 반영한 것으로 보인다.

金을 국가적 실체로서, 혹은 고려의 事大 대상국으로서 인정하지 않으려는 대금인식은 크게 보면 종래의 여진금수론에서 벗어나지 않은 것이라 할 수 있을 것이다. 그런데 이러한 대금인식은 고려와 金의 조공·책봉관계가 성립한 이후에도 상당히 오랜 기간 남아있었던 것으로 보인다. 앞에서 언급한 李深, 智之用의 假道論 편승 주장은 誓表 문제가 일단락된 때로부터 20년 뒤의 일이다. 1158년(毅宗 12) 太史監候의 직책에 있던 劉元度는 金을 '북방의 오랑캐[北虜]'라고 표현하면서 白州 兎山에 궁궐을 지어서 金을 병탄할 것을 주장하였다.[61] 이때는 고려와 金의 국교가 정상화된지 30년 뒤이다. 金은 '中國'이 아님은 물론이거니와, 고려의 책봉국이거나, 적어도 강대국으로서도 인정받지 못하는, 고려가 정복해야 할 '북방의 오랑캐'였던 것이다.

이 발언은 太史監候 직책에 있는 한 관리의 생각이었다. 그런데 이 발언에 대하여 毅宗은 물론 어떤 다른 관리도 이의를 제기하지 않았던 것으로 보인다. 오히려 국왕인 毅宗은 그들의 주장에 따라 지세를 살피도록 평장사를 파견하기도 하였다. 물론 당시는 '中興'을 염두에 두고 여러 곳에 離宮이나 別宮을 짓는 일에 몰두하고 있던 때이긴 하지만,[62] 그러한 주장에 대한 반론이 전혀 기록되어 있지 않

고려와 북방문화

---

61) "太史監候 劉元度가 奏하기를 '白州 兎山의 半月岡은 실로 우리 나라 重興의 땅입니다. 만약 궁궐을 지으면 7년 안에 북방의 오랑캐[北虜]를 병탄할 수 있을 것입니다'라고 하였다. 이에 平章事 崔允儀 등을 보내어 風水를 살펴보게 하였더니, 돌아와서 아뢰기를 '산이 陪朝하는 듯하고 물이 순조로워서 궁궐을 지을만한 곳입니다'라고 하였다"(『고려사』 권18, 毅宗 12년(1158) 8月 甲寅).

62) "崔允儀와 知奏事 李元膺 內侍 朴懷俊 등을 보내어 白州에 別宮을 창건하였다. 懷俊의 성

은 점에서 판단해볼 때, 毅宗은 물론 일반 관리들도 책봉국인 金을 전혀 '中國'으로 인정하지 않았으며, 오히려 국초 이래의 이적관 연장선상에서 제압해야 할 대상으로 인식하고 있었던 것으로 판단된다.

신흥강대국인 金을 책봉국, 大國으로 인정하여 종래의 여진 금수론적 시각에서 벗어난 사람들과, 여전히 여진 금수론적 시각에서 反金 정서를 강하게 드러냈던 사람들의 인식상의 차이는 어디에 기인할까? 첫째 부류에 속하는 仁宗이나 이자겸, 김부식은 국정을 책임지는 위치에 있었다. 반면 金을 북쪽 오랑캐[胡狄 혹은 北虜], 여진으로 지칭하며 금수론적 시각을 고수하는 묘청일파와 그 주변의 사람들은 국정을 책임지는 위치에 있지 않았다. 고려가 金과 우호관계를 유지하느냐, 아니면 금을 적대하여 외교적 분쟁을 일으키거나, 나아가 전쟁까지 불사할 것인가 하는 문제는 국가의 안전에 관계되는 중대사였다. 앞서 언급한 바와 같이 금의 정치적 군사적 힘은 거란[遼]을 능가하였으며, 北宋을 멸망시키고 北宋의 황제를 사로잡아갈 정도였다.

金이 국경을 마주하고 등장하자 고려의 위정자들은 어떠한 외교를 펼칠 것이며, 그러한 외교의 변화를 어떻게 합리화할 것인가를 고민하게 되었을 것이다. 종래 문화적 우월감으로 여진족을 바라보던 고려인들에게 金을 어떻게 인식해야 하는가라는 당황스러운 숙제가 제시된 셈이다. 金을 야만시한다면 조공·책봉관계라는 중화적 외교질서는 수용하기 어려울 것이다. 金과 우호관계를 유지하는 것이 국가를 보전하기 위해 필수적인 상황에서, 인종이나 이자겸, 김부식과 같은 집권세력은 金과의 조공·책봉관계를 수용하고, 이를 保國의 논리로 긍정하게 되었을 것이다. 반면 묘청일파와 그 주변의 사람들은 국정을 책임지는 지위에 있지 않은 사람들이었다. 그들은 고려의 외교노선을 결정하고 그에 대하여 책임을 져야 하는 위치에 있지 않았다. 여진에 대한 문화적 우월감에 보다 오래 집착할 수 있었던 이유일 것이다. 여진 멸시론, 고려 문화 우월감이 과도하여 齊와 동맹하여

질이 가혹하여 丁夫를 西海道에서 징발하고 주야로 공사를 최촉하여 오래지 않아 낙성되었다. 闕名을 重興, 殿額을 大化라고 하사하였다. 術者가 사사로이 말하기를 '이는 道詵이 말한 바 庚房(西方)의 客虎가 머리를 들고 엄습하여 오는 형세이다. 여기에 宮闕을 지었으니 혹시 危亡의 근심이라도 있을까 하노라'라고 하였다(『고려사』 권18, 의종 12년 (1158) 9月 庚申).

金을 공격하자거나 南宋의 고려 침입을 종용하는 등, 당시의 국제정세에 무지한 주장을 하기도 했다. 그러나 묘청의 반란이 진압된 이후에는 이러한 인식은 점차 사그라들었던 것으로 보인다. 인식의 변화가 정세 변화와 짝하여 나란히 진행하는 것은 아니지만, 시간이 흐름에 따라 현실 정세를 인정하는 이민족 인식으로 변해갔을 것이다. 조공·책봉관계에서 책봉국 위치에 있는 金을 夷狄으로 보는 것과 실제 정세 사이의 괴리가 장기간 지속될 수는 없기 때문이다.

Ⅳ. 맺음말

이상에서 고려전기 고려인의 거란[遼], 金에 대한 인식을 검토하였다. 이들 두 국가에 대하여 어떤 지칭어가 선택되었는가를 통계적으로 정리하고 각각의 의미를 검토하는 방법을 사용하였다. 고려를 건국한 태조는 거란[遼]을 禽獸와 같은 국가로 인식하고 反거란정책을 표방하였다. 고려는 태조 사후에도 거란적대정책을 유지했지만 禽獸論的 거란관에 머물러 있지는 않았던 것으로 보인다. 오히려 고려 사회에는 거란 문화에 대한 동경을 배경으로 거란 문화가 수용되고 있었다. 993년 거란[遼]의 침입으로 고려는 조공·책봉관계의 상대국을 변경해야만 했다. 건국 이래 反거란정책 기조 위에서 漢族왕조들과 조공·책봉관계를 맺어왔지만, 993년 고려-거란[遼] 강화회담 이후부터는 거란[遼]이 책봉국으로 바뀌었다. 이 시기에 고려인들이 종족으로서의 거란족, 혹은 국가로서의 거란[遼]을 금수론적 시각에서 인식했던 것으로는 확인되지 않는다. 오히려 정교하고 화려했던 거란 문화에 대한 동경으로 거란 문화가 유행하였다. 이렇게 본다면 건국 당시의 금수론적 거란관이 오래 지속되지는 않았던 것으로 보인다.

북중국에서 거란[遼]이 멸망하고 여진족의 金이 등장하자 고려는 金과 조공·책봉관계를 맺게 되었다. 고려와 金 사이의 조공·책봉관계는 1126년부터 정상화되었다. 金 건국 이전의 여진족은 고려의 번방울타리[蕃]로서 고려에 조공하고 관작을 수여받기도 하는 기미의 대상이었다. 고려는 건국 이래 여진족을 이적시해왔으므로 고려와 金의 관계가 조공국, 책봉국으로 역전되는 새로운 국제질서에 대하여 강한 거부감을 갖게 되었다. 일부의 고려인들은 종래의 여진 이적관을 상당 기간 유지하였다. 그러나 국왕이나 집권세력은 새로운 질서를 인정하여 金을 大國으로 인식하고 인정하였다. 金 = 여진 = 금수론적 인식은 고려-金 국교가 수립되던 1125년 전후에는 고려인들에게 상당히 널리 퍼져있었으나, 국교 수립 후 30여 년이 지난 뒤부터는 기록에서 확인되지 않는다. 현실적 강대국인 金을 국가적 실체로서 인정하고 고려-金의 관계를 인식세계에서도 수용한 결과일 것이다.

한편 고려가 거란[遼], 金과 조공·책봉관계를 유지하는 기간에 宋[北宋과 南宋]은 고려와 국가, 국왕 수준의 외교를 맺지 않았다. 또한 宋은 정치적, 군사적으로 거란[遼]과 金에 수세적 입장에 있었기 때문에 고려에게 실질적인 위험국가가 될 수는 없었다. 그러나 고려인들은 宋을 천하세계의 천자국으로 인식하여 中國, 혹은 中華로 지칭하였다. 정식으로 조공하고 책봉받는 거란[遼]과 金에 대하여는 中國, 혹은 中華라는 지칭어를 전혀 사용하지 않았다. 또한 그 정치적 군왕에게 '帝'라는 용어를 사용하지 않고 단지 '遼主[契丹主]', '金主'라는 지칭어만 사용하였다. 이는 고려인들의 동아시아 질서에 대한 인식이 漢族 중심적 세계관에서 벗어나지 않았음을 의미한다. 또한 건국 당시, 혹은 그 이전에 낙후했다고 생각한 거란[遼]과 金에 대한 국가적, 문화적 우월감을 완전히 포기하지 않았다는 의미일 것이다. 그러나 한족인 宋을 中國, 中華로 인식하였지만 절대화하지는 않았다. 宋과 거란[遼], 南宋과 金을 남국-북국으로 병립하는 국가로 인식하였다. 이는 고려인들이 당시의 정세를 대외인식에 받아들이면서도, 한족 중심적 화이론에서 완전히 벗어나지 않았음을 말해준다.

거란[遼]과의 국교 수립 당시 '침략받았다'는 사실 외에는 문화적 우열감에 대한 인식으로 갈등이 있었는지는 확인되지 않는다. 고려인의 국가적, 문화적 자존심이 손상되는 과거의 경험은 없었다. 고려인들은 국교 수립 이전에 이미 거란 문화를 동경하여 수용했던 것으로 보이며, 국교가 유지되는 기간을 통하여는 거란 문화를 모방의 대상으로 여러 방면에 폭넓게 받아들인 것으로 보인다. 반면 건국 이전 여진은 고려의 기미를 받던, 국가를 수립하지 못한 '야만종족'이었다. 이러한 역사적 기억은 金을 大國, 책봉국으로 인식하는데 심각한 장애가 되었다. 金과의 국교 수립 초기에 다양한 反金 주장이 제기된 것은 이에서 기인한다. 그러나 고려와 金의 조공·책봉관계가 장기간 지속되고 그러한 외교관계에서 고려의 안전이 보장될 때 현실의 국제관계를 긍정적으로 인식하게 되었을 것이다. 그에 따라 여진 = 金 = 금수론적 인식은 점차 사라져간 것으로 보인다.

참고문헌

〈자료〉

『高麗史』,『高麗史節要』,『東文選』,『遼史』,『金史』

張東翼 편,『宋代麗史資料集錄』, 서울대학교 출판부, 2000.

〈연구서〉

金庠基,『新編 高麗時代史』, 서울대학교출판부, 1985.

朴玉杰,『高麗時代의 歸化人 研究』, 국학자료원, 1996.

李丙燾,『韓國史』中世篇, 진단학회, 1961.

〈연구 논문〉

구산우, 「高麗 成宗代 對外關係의 展開와 그 政治的 性格」,『韓國史研究』78, 1992.

金光洙, 「高麗前期 對女眞交涉과 北方開拓問題」,『東洋學』7, 단국대학교 동양학연구소, 1977.

金南奎, 「高麗前期의 女眞觀 -女眞懷柔政策과 관련하여-」,『가라문화』12, 1995.

金庠基, 「여진 관계의 시말과 윤관의 북정」,『국사상의 제문제』4, 국사편찬위원회, 1959.

金庠基, 「金·宋과의 관계」,『국사상의 제문제』5, 국사편찬위원회, 1959 ;『東方史論叢』, 서울대학교출판부, 1974 재수록.

金庠基, 「妙淸의 遷都運動과 稱帝建元論에 대하여」,『국사상의 제문제』6, 국사편찬위원회, 1960 ;『東方史論叢』, 서울대학교출판부, 1974 재수록.

金佑澤, 「11세기 對契丹 분쟁과 高麗의 대응책」,『한국사론』55, 서울대학교 국사학과, 2009.

金在滿, 「契丹 聖宗의 高麗侵略과 東北亞細亞 國際情勢의 變趨(상)」,『대동문화연구』27, 1992.

김순자, 「10-11세기 高麗와 遼의 영토 정책- 압록강선 확보 문제 중심으로-」,『북방사논총』 11, 고구려연구재단, 2006.

김순자, 「高麗의 多元外交」, 『東北亞 諸地域間의 文物交流Ⅰ』(진단학회 외, 東北亞 時代를 展望하는 國際學術大會 발표문), 2004.

김순자, 「고려전기의 영토의식」, 『고려 실용외교의 중심 서희』, 서해문집, 2010.

이정신, 「묘청의 난과 대금관계」, 『고려시대의 정치변동과 대외정책』, 경인문화사, 2004.

李孝珩, 「高麗前期의 北方認識 -발해·거란·여진 인식 비교-」, 『지역과 역사』 19, 2006.

崔圭成, 「高麗初期의 女眞關係와 北方政策」, 『東國史學』 15·16합집, 1981.

추명엽, 「고려전기 '번(蕃)' 인식과 '동·서번'의 형성」, 『역사와 현실』 43, 2002.

고려 內職制의 비교사적 고찰
- 요·금제와의 관련을 중심으로 -

권 순 형

Ⅰ. 머리말

내직이란 궁중에 있는 여성들의 벼슬체계로서 흔히 內命婦라 불린다. 내직은 후궁 및 궁녀의 품계인데, 본 논문에서는 후궁에 한정해 다루고자 한다. 그런데 주지하듯이 고려 왕실은 일부다처제였으므로 정처인 왕후와 첩인 妃, 혹은 夫人의 관계나 서열이 명확하지 않다. 따라서 본고에서는 후궁만이 아니라 왕후까지 포함한 왕후와 諸妃, 즉 后妃制가 연구 대상이 될 것이다.

고려의 후비제에 대한 기존 연구로는 혼인에 대한 것[1]과 후비 관련 정치사,[2] 후비

---

1) 정용숙, 『고려왕실 족내혼연구』, 새문사, 1988 ; 정용숙, 『고려시대의 후비』(대우학술총서 인문사회과학 62), 민음사, 1992.
2) 신수정, 「고려시대 공예태후의 지위와 역할」, 『한국학보』119, 일지사, 2005 ; 권순형, 「원공주 출신 왕비의 정치권력 연구」, 『사학연구』77, 한국사학회, 2005 ; 이정란, 「고려 숙종비 명의태후의 정치적 위상」, 『한국인물사연구』6, 한국인물사연구소, 2006 ; 김창현, 「고려 천추태후와 인예태후의 생애와 신앙」, 『고려의 여성과 문화』, 신서원, 2007 ; 권순형, 「고려 목종

의례[3] 및 名號,[4] 后妃府[5]에 대한 것이 있다. 본 연구와 관련 있는 것은 특히 후비 명호에 대한 연구라 하겠는데, 그 내용은 후비 호칭의 이원적 계통을 밝히고, 시기에 따른 변화를 설명한 것이다. 즉 고려 후비 호칭은 王后 諸妃와 宮·院主의 이중체계로서 왕의 부인이란 의미의 妃계열과 어떤 건물의 소유주란 의미의 主계열로 양분되어 있다고 보았다. 이는 시기에 따라 제1기(태조-목종)에는 왕후와 부인, 제2기(현종-원종)에는 왕후와 諸妃 및 궁주와 원주의 이원체계였으며, 제3기(원간섭기)에는 2기의 호칭이 격이 낮아진다고 보았다.

이 연구는 복잡한 후비 호칭의 계통을 밝히고, 시기에 따른 변화를 설명했다는 점에서 중요한 의미가 있다. 그러나 국내 사료만 가지고 고려에 한해 분석하여, 후비 호칭의 연원이나 동아시아 각국과의 연관성, 고대나 조선 등 앞 뒤 시기와의 관계 등 그 위상을 명확히 알 수 없다는 한계가 있다. 이에 본 연구에서는 국내뿐 아니라 국외와 인접 시기의 사료에도 관심을 기울여 후비 호칭의 동아시아적 연원과 관련성 및 전후시기와의 연결 관계를 밝혀보고자 한다. 특히 요·금 등 북방의 내직제에 주목하고자 한다. 이는 기본적으로 고려가 조선과 달리 중국에 편중된 외교관계를 맺지 않았을 뿐 아니라 이들 나라의 책봉을 받기도하여 이들의 영향이 적지 않을 것이기 때문이다. 또한 고려 왕실의 일부다처제를 생각할 때 같은 다처 전통을 갖고 있던 이들 나라의 내직제가 오히려 고려의 현실에 적합했을 수도 있다는 생각이 들기 때문이다.

이에 제Ⅱ장에서는 동아시아에서 내직제의 기원 및 전개, 우리 고대사회에 끼친 영향에 대해 고찰할 것이다. 제Ⅲ장에서는 고려 국초에 보이는 왕후와 부인류 호칭에 대해 살펴보고, 그 연원과 의미를 밝힐 것이다. 제Ⅳ장에서는 현종조에 국초의 부인체제가 諸妃체제로 정비되는 과정을 살펴보고 그 배경과 의미 및 요나

대 헌애왕태후의 섭정에 대한 고찰」, 『사학연구』 89, 한국사학회, 2008 ; 이혜옥, 「고려 후비의 정치적 위상과 영향력에 대한 재조명」, 『역사와 현실』 71, 한국역사연구회, 2009.
3) 豊島悠果, 「高麗前期の册立儀禮と后妃」, 『史學雜誌』 114-10, 東京: 東京大學文學部史學會, 2005.
4) 이정란, 「고려후비의 호칭에 관한 고찰」, 『전농사론』 2, 서울시립대학교, 1996.
5) 이정란, 「고려시대 후비부에 대한 기초적 검토」, 『한국중세연구』 20, 한국중세사연구회, 2006.

라와의 관련성에 대해 논할 것이다. 또한 인종 이후 금과의 관계가 밀접해지면서 고려 후비제에 끼친 금의 영향 및 후비제의 변천상에 대해서도 알아볼 것이다. 이로써 고려 후비제의 특징과 시기적 변화 및 역사적 위상에 대해 밝힘으로써 고려 여성사 및 제도사, 왕실사 연구에 일조하고자 한다.

Ⅱ. 동아시아 내직제의 형성

일부다처는 전근대시대 어느 나라에서나 쉽게 찾아볼 수 있다. 그러나 거기에는 여러 처의 지위가 완전히 평등한 것과, 한 명의 처가 정처로서 우월한 지위를 갖는 경우가 있다. 후자가 중국의 전통적 혼인형식이며, 妃嬪制의 연원이라 할 수 있다.[6] 중국의 내직제는 일찍이 성립되어, 『예기』나 『주례』에 이와 관련된 내용이 있다. 예컨대 『예기』 「昏儀」장에는 "옛날에 天子后가 6 宮・3 夫人・9 嬪・27 世婦・81 御妻를 세우고 天下의 內治를 듣는다"라는 구절이 나온다. 그런데 이 내직제는 당시 국가의 관작 등급에 정확히 대응하고 있다.[7] 도표화하면 〈표 1〉과 같다.

〈표 1〉『예기』의 내직제

以聽天下之內治	以聽天下之外治
天子后立六宮	天子立六宮
三夫人	三公
九嬪	九卿
二十七世婦	二十七大夫
八十一御妻	八十一元士

〈표 1〉을 보면, 황제가 6궁과 3공, 9경, 27대부, 81원사를 두고 천하(外)를 다

---

6) 朱子彦, 『后宮制度硏究』, 上海: 华东师范大学出版社, 1999, 45-46쪽.
7) "古者 天子后立六宮三夫人九嬪二十七世婦八十一御妻 以聽天下之內治 以明章婦順故天下
內和而家理 天子立六官三公九卿二十七大夫八十一元士 以聽天下之外治 以明章天下之男
教故外和而國治 故曰天子聽男教 后聽女順 天子理陽道 后治陰德 天子聽外治 后聽內職"
(『예기』 권61, 혼의).

스렸던 것과 마찬가지로 황후 역시 6궁과 3부인, 9빈, 27세부, 81어처로서 안을 다스렸던 것이다. 그러나 주의 동천 후 예의가 붕괴하고, 춘추전국시대에 들어와 서는 사치와 음욕으로 비빈과 궁녀의 수가 늘어났다. 진의 통일 뒤에 비빈제도가 정리되기 시작하여,[8] 서한시대에 비빈의 등급이 확립되었다.[9] 위진남북조시대에 들어와서는 비빈의 位號와 名號가 다양해졌다. 그러나 대부분 周制와 漢制를 참 고하는 경우가 많아 결국 이것이 중국 내직제의 원형이라 할 수 있다. 수나라에 서는 3부인 9빈 27세부 81어처[10]를 정비하였고, 당은 수와 대동소이하나 名號와 品級에 변동이 있었다.

〈표 2〉 당의 내직제

夫人 (3명)	貴妃, 淑妃, 德妃, 賢妃 (정1품)	
嬪 (9명)	昭儀, 昭容, 昭媛, 脩儀, 脩容, 脩媛, 充儀, 充容, 充媛 (정2품)	
世婦 (27명)	婕妤(정3품) 9명	
	美人(정4품) 9명	
	才人(정5품) 9명	
御妻 (81명)	寶林(정7품) 27명	
	御女(정7품) 27명	
	采女(정8품) 27명	

〈표 2〉에 의하면, 황후 아래에 귀비·숙비·덕비(경우에 따라서는 현비까지 4 비)의 3부인, 그 아래에 소의·소용·소원 등 9빈, 다시 그 아래에 첩여·미인· 재인의 27명의 세부가 있었다. 다시 그 아래에 보림·어녀·채녀 각 27명씩 도

---

8) 황태후, 황후, 부인, 良人, 八子, 七子, 長使, 少使 등의 후비체제가 보인다(朱子彦, 앞 책, 1999, 50쪽).

9) "婕妤一 娙娥二 容華三 充衣四 已上武帝置 昭儀五 元帝置 美人六 良人七 七子八 八子九 長使十 少使十一 五官十二 順常十三 無涓 共和 娛靈 保林 良使 夜者十四 此六官品秩同為 一等也"(『후한서』 본기 10 상 황후기10 上).

10) 수의 내직제도 시기에 따라 변화하나 가장 정비된 형태인 양제 때는 아래와 같다.

夫人 (3명)	貴妃, 淑妃, 德妃(정1품)	
嬪 (9명)	順儀, 順容, 順華, 修儀, 修容, 修華, 充儀, 充容, 充華 (정2품)	
世婦(27명)	婕妤(정3품) 12명	
	美人, 才人(정4품) 15명	
女御(85명)	寶林(정5품) 24명	
	御女(정6품) 24명	
	采女(정7품) 37명	

합 81명의 어처가 있었다. 당의 내직제는 이후 동아시아 각국에 지속적으로 영향을 미쳤고, 明의 내직제는 당제를 기본으로 하였다.

당의 내직제는 우리에게 어떤 영향을 미쳤는가? 우리의 고대 사료에는 중국의 여러 내직 호칭들이 보이지 않는다. 『삼국사기』에는 신라의 경우 왕비의 호칭이 알영부인, 운제부인 등 'ㅇㅇ부인'으로 나오고 있다. 그러나 그 외 후궁의 명칭이 보이질 않으며, 또한 박제상의 처[11]나 김유신의 처[12] 등 외명부 여성에 대해서도 '부인' 호칭을 쓰고 있다. 즉 왕실 및 귀족여성 전체에 대해 부인 칭호를 쓰고 있는 것이다. 이는 중국과 다른, 매우 독특한 제도라 하겠다.

이에 대해 한편으로는 신라에서 내직제가 제대로 정비되지 않았다고도 이야기할 수 있겠고, 또 한편으로는 왕비와 후궁 간의 구분이 모호한 왕실의 일부다처제를 의심해 볼 수도 있다. 또한 골품제의 영향을 생각해 볼 수도 있다. 즉 신라의 경우 극히 적은 수의 진골집단이 왕실과 최고 귀족자리를 독점했다. 이들은 거의 친족으로 연결되어 있기 때문에 내외명부를 따지는 것 자체가 무의미하다. 때문에 왕비건 귀족의 부인이건 모두가 '부인' 칭호를 가질 수 있었던 것으로 보인다. 백제 역시 남아있는 사료가 극히 적기는 하지만 왕비가 부인으로 나타나고 있다. 즉 침류왕의 어머니는 阿尒夫人[13]이었고 전지왕의 왕비는 八須夫人[14]이었다. 그러나 고구려는 '于王后'[15]와 '王后 掾氏'[16] 등 왕후 호칭이 보인다. 또한 후궁으로서 '부인'의 존재도 나타나고 있다. 즉 중천왕의 후궁이었던 '貫那夫人'[17]이 그것이다.

이 차이를 어떻게 설명해야 할까? '부인'이란 호칭은 주례의 '천자후 아래에 3부인이 있었다'는 구절에서 보듯 왕후 아래, 즉 제후의 부인에 해당하는 호칭이라 할 수 있다.[18] 즉 신라나 백제는 황제 대신 왕이란 호칭을 사용한 것과 마찬가지

11) "册其妻爲國大夫人 以其女子爲美海公夫人"(『삼국유사』 권1, 기이1, 내물왕 김제상).
12) "妻智炤夫人 太宗大王第三女也"(『삼국사기』 권43, 열전3, 김유신 下).
13) 『삼국사기』 권24, 백제본기2, 침류왕.
14) 『삼국사기』 권 25, 백제본기3, 전지왕.
15) 『삼국사기』 권16, 고구려본기4, 고국천왕.
16) 『삼국사기』 권17, 고구려본기5, 중천왕 4년 하4월.
17) 『삼국사기』 권17, 고구려본기5, 중천왕 4년 하4월.
18) 실제로 춘추전국시대 오왕 부차의 경우 5명의 부인이 있었다 한다.

로 황후 대신 그 아래 등급인 부인 칭호를 쓴 게 아닌가 생각된다. 다만 고구려는 강성한 나라였다는 점에서 스스로 중국과 대등하게 왕후나 태후 칭호를 썼던 것으로 보인다. 그런데 한편 태후에 관한한, 신라에서도 '지소태후'처럼 통일 이전에 호칭이 보이기도 한다.[19] 그러나 이 외에는 사례가 없으며, 지소태후는 섭정을 했다는 점에서 여타의 왕비와 구별된다. 때문에 통일 이전에 신라에서 왕의 어머니를 일반적으로 태후라 칭했는지는 확신할 수 없다.

한편 『삼국유사』에는 통일 이전에도 신라와 가야의 왕후 칭호가 보인다. 즉 가야의 허왕후[20] 및 신라의 선화공주가 서동요 사건으로 궁에서 쫓겨날 때 왕후가 순금 1말을 주어 보냈다는 구절[21]이 있다. 또 원광서학 조에도 왕후와 궁녀가 원광의 신이함을 함께 보았다는 구절[22]이 나온다. 그러나 차차웅, 마립간 같은 우리 고유의 왕호를 고치지 않고 그대로 썼던 『삼국사기』의 기본 정신을 생각하면, 왕의 호칭을 바꾸지 않았는데 구태여 왕후의 호칭만 부인으로 고쳐 서술했으리라고는 생각되지 않는다. 따라서 칭호에 관한한 『삼국사기』를 따르도록 하겠다.

『삼국사기』에 의하면 통일 이후에는 신라도 왕후 호칭[23]을 사용한다. 그러나 대부분 사후 시호[24]인 경우가 많고, 한편 원비와 차비도 보여[25] 중국과 같이 왕후와 그 아래의 후궁이라는 개념보다는 병렬적인 왕비들이라는 느낌이 더 크다. 또 외명부 여성에 대해 부인 칭호를 쓰는 것도 계속되어 여전히 내직제의 미비를 알 수 있다.

---

19) "眞興王立 諱彡麥宗(或作深麥夫) 時年七歲 法興王弟葛文王立宗之子也 母 夫人金氏 法興王之女 妃朴氏思道夫人 王幼少 王太后攝政"(『삼국사기』 권4, 신라본기4, 진흥왕 원년).

20) 『삼국유사』 권2, 기이2, 가락국기.

21) "王后以純金一斗贈行"(『삼국유사』 권2, 기이2, 무왕).

22) "一時初夜 王見光首 金色晃然 有象日輪 隨身而至 王后宮女同共觀之"(『삼국유사』 권4, 의해5, 원광서학).

23) "文武王立 諱法敏 太宗王之元子 母金氏文明王后 蘇判舒玄之季女 庚信之妹也 妃慈儀王后 波珍湌善品之女也"(『삼국사기』 권6, 신라본기6, 문무왕 원년).

24) 흥덕왕은 비 章和夫人이 죽자 定穆王后로 추봉했으며(『삼국사기』 권10, 신라본기10, 흥덕왕), 원성왕의 어머니 知烏夫人의 시호는 昭文王后이다(『삼국유사』 권1, 왕력1, 원성왕).

25) "景文王立 諱膺廉(膺一作疑[凝]) 僖康王子(之孫)啓明阿湌之子 母日光和(一云光義)夫人 妃金氏寧花夫人"(『삼국사기』 권11, 신라본기11, 경문왕 원년) ; "三年 春二月 … 納寧花夫人弟爲次妃"(『삼국사기』 권11, 신라본기11, 경문왕 3년).

왜 내직제를 갖추지 않은 것일까? 혹시 사료 부족 때문에 누락되었을 뿐 실제는 정비되어 있었던 게 아닐까? 내직제의 기본 뜻은 왕후 아래 뭇 여성들의 일사불란한 계열화라 할 수 있다. 즉 왕 아래 일반관직의 위계질서와 같은 것이다. 이를 위해 필수적인 것은 1명의 정처가 주인과 같은 지위를 갖는 처첩관념이라고 하겠다. 그런데 신라는 지배층 여성에 대한 단일한 '부인' 호칭을 볼 때 그렇지 못했던 것 같다. 물론 『삼국사기』 신라본기에는 왕 1명에 한 명의 왕비만 나온다. 새로 왕비를 들일 경우에는 전 왕비와 이혼하고 새로 혼인한다. 이 면에서 볼 때 신라 왕실은 처첩의 구분이 확실한 의심할 여지없는 일부일처다첩제의 형태인 것 같다. 그러나 여기에 의문을 제기하게 만드는 사료가 있다. 바로 진성여왕의 기록이다. 아래의 사료를 보자.

> A-1. 왕이 본디 角干 魏弘과 간통하더니, 이때에 이르러는 항상 入內하여 用事케 하고 … 魏弘이 죽으니 (왕은) 그를 追諡하여 惠成大王이라 하였다.[26]
>
> A-2. 제51대 眞聖女王 金氏, 이름은 曼憲이며 定康王의 누이동생. 남편은 魏弘大角干으로 惠成大王에 追封.[27]
>
> A-3. 제51대 진성여왕이 임금 된 지 몇 해만에 乳母 鳧好夫人과 그의 남편 魏弘匝干 등 서너 명의 寵臣이 더불어 권세를 잡고 정사를 휘둘렀다.[28]

A-1의 『삼국사기』에는 여왕이 남편 없이 각간 위홍과 정을 통한 것으로 나온다. 그러나 A-2의 『삼국유사』 왕력에는 그가 여왕의 남편으로 나오며, A-3에 의하면 그는 유모 부호부인의 남편이기도 하다. 위홍이 부호부인의 남편이었던 것은 확실한 것 같다. A-3의 기사도 그렇고, A-1에 그와의 관계를 간통으로 표현한 것을 보아도 그렇다. 그렇다면 A-2의 기사가 잘못된 것일까? 한편 여왕에게는

---

26) "王素與角干魏弘通 至是 常入內用事 … 及魏弘卒 追諡爲惠成大王"(『삼국사기』 권11, 신라본기11, 진성왕2년 2월).

27) "第五一代 眞聖女王 金氏 名曼憲 定康王之 同母妹 夫魏弘大角干 追封 惠成大王"(『삼국유사』 권1, 왕력1, 진성왕).

28) "第五十一眞聖女王 臨朝有年 乳母鳧好夫人 與其夫魏弘匝干等三四寵臣 擅權撓政"(『삼국유사』 권2, 기이2, 진성여대왕 거타지).

세 명의 아들이 있었다는데,[29] 위홍이 남편이 아니라면 여왕이 사생아를 셋이나 낳았다는 것인가? 또 위홍이 죽은 뒤 여왕은 그에게 '혜성대왕'이라는 칭호를 내렸다(A-1, A-2). 상대등이었던 위홍에게 과연 왕의 정부라는 이유만으로 공공연히 '대왕'이라는 시호를 내릴 수 있겠는가?

혹 위홍에게 두 명의 부인이 있었고, 여왕이 첫 번째 부인이 아니라서 유교적 의식을 가진 김부식이 『삼국사기』에 이들의 관계를 간통으로 서술한 것은 아닐까? 진성여왕은 오라비가 죽으면서 왕위를 계승할 아들이 너무 어려 왕위에 올랐다. 즉 그녀는 애초에 왕위를 계승할 존재가 아니었기에 당시의 일반적인 혼인관행을 따랐을 것이다. 만일 당시 신라 사회가 일부다처제였다면, 여왕은 각간 위홍의 둘째 부인이었을 수도 있다. 그러나 유교적 의식으로 기록된 『삼국사기』에서는 왕이 어떤 남성의 두 번째 처라는 것을 허용할 수 없었고, 이에 그를 '통'으로 표현한 것이 아닐까 생각되기도 한다.

'통'이란 간통을 말하는데, 당률에서 간통은 단지 혼인 외 관계 뿐 아니라 혼인율에 어긋나는 혼인, 즉 근친혼 같은 것도 간통으로 간주하고 간율로 처벌했다.[30] 즉 김부식이 A-1의 '王素與角干魏弘通'이란 표현을 쓴 것은 후대와 같은 혼인 외 관계가 아니라 올바르지 않은 혼인-重婚-에 대한 표현일 수도 있는 것이다. 또한 위홍이 여왕의 숙부[31]였다는 점에서 근친혼이므로 '통'자를 썼을 수도 있다. 문종 때 進士 魯準의 부모가 대공친간에 혼인했으므로 '혼인을 바로 하지 못하여 人倫을 더럽혔다'며 자식의 금고를 요구한 사례[32] 및 숙종 때 공친 간의 혼인을 금지한 조항[33] 등을 볼 때 이것이 김부식 당대의 인식이기도 했기 때문이다.

29) 조범환, 『우리 역사의 여왕들』, 책세상, 2000, 73쪽. 『삼국유사』에는 왕의 季子로 阿湌良貝가 보인다(『삼국유사』 권2, 기이2, 진성여대왕 거타지).

30) "諸同姓爲婚者 各徒二年 緦麻以上 以姦論. 若外姻有服屬 而尊卑共爲婚姻 及娶同母異父姊妹若妻前夫之女者 亦各以姦論"(『唐律疏議』 권14, 戶婚, 同姓爲婚) ; "諸嘗爲祖免親之妻 而嫁娶者 各杖一百 緦麻及舅甥妻 徒一年 小功以上 以姦論 妾各減二等 竝離之"(上同, 爲祖免妻嫁娶). 이 외에 重婚이나 良賤婚도 모두 비록 "以姦論"이란 구절은 없어도 근친혼이나 마찬가지로 이혼 사유였다(『당률소의』 권13, 호혼, 有妻娶妻 ; 권14, 호혼, 奴娶良人爲妻).

31) 「황룡사구층목탑 찰주본기」에 의하면, 위홍은 진성여왕의 아버지인 경문왕의 친동생이다(『역주 한국고대금석문』, 가락국사적개발연구원, 1992, 368쪽).

32) "家齊然後國治 準父不正婚禮 瀆亂人倫"(『고려사』 권95, 열전8, 제신, 문정).

따라서 여왕은 위홍의 두 번째 처였을 가능성도 있어 보이는데, 그렇다면 고대 사회를 일부다처제라 볼 또 다른 사료들이 있는가? 고구려는 왕후와 부인 호칭이 일찍이 사용되기는 했지만, 그러면서도 후궁을 小后라 부른 사례[34]도 있고, 또 원비와 차비[35]의 존재도 보여 역시 처첩의 차이가 하늘과 땅인 중국과 달리 일부다처적인 경향을 느끼게 한다. 신라는 위의 사례 및 경문왕의 차비,[36] 그리고 옛 백제지역인 武珍州吏 安吉의 예[37]와 견훤의 사례[38]가 있다. 이렇게 보면 삼국 모두에서 다처적 경향이 보이고, 이것이 후삼국시대에 왕건이 각지의 호족 딸들과 거듭되는 혼인을 맺을 수 있었던 바탕이 된 것은 아니었을까? 이 추론이 옳다면 결국 이러한 다처적 성향과 신라 골품제로 대표되는 폐쇄적인 신분제가 우리 고대의 내직제 정비를 어렵게 한 원인이었을 것이라 생각된다.

Ⅲ. 고려 초의 '王后·夫人' 체제

고려에 들어와서도 왕후-부인 체제는 계속된다. 고려의 내직에 대해 「백관지」에서는 '국초에 내직이 미처 갖춰지지 않아 后妃 이하 ○○院夫人이나 ○○宮夫人 등의 호칭이 있었다.'한다.[39] 이를 증명하듯 고려 초의 후비들은 왕후 외에 모두 부인류의 호칭을 갖고 있었다. 태조이하 목종 대까지 후비들의 호칭은 〈표 3〉과 같다.

---

33) "肅宗元年二月判 嫁小功親所産依大功親例禁仕路"(『고려사』 권75, 지29, 선거3, 전주 한직, 숙종 원년 2월).

34) 『삼국사기』 권16, 고구려본기4, 산상왕 및 동천왕.

35) 『삼국사기』 권14, 고구려본기2, 대무신왕.

36) "十一月 無雪 納寧花夫人弟爲次妃"(『삼국사기』 권11, 신라본기11, 경문왕2년 11월).

37) "至於武珍州(今海陽) 巡行里閈 州吏安吉見是異人 邀致其家 盡情供億 至夜安吉喚妻妾三人曰 今兹侍宿客居士者 終身偕老 二妻曰 寧不並居 何以於人同宿 其一妻曰 公若許終身並居 則承命矣 從之"(『삼국유사』 권2, 기이2, 문호왕 법민).

38) "甄萱多娶妻 有子十餘人"(『삼국사기』 권50, 열전10, 견훤).

39) "內職 國初 未有定制 后妃而下 以某院某宮夫人爲號"(『고려사』 권77, 지31, 백관2, 내직).

왕	후비명	부	호칭 변화
태조	神惠王后柳氏	天弓	河東郡夫人(태조16 후당 책봉), 薨諡
	莊和王后吳氏	多憐君	薨諡
	神明順成王太后劉氏	兢達	薨諡
	神靜王太后皇甫氏	悌恭	大黃州院夫人→明福宮大夫人→薨諡
	神成王太后金氏	億廉	大良院夫人→顯宗卽位追諡
	貞德王后柳氏	德英	
	獻穆大夫人平氏	俊	鎭州院夫人
	貞穆夫人王氏	景	
	東陽院夫人庾氏	黔弼	
	肅穆夫人	名必	
	天安府院夫人林氏	彦	
	興福院夫人洪氏	規	
	後大良院夫人李氏	元	
	大溟州院夫人王氏	乂	
	廣州院夫人王氏	規	
	小廣州院夫人王氏	規	
	東山院夫人朴氏	英規	
	禮和夫人王氏	柔	
	大西院夫人金氏	行波	
	小西院夫人金氏	行波	
	西殿院夫人	?	
	信州院夫人康氏	起珠	
	小黃州院夫人	順行	
	聖茂夫人朴氏	智胤	
	義城府院夫人洪氏	儒	
	月鏡院夫人朴氏	守文	
	夢良院夫人朴氏	守卿	
	海良院夫人	宣必	
혜종	義和王后林氏	曦	正胤의 妃→薨諡
	後廣州院夫人王氏	規	
	淸州院夫人金氏	兢律	
	宮人哀伊主	連乂	
정종	文恭王后朴氏	英規	薨諡
	文成王后朴氏	英規	
	淸州南院夫人金氏	兢律	
광종	大穆王后皇甫氏	太祖	薨諡
	慶和宮夫人林氏	惠宗	
	宮人 김씨		현종 때 賢妃로 추증
경종	獻肅王后金氏	敬順王	薨諡

	獻懿王后劉氏	文元大王貞	
	獻哀王太后皇甫氏	戴宗	목종즉위 王太后
	獻貞王后皇甫氏	戴宗	현종즉위 孝肅王太后
	大明宮夫人柳氏	元莊太子	
성종	文德王后劉氏	光宗	
	文和王后金氏	元崇	延興宮主, 玄德宮主→현종, 大妃→薨諡
	延昌宮夫人崔氏	行言	
목종	宣正王后劉氏	弘德院君圭	
	宮人金氏		邀石宅宮人

〈표 3〉을 보면, 광주원부인·동산원부인·성무부인·연창군부인 등 원부인·부인·군부인 등의 호칭이 눈에 띤다. 또한 헌목대부인처럼 별 뜻이 없는 雅稱이 있는가하면 천안부원부인처럼 지역명이 명시된 것도 있고, 연창궁부인같이 궁궐 이름을 딴 것도 있다. 어쨌거나 국초의 후비제는 왕후와 부인으로 구성되었고, 후궁의 칭호는 '부인' 한가지였다고 하겠다. 그러나 실제로 생전에 왕후 칭호를 받은 경우는 드물고 대부분은 왕비도 '부인'으로 불렸기에, 왕비와 후궁의 구분이 명확하지 않은 일부다처 체제였다. 그리고 외명부 역시 부인으로 칭해진 듯하다.

즉 광종의 왕비였던 대목왕후는 경종과 효화태자, 천추·보화부인과 공주 1명을 낳았다.[40] 천추부인(천추전부인)은 신명순성왕태후 유씨의 손자인 千秋殿君과 혼인[41]했다는 점에서 왕비가 아니었고, 따라서 외명부 여성으로서 '부인' 칭호를 가졌음을 알 수 있다. 보화부인은 누구와 혼인했는지는 알 수 없지만 寶華宮夫人[42]으로 불렸다는 점에서 역시 외명부 여성으로서 부인 칭호를 가졌다 하겠다. 여기서 고대와의 관련성을 볼 수 있고, 국초 여러 정치제도가 신라와 태봉의 제도를 계승한 독자적인 것이었던 것[43]처럼 내직제 역시 그러했던 것으로 보인다.

국초에 내직제가 정비되지 못했던 이유는 고대 이래의 일부다처적 전통과 함께 고려 초의 호족연합적인 성격을 지적해야 할 것이다. 내직을 일사분란하게 서열화하려면 왕권이 후비가문의 세력에 비해 월등해야 할 것이다. 그러나 고려 초는

40) 『고려사』 권88, 열전1, 후비1, 대목왕후황보씨.
41) 『고려사』 권91, 열전4, 공주, 천추전부인.
42) 『고려사』 권91, 열전4, 공주, 보화궁부인.
43) 김대식, 「고려 초기 중앙관제의 성립과 변천」, 『역사와 현실』 68, 한국역사연구회, 2008, 29-31쪽.

호족연합적 성격을 가져 후비들 간의 서열을 명확히 하기 어려웠을 것이다. 태조의 29명의 후비 자식들이 모두 '태자'로 불린 점도 이러한 현실을 반영한다. 물론 '장화왕후 오씨의 아들 武를 正胤으로 삼았다'[44]는 데서 정윤이 왕위계승자를 의미했음을 알 수 있다. 그러나 기본적으로 태자란 호칭은 중국에서도 왕위계승자에 대한 칭호였다는 점에서, 이는 곧 그들이 언제고 왕위계승자가 될 수 있다는 이야기가 아니었을까. 이런 상황은 내직의 정비를 어렵게 했을 수밖에 없을 것이다.

성종대에 들어와 중국의 제도를 참고하여 여러 관제가 정비되었지만 내직제는 여전히 정비되지 않았다. 이는 이 무렵에도 구태여 내직제를 고쳐야할 이유가 생기지 않았기 때문일 것이다. 일부다처적 전통은 여전히 계속되고 있었고, 왕위는 국초의 후비 가문 중 황주 황보씨, 정주 류씨, 충주 유씨가 연합해 독점적으로 계승하였다.[45] 즉 제 3, 4대왕이었던 정종과 광종은 충주 유씨인 신명순성왕태후의 아들들이었다. 광종은 황주황보씨인 대목왕후와 혼인해 아들 경종을 낳았다. 경종은 다시 황주황보씨인 헌애왕태후와 혼인해 아들 목종을 낳았다. 그러나 목종이 너무 어려 왕위를 계승할 수 없자 목종의 어머니인 헌애왕태후의 친오빠가 성종으로 즉위했다. 성종 사후 왕위는 다시 목종에게 계승되었다. 이처럼 정종이후 목종대까지의 왕위는 세 왕후족에 의해 계승되면서 왕족과 왕후족을 따지는 게 무의미했다. 게다가 이들은 다시 자식들을 서로 혼인시켜 지위를 독점하려 했다. 다음의 표를 보자.

---

44) 『고려사』 권88, 열전1, 후비1, 장화왕후 오씨.
45) 혜종 때 왕규의 난 이후 왕후족 자체가 하나의 통혼권을 이루는 새로운 동향을 보인다. 왕후족 중에서도 충주 유씨, 황주 황보씨, 정주 류씨에 한정되었다. 그 중에서도 중심은 충주 유씨와 황주 황보씨였다(이태진, 「김치양 란의 성격 -고려초 서경세력의 정치적 추이와 관련하여」, 『한국사연구』 17, 한국사연구회, 1977, 83-85쪽).

〈표 4〉 세 왕후족 자손의 혼인(목종대)

	자녀	자녀의 배우자	손자녀	손자녀의 배우자	증손
신명순성왕태후유씨	태자태	?	없음		
	정종	문공왕후박씨	없음		
	정종	문성왕후박씨	경춘원군	?	
	정종	문성왕후박씨	공주	효성태자(3촌)	없음
	정종	청주남원부인김씨	없음		
	광종	대목왕후황보씨(2촌)	경종	헌숙왕후김씨(4촌)	없음
	광종		경종	헌의왕후유씨(4촌)	없음
	광종		경종	헌애왕태후황보씨(4촌)	목종
	광종		경종	헌정왕태후황보씨(4촌)	현종
	광종		경종	대명궁부인류씨(4촌)	없음
	광종		효화태자	?	없음
	광종		천추부인	천추전군(4촌)	없음
	광종		보화부인	?	
	광종		문덕왕후유씨	홍덕원군	선정왕후
	광종		문덕왕후유씨	성종(4촌)	없음
	광종	경화궁부인임씨(3촌)	없음		
	문원대왕	문혜왕후(2촌)	천추전군	천추부인(4촌)	없음
	문원대왕	문혜왕후(2촌)	헌의왕후유씨	경종(4촌)	없음
	승통국사	?	없음		
신정왕태후황보씨	낙랑공주	경순왕	헌숙왕후김씨	경종(4촌)	없음
	홍방공주	원장태자(2촌)	홍방궁대군	?	?
	홍방공주		대명궁부인류씨	경종(4촌)	없음
	대종	선의왕후(2촌)	효덕태자	?	?
	대종		성종	문덕왕후 유씨(4촌)	원정왕후
	대종		성종	문화왕후 김씨	원화왕후
	대종		성종	연창궁부인 최씨	원용왕후
	대종		경장태자		
	대목왕후	광종(2촌)	*광종 참조		
정덕왕후류씨	왕위군	?	없음		
	인애군	?	없음		
	원장태자	홍방공주(2촌)	*홍방공주 참조		
	조이군	?	없음		
	문혜왕후	문원대왕 정(2촌)	*문원대왕 참조		
	선의왕후	대종(2촌)	*대종 참조		
	공주	의성부원대군(2촌)	없음		

〈표 4〉에 의하면 고려왕의 배우자는 여러 명이었지만 족내혼 비중이 매우 높았고, 특히 공주들은 모두 종실 내에서만 혼인하였다. 따라서 후비 간 및 내외명부 간 구분과 서열화가 진행되기 어려웠던 것으로 보인다. 한편 이 시기 제 외국은 어떠했는가? 후궁에 부인류 호칭을 쓰는 것은 여전히 우리만의 고유한 제도였는가?

고려가 건국했을 때 중국은 5대 10국의 혼란기였고, 이후 송이 건국되었다. 오대와 송의 제도는 당의 것과 다르다. 5대의 중앙관부는 명목상 3성6부제였으나 실제는 황제를 중심으로 기밀과 군정을 총괄하는 추밀원, 재정을 담당하는 삼사, 인사와 기타 민정을 담당하는 독립기구인 중서문하 등의 영외관을 중심으로 운영되는 구조였다.[46] 송은 기존의 3성6부 등의 관제를 명목상으로만 존속시키는 대신 당말5대의 대표적인 영외관인 추밀원, 중서문하, 삼사를 공식적인 기구로 만들어 모든 권력을 황제에 집중시킨 전제적 지배체제를 구조화하였다.[47]

이러한 변화는 내직에서도 보인다. 오대의 제왕들은 당의 방대한 후궁제도가 문제였다며 개혁에 돌입하여 3부인 9빈 27세부 81어처의 양식을 깼다. 이에 오대의 비빈 중 적지 않은 사람이 국부인·군부인·현군으로 봉해졌다.[48] 즉 내직에 있으면서 외명부 칭호를 갖는 게 오대의 특징이었던 것이다. 예컨대 후당 폐제의 황후 유씨는 처음에 패국부인이었다가 황후가 되었다.[49] 내직에 부인 호칭이 사용되었음은 후당이 태조 왕건의 妃인 신혜왕후를 하동군부인으로 책봉[50]한 데서도 알 수 있다.

---

46) 김대식, 「10-12세기 동아시아의 당제 수용」, 『역사와 현실』 73, 한국역사연구회, 2009, 48쪽.
47) 김대식, 「고려 초기 중앙관제의 성립과 변천」, 『역사와 현실』 68, 한국역사연구회, 2008, 49쪽.
48) 朱子彦, 앞 책, 1999, 58쪽.
49) "廢帝皇后劉氏 父茂威 應州渾元人也 后為人彊悍 廢帝素憚之 初封沛國夫人 廢帝即位 立為皇后"(『신오대사』 전 16, 당폐제 가인전4 폐제황후 유씨, 171쪽).
50) "太祖十六年後唐明宗遣太僕卿王瓊等來册后官告曰：爲人之妻能從夫以貴者是爲宜其家矣 封邑之制彝典所垂俾增伉儷之光以稱國君之爵 大義軍使特進檢校太保使持節玄菟州都督上柱國高麗國王妻河東柳氏內言必正同獎固多贊虎幄之嘉謀保魚軒之寵數輔成忠節諒屬柔明爰降殊榮載諭常等勉助勤王之志是謂報國之規可封河東郡夫人"(『고려사』 권88, 열전1, 후비1, 신혜왕후유씨).

50
고려와 북방문화

오대의 제도는 송에도 영향을 주었다. 아래의 〈표 5〉를 보자

〈표 5〉 송의 내직제

1	貴妃, 淑妃, 德妃, 賢妃
2	大儀, 貴儀, 淑儀, 淑容, 順儀, 順容, 婉儀, 婉容, 昭儀, 昭容, 昭媛, 修儀, 修容, 修媛, 充儀, 充容, 充媛
3	婕妤
4	美人
5	才人, 貴人
기타	大長公主, 長公主, 公主, 郡主, 縣主, 國夫人, 郡夫人, 淑人, 碩人, 令人, 恭人, 宜人, 安人, 孺人

〈표 5〉에 의하면 송에는 귀비 등 4비와 대의 · 귀의 등과 첩여, 미인, 재인의 5개 등급이 있었다. 첩여, 미인, 재인은 당에서는 한 묶음으로 世婦에 속했으나 송에서는 각각의 등급이었다. 그리고 당의 御妻에 해당하는 보림 · 어녀 · 채녀 등이 보이지 않는다. 그리고 내명부 외에 대장공주 등 14개의 호가 있었다 한다.[51] 이는 외명부 칭호일 것이라 하나[52] 꼭 그렇지만은 않았던 것 같다. 오대처럼 부인류 호칭을 갖고 있다가 내명부 호칭으로 승진한 경우들이 보이기 때문이다. 예컨대 양덕비는 처음에 원무군군이었다가 미인이 되었다. 그녀는 한 때 폐출되었다가 다시 후궁이 되어 첩여 · 수원 · 수의를 거쳐 덕비가 되었다.[53] 여기서 군군은 당의 내직에서는 볼 수 없는 외명부 호칭이다. 이로써 송의 내직제 역시 당제 그대로는 아니고 다른 관제와 마찬가지로 5대 이래 변형된 것이 영향을 미쳤음을 알수 있다.

---

51) 『신교본송사』 권163, 지116, 직관3, 이부, 3837쪽.

52) "外內命婦之號十有四 按宋會要職官九之一七 內命婦之品五 與文全同 ; 外命婦之號九 自郡夫人而下為 郡君 縣君 又據蔡條 圍山叢談卷一 政和三年後改郡 縣君號為七等 郡君者為淑人 碩人 令人 恭人 縣君者室人 安人 孺人 俄又避太室之目 改室人曰宜人 與志文所列十四命婦之號正同 可知自大長公主以下 是外命婦之號 此處內字蓋涉上文而衍"(『신교본송사』 권163, 지116, 직관3, 이부, 3865-3866쪽).

53) "楊德妃 定陶人 天聖中 以章獻太后姻連 選為御侍 封原武郡君 進美人 端麗機敏 妙音律 組紃 書藝一過目如素習 父忠為侍禁 仁宗欲加 擢 辭曰 : 外官當積勢以取貴 今以恩澤徼倖 恐啟左右誠謁之端 帝悅 命徒居肅儀殿 贈其祖貴州刺史 而官其叔弟五人 積與郭后不相能 后既廢 妃亦遣出 後復召為婕妤 歷修媛 修儀 熙寧五年薨 年五十四 贈德妃"(『신교본송사』 열전, 권242, 열전1, 후비 上, 양덕비 8624쪽).

그러나 이처럼 중국에서 내직에 부인류 호칭이 보인다하여 이 시기 고려의 '부인' 칭호를 중국제도의 영향으로 볼 수는 없을 것 같다. 중국의 '부인'은 확실히 황후 아래 내직의 한 등급이었지만, 고려의 '부인'은 이 시기에도 대부분 왕비의 생전 칭호였기 때문이다. 따라서 고려의 '부인'은 고대 이래 우리의 독자적인 내직 체제를 계승한 것이라 하겠다.

Ⅳ. 내직제의 정비와 요·금과의 관련성

고려 내직제는 현종대 부터 변화를 보인다. 이전까지의 夫人류 호칭이 사라지고, 귀비·숙비·덕비·현비·여비 등의 諸妃가 보인다. 또한 ○○궁부인 대신 宮主와 院主가 보인다. 백관지의 아래 기사는 이러한 정황을 보여준다.

> B-1. 내직은 건국 초기에는 아직 정한 제도가 없이 后妃 이하 某院, 某宮夫人의 칭호가 있었다. 현종 때 尙宮, 尙寢, 尙食, 尙針의 職이 있었고 또 貴妃, 淑妃 등의 칭호가 있었다. 靖宗 이후 혹 院主, 院妃라고도 하고 혹은 宮主라고도 불렀다. 문종 때에 官制를 정했는데, 貴妃, 淑妃, 德妃, 賢妃는 모두 정1품으로 하였다. (外命婦 : 公主와 大長公主는 정1품, 國大夫人은 정3품, 郡大夫人과 郡君은 정4품, 縣君은 정6품) 충선왕이 宮主를 翁主로 고쳤다. 충혜왕 이후 後宮의 女職은 존비와 등급이 없어져 私婢와 官妓까지 翁主나 宅主로 봉해졌다.[54]

위의 사료에 의하면 현종 때 상궁·상침 등의 직과 귀비·숙비 등의 호가 생기고, 정종 이후 원주·원비·궁주 등의 호칭이 생겼으며 문종 때 내외명부의 품계

---

54) "內職國初未有定制后妃而下以某院某宮夫人爲號 顯宗時有尙宮尙寢尙食尙針之職又有貴妃淑妃等號靖宗以後或稱院主院妃或稱宮主 文宗定官制 : 貴妃淑妃德妃賢妃並正一品 (外命婦 ; 公主大長公主正一品 ; 國大夫人正三品 ; 郡大夫人郡君正四品 ; 縣君正六品) 忠宣王改宮主爲翁主忠惠以後後宮女職尊卑無等私婢官妓亦封翁主宅主"(『고려사』 권77, 지31, 백관2, 내직).

가 정해졌다. 또한 후비에 대한 녹봉 규정도 마련되었다.[55] 즉 고려의 내직은 현종 조에 정비되기 시작해 문종 조에 완비됐다 할 수 있다.

현종 때 내직제가 정비된 원인은 무엇일까? 광종이후 목종 대까지 지속적인 왕권강화[56]가 이루어지면서 국초와는 달리 왕권이 후비 집단에 비해 우위에 서게 된다. 현종 때는 중앙의 관료조직은 물론 4도호부 8목 56지주군사 28진장 20현령이라는 고려 지방제도의 근간이 완성된다. 이처럼 국왕을 정점으로 하는 중앙 집권적인 제도가 갖추어지면서 정치와 사회는 한층 발전하게 되고, 이후 문종조까지 제도와 문물의 번성은 극에 달하게 된다. 내직제 역시 이러한 분위기와 관련되어 함께 정비된 것으로 보인다.

또한 현종 대를 기점으로 후비의 성격이 달라졌다는 점도 중요한 원인일 것이다. 즉 정종 이래 목종 대까지는 앞 장에서 보았듯 태조의 후비가문 중 충주 유씨·황주 황보씨·정주 류씨가 그들 간의 혼인을 통하여 왕과 왕비를 독점하며, 족내혼의 비중이 매우 컸다. 그러나 목종과 천추태후의 몰락으로 세 왕후족 체제는 끝이 나고, 현종은 여러 새로운 가문과 혼인관계를 맺게 된다. 현종의 후비는 13명으로, 태조 왕건 다음으로 후비가 많다. 물론 현종은 성종의 두 딸을 후비로 맞아 왕실의 族內婚 전통을 계속 잇지만, 안산 김씨를 비롯한 많은 이성 귀족 딸들과 혼인했다. 이에 왕실 족내혼의 비중이 줄어들고, 이후 이성 후비 자식들로 왕위가 계승되는 등 후비의 면면이 이전과 크게 달라지게 된다. 현종대는 그야말로 고려 후비사에 있어 획기적인 시대라 할 만하며, 이러한 변화로 후비제는 당연히 새로 정비될 필요가 생겼다 하겠다. 그렇다면 그 내용은 어떠했는가? 우선 현종 이후 후비들을 보면 아래와 같다.

---

55) "妃主祿 文宗三十年 定 二百三十三石五斗(諸院主)二百石(貴淑妃諸公主宮主) 仁宗朝更定 三百石(王妃)二百石(貴淑妃諸公主宮主)"(『고려사』 권80, 지34, 식화3, 녹봉 비주록).

56) 목종대의 왕권강화에 대해서는 권순형, 「고려 목종대 헌애왕태후의 섭정에 대한 고찰」, 『사학연구』 89, 한국사학회, 2008 참조.

번호	왕	후비명	부	호칭 변화
1	현종	元貞王后金氏	성종	顯宗卽位納爲后稱玄德王后, 薨諡元貞
2		元和王后崔氏	성종	恒春殿王妃 → 常春, 薨諡元和
3		元城太后金氏	殷傅	延慶院主 → 靖宗낳고 宮主(현종9) → 王妃(현종13) → 薨諡元成 → 王太后추존(덕종)
4		元惠太后金氏	은부	安福宮主 → 延德(현종11) → 卒諡元惠 → 追贈王妃 → 加諡平敬王后 → 太后(문종)
5		元容王后柳氏	敬章太子	納爲妃, 薨諡元容
6		元穆王后徐氏	訥	納爲淑妃,興盛宮主(현종13), 贈諡元穆(문종)
7		元平王后金氏	은부	贈元平
8		元順淑妃金氏	因渭	景興院主 → 德妃(현종15)
9		元質貴妃王氏	可道	
10		貴妃庾氏		宮人 → 貴妃(현종16)
11		宮人韓氏	藺卿	
12		宮人李氏	彦述	
13		宮人朴氏	溫	
14	덕종	敬成王后金氏	현종	納爲王后(덕종3), 薨諡
15		敬穆賢妃王氏	가도	德宗卽位納爲妃 → 賢妃, 卒諡
16		孝思王后金氏	현종	
17		李氏	稟焉	
18		劉氏	寵居	
19	정종	容信王后韓氏	祚	平壤君시절 納妃 → 卽位 뒤 延興宮主 → 아들 낳고 惠妃(정종1) → 定信王妃 → 文宗追諡
20		容懿王后韓氏	조	麗妃,昌盛宮主(정종4) → 玄德宮 → 王后(정종6)
21		容穆王后李氏	품언	號昌盛宮
22		容節德妃金氏	元冲	號延興宮主 → 追封德妃諡容節(숙종)
23		延昌宮主盧氏	?	靖宗聞其美潛納宮中, 文宗立以遺命賜盧氏延昌宮
24	문종	仁平王后金氏	현종	
25		仁睿順德太后李氏	子淵	延德宮主 → 王妃(문종6) → 太后(선종)
26		仁敬賢妃李氏	자연	壽寧宮主 → 淑妃(문종36)
27		仁節賢妃李氏	자연	崇敬宮主 → 卒諡仁節(문종36)
28		仁穆德妃金氏	元冲	崇化宮主 → 卒諡仁穆(선종11)
29		貞懿王后王氏	平壤公基	
30		宣禧王后金氏	良儉	順宗在東宮選入, 延福宮主 → 追諡宣禧王后(인종4)
31		長慶宮主李氏	顥	順宗卽位納妃 → 王사후 궁노와 간통, 폐비.
32		貞信賢妃李氏	預	國原公시절 納妃, 卒諡貞信.
33		思肅太后李氏	碩	延和宮妃, 國原公시절 納妃 → 즉위 후 王妃 → 太后(헌종) → 薨諡思肅

34		元信宮主李氏	頲	元禧宮妃 → 獻宗立妃 → 이자의 난으로 유배
35	문종	明懿太后柳氏	洪	明福宮主 → 延德宮主 → 王妃(숙종4) → 王太后(예종) → 薨諡
36		敬和王后李氏	宣宗	延和公主, 睿宗納爲妃 → 薨葬
37		文敬太后李氏	資謙	延德宮主 → 王妃(예종9) → 文敬王太后(인종)
38		文貞王后王氏	辰韓侯愉	選入宮王薨出居永貞宮 → 貴妃(인종7) → 薨諡
39		淑妃崔氏	湧	長信宮主 → 淑妃(인종7)

위의 표에 의하면 태후와 왕후, 귀비 · 덕비 · 현비 등 제비와 궁주, 궁인 등의 칭호가 보인다. 주목할 점은 내직제가 정비되었음에도 여전히 妃 이하 직제가 보이지 않는다는 점이다. 즉 현종 이전 시기가 '왕후-부인' 체제였다면, 이후에는 '왕후와 제비'의 체제였던 것이다. 결국 고려의 내직제는 처음부터 끝까지 중국에 비해 상당히 간단한 것이 특징이라 하겠다. 그 이유는 무엇인가.

누누이 말하지만 내직이란 기본적으로 한 명의 正妻에 의해 다스려지는 직제이다. 그러나 고려 왕실은 기본적으로 일부다처제였으므로 중국과 같은 내직제가 제대로 기능할 수 있는 토양이 없었다. 또한 내직제란 기본적으로 한 남자가 여러 명의 부인을 지배한다는데 기본 정신이 있다. 왕과 왕비 아래에 동일한 관부와 신하를 두는 것은 유교적 내외관념에서 비롯된 것이고, 한 남자가 여러 부인을 취하는 이유는 후손을 많이 보기위한 것이다.[57] 즉 내직제는 기본적으로 가부장제와 부계친족구조가 전제된 제도인 것이다. 중국은 이미 기원전 주의 봉건제에서 보듯 부계 친족제가 상당히 일찍 발달한 나라였다. 그러나 고려는 양측적 친속구조[58]를 가져 부계 친족적 전통이 약하다. 혼인도 男歸女家로서 여자가 남자 집에 흡수되는 형태가 아니었다. 이 역시 내직제의 발전을 막았을 것이다. 그리고 고려 영토와 인구, 정치제도 등 국가와 문화의 상대적 간소함도 이에 일조했을 것이다.

한편 고려의 후비제는 요와 비슷한 면이 있다. 기본적으로 요 · 금 · 원의 후비제는 한족과 다르다. 요는 중국의 영향으로 봉건화하고 후궁제도도 출현했지만 중국과 같은 체제일 수는 없었다. 돌궐풍속으로 황후를 可敦[59]이라 했는데, 비빈

---

57) "古者天子娶后 三國來媵 皆有娣姪 凡十二女 諸侯一娶九女 所以正嫡妾 廣繼嗣"(『금사』 권 63, 열전1, 후비上, 서언).

58) 노명호, 『고려시대 양측적 친속조직연구』, 서울대학교 박사학위논문, 1988.

의 名號가 적고, 貴妃·惠妃·德妃·文妃·元妃 등 제 妃만「후비전」에 보일 뿐 9빈, 첩여 등의 명칭은 없다. 『요사』에는 고려와 마찬가지로 妃였다가 황후가 되거나, 황후였다가 죄에 연좌되어 妃로 강등된 사례들이 보인다.

즉 景宗의 叡智皇后 蕭氏는 처음에 귀비였다가 황후로 책봉받았다.[60] 흥종의 귀비 소씨는 본래 황후였으나 죄를 지어 귀비로 강등되었다.[61] 또한 다처형태도 보인다. 예컨대 세종은 永康王 시절 淳欽皇后의 동생 阿古只의 딸인 懷節皇后 蕭氏와 혼인했다. 또 태종을 따라 南征하다 후당의 궁인이었던 甄氏을 얻어 총애했다. 즉위하자 그녀를 왕후로 세웠으며, 뒤에 회절왕후도 또 왕후로 세웠다. 이들은 모두 察割의 난에 해를 입었고, 경종이 즉위한 뒤 두 왕후의 능과 사당을 만들었다.[62]

뿐만 아니라 자매가 같이 한 왕의 아내가 된 경우도 있다. 예컨대 天祚의 元妃 소씨는 천조의 德妃 소씨의 동생이다.[63] 자매혼은 고려 왕실혼에서도 여럿 보인다.[64] 그런데 '원비'라면 꼭 정적 혹은 후궁 중에서라도 제1등이라는 뜻일 것만 같으나 천조 원비의 사례를 보면 그렇지 않은 것 같다. 통상 후비전의 후비 기재 순서는 혼인 순서와 거의 일치하는데 덕비가 원비보다 먼저 기록되어있고, 원비가 덕비의 동생이기 때문이다. 원비도 다른 여타 ○비와 동일한 지위였던 것으로 보인다. 또 고려와 요 왕실이 모두 근친혼을 했다는 점도 공통적이다. 성종의 仁德皇后 蕭氏는 성종의 어머니 睿智皇后의 동생 隗因의 딸(외4촌)이다.[65] 또 이혼

---

59) 『요사』 권71, 열전1, 후비.

60) "帝卽位 選爲貴妃 尋冊爲皇后"(『요사』 권71, 열전1, 후비, 경종 예지황후 소씨).

61) "興宗 貴妃 蕭氏 小字 三 駙馬都尉 匹里之女 選入東宮 帝卽位 立爲皇后 重熙初 以罪降 貴妃"(『요사』 권71, 열전1, 후비, 흥종 귀비 소씨, 1204쪽).

62) 『요사』 권71, 열전1, 후비, 세종 회절왕후 소씨 및 세종비 견씨, 1201쪽.

63) 『요사』에는 "天祚 元妃 蕭氏 小字 貴哥 燕國妃之妹"(『신교본요사』 권71, 열전1, 후비, 천조 원비 소씨, 1207쪽)라 하고, "天祚 德妃 蕭氏 小字 師姑 北府 宰相 常哥之女 壽隆 二年 入宮 封 燕國妃"(『신교본요사』 권71, 열전1, 후비, 천조 덕비 소씨, 1206쪽)라 하여 덕비의 동생으로 기록되었다. 그러나 같은 책 교감기에는 "燕國妃之妹 按燕國妃係 德妃 與元妃 非姊 妹 元妃之姊爲 天祚皇后 曾封燕國王妃 此疑脫王字"(『신교본요사』 권71, 열전1, 후비, 1208쪽)라 하여 그녀가 소황후의 동생이었다 한다. 어느 쪽이 옳은지는 잘 모르겠으나 여하튼 자매혼이 있었던 것은 틀림없는 사실이다.

64) 태조때 왕규의 딸인 광주원부인과 소광주원부인, 김행파의 딸인 대서원부인과 소서원부인, 현종 때 김은부의 세 딸, 문종 때 이자연의 세 딸 등 매우 많은 사례가 있다.

고려와 북방문화

녀가 왕비가 된 경우도 있다. 도종의 혜비 소씨는 왕후로서 여러 해가 지나도 자식이 없자 이미 유부녀였던 자기 동생 軒特懶를 이혼시켜 후비로 들였다.[66]

또한 요에서도 왕비와 제비의 구분이 보인다. 예컨대 천조 왕후 소씨는 大安 3년 (1087) 입궁해 이듬해 燕國王妃에 봉해지고, 乾統初 皇后가 되었다. 천조 덕비 소씨는 壽隆 2년(1096) 입궁해 燕國妃가 되고, 乾統 3년(1103) 德妃로 고쳤다. 즉 제비보

〈도 1〉 聖宗 欽哀皇后 蕭氏의 동생인 晉國夫人 묘지명

다는 왕비가 높았으며, 왕비에서 왕후로 승진되었던 것이다. 이는 고려에서도 여러 사례가 보이는데, 예컨대 선종비였던 사숙태후 이씨가 처음 선종이 國原公이었던 시절 延和宮妃였다가 즉위 후 王妃가 되고 이후 아들 헌종이 왕위에 오르자 태후가 된 사례(표 6-33)가 있다. 또한 왕가도의 딸은 德宗이 즉위하면서 妃로 궁에 들어왔고, 사망한 뒤 賢妃로 시호를 내렸다(표 6-15). 제비와 왕비의 지위는 녹봉에서도 명백하다.[67]

어쨌든 고려와 요는 왕후-제비의 체제로서 매우 간단하다는 공통점을 갖는데, 이는 두 왕실의 다처제 경향이 중원과 같은 내직제 출현을 막았기 때문으로 보인다. 그렇다면 고려나 요에서 제비들 간의 차이는 없었을까?

〈표 7〉은 앞의 〈표 6〉 중에서 제비 관련 부분만 뽑아 간략히 도표화한 것이다. 눈에 띠는 것은 현종 때 숙비였다가 왕후(원목왕후)가 되고, 덕비였다가 숙비(원순숙비)가 된 사례이다. 귀비는 그들보다 뒤에 나온다. 통상 후비전의 기재순서는 왕후부터 제비로, 그리고 혼인순서로 기록된다는 점에서 귀비 → 덕비 → 숙비 → 왕후 순을 상정해 볼 수 있다. 또 문종 때 숙비 → 현비가 보여 혹시 귀

---

65) 『요사』 권71, 열전1, 후비, 성종 인덕왕후 소씨, 1202쪽.

66) 『요사』 권71, 열전1, 후비, 도종 혜비 소씨, 1205쪽.

67) "妃主祿 : 文宗三十年 定 二百三十三石五斗(諸院主)二百石(貴淑妃諸公主宮主) 仁宗朝更定 三百石(王妃)二百石(貴淑妃諸公主宮主)"(『고려사』 권80, 지34, 식화3, 녹봉 비주록).

왕	제비(최종)	이전칭호
현종	원목왕후 서씨	숙비
	원순숙비 김씨	덕비
	원질귀비 왕씨	
	귀비 유씨	
덕종	경목현비 왕씨	비
정종	용신왕후 한씨	혜비
	용의왕후 한씨	여비
	용절덕비 김씨	
문종	인경현비 이씨	숙비
	인절현비 이씨	
	인목덕비 김씨	
선종	정신현비 이씨	비
예종	문정왕후 왕씨	귀비
	숙비 최씨	

비 → 덕비 → 숙비 → 현비 순으로 제비 간의 차서가 있었나 하는 생각이 들기도 한다. 그러나 덕종과 정종 때는 귀비와 숙비 등이 없으며, 정종 때는 혜비와 여비가 보인다. 이렇게 볼 때 왕대마다 제비의 명호에 차이가 있어 제비간의 차서가 규정적이었다고는 보기 어려울 것 같다. 그리고 설사 그런 것이 있었다 해도 제비가 모두 정1품이며,[68] 녹봉규정에도 차이가 없으므로[69] 별 의미 없다 하겠다. 요의 제비 호칭 간에도 어떤 서열 관계를 찾아내기 힘들다.

오히려 고려 제비간의 차이는 궁주 혹은 원주의 존재에서 찾아야 할 것이라 생각된다. 모두가 알다시피 왕비를 포함한 고려의 제비들은 동시에 ○○궁주나 원주로 불리기도 했으며, 혹은 妃칭호 없이 그저 ○○궁주나 원주로만 불리기도 하고, 혹은 그저 궁인이라고만 불린 존재도 있다. 앞의 〈표 6〉의 후비들 명호를 보면 처음부터 왕비 혹은 왕후로 들어오는 경우, 처음에는 궁주였다가 뒤에 제비 → 왕후 → 태후가 되는 경우, 처음에 제비였다가 궁주 칭호를 받는 경우 등 다양하다.

---

68) "文宗定官制 貴妃淑妃德妃賢妃並正一品"(『고려사』 권77, 지31, 백관2, 내직).

69) "妃主祿文宗三十年定 二百三十三石五斗(諸院主)二百石(貴淑妃諸公主宮主)"(『고려사』 권80, 지34, 식화3, 녹봉 비주록) ; "仁宗朝更定 : 三百石(王妃)二百石(貴淑妃諸公主宮主)"(上同).

예컨대 김은부의 딸인 현종 비 원성태후 김씨는 처음에 延慶院主였다가 왕 9년 (1018) 靖宗을 낳고는 院號를 고쳐 宮이라 했다. 왕 13년(1022)에는 왕비가 되었고, 德宗이 卽位하자 왕태후로 추존되었다.[70] 김인위의 딸인 현종비 원순숙비 김씨는 景興院主였다가 왕15년(1024)에 德妃로 책봉되었다.[71]

　기존 연구에서는 건물의 주인이란 의미의 궁주와 원주는 왕의 부인을 의미하는 제비 → 왕후 → 태후와 다른 계열이며, 따라서 후비직제가 이원화되어 있다[72]고 보고 있다. 그리고 궁주와 원주는 후비의 '별칭'으로 후비들의 직위나 지위를 곧바로 나타낼 수 있는 것은 아니다. 그러나 궁의 명칭에 따라 각 후비에게 주어지는 경제적 혜택이 차이가 날뿐 아니라 후비의 왕실 내 위상이 궁호로 반영 된다[73]고 하였다. 이는 옳은 견해라 생각된다. 그리고 필자는 한 걸음 더 나아가 궁주나 원주 자체가 사실상의 내직 역할을 했다고 보고 싶다.

　후궁이 정1품 妃밖에 없는데, 모든 후궁을 비로 삼을 수는 없을 것이다. 후궁 간의 등급이 필요하고, 이를 간단히 표현할 수 있는 것이 바로 궁주와 원주였을 것이다. 궁과 원은 그 규모나 위상에 차등이 있어[74] 원보다는 궁이 크며, 또 궁내에도 등급이 있었던 것으로 본다. 즉 妃이면서 연덕궁 등 큰 궁을 소유하는 후궁도 있지만, 비 이하 후궁으로서 작은 궁을 소유해 그저 ○○궁주라 불리는 후궁도 있었을 것이다. 이런 면에서 궁주와 원주는 그 후비의 경제적 위상을 나타내기도 하지만 동시에 왕의 부인이라는 내직의 의미도 있었던 것이다.

　이처럼 고려에서 궁주와 원주는 이중적 의미 갖고 있고, 이것이 중국에 비해 간략한 제도를 가진 고려의 후궁 구별방식이었던 것으로 보인다. 한편 궁주는 왕의 딸에게도 쓰였다.[75] 궁주의 이원적인 뜻을 생각한다면, 이는 지배층여성인 공주에 대한 경제적 대우임과 함께 신라시대에 진골여성에게 내외명부를 가리지 않고 부

---

70) 『고려사』 권88, 열전1, 후비1, 원성태후 김씨.

71) 『고려사』 권88, 열전1, 후비1, 원순숙비 김씨.

72) 이정란, 「고려후비의 호칭에 관한 고찰」, 『전농사론』 2, 서울시립대학교, 1996.

73) 이정란, 위 논문, 1996, 164-165쪽.

74) 김창현, 「고려시대 후비의 칭호와 궁」, 『고려의 여성과 문화』, 신서원, 2007.

75) "積慶宮主 仁睿太后李氏所生 宣宗三年 適扶餘公遂"(『고려사』 권91, 열전4, 공주, 문종 칠녀).

인 호칭을 썼던 잔재라 생각할 수도 있을 것 같다. 신라의 진골이 근친혼으로 내외명부를 구별할 수 없이 연결된 것과 마찬가지로, 고려에서도 공주들이 족내혼을 통해 후비가 되었기 때문이다.

한편 고려의 후비제는 인종 이후 또 한번 달라진 모습을 보인다. 일단 인종부터 원종까지의 후비를 도표화 하면 아래와 같다.

<표 8> 고려후비 일람표(인종-원종)

인종	廢妃李氏	資謙	延德宮主 → 이자겸 란으로 폐비
	廢妃李氏	資謙	이자겸란으로 폐비
	恭睿太后任氏	元厚	延德宮主(왕4) → 王妃(왕7) → 王太后(의종) → 薨諡
	宣平王后金氏	璿	次妃(왕5) → 王太妃延壽宮主(의종) → 卒諡 宣平王后
의종	莊敬王后金氏	江陵公溫	태자시절納妃 → 興德宮主(의종즉위)
	莊宣王后崔氏	端	
명종	光靖太后金氏	江陵公溫	義靜王后 → 追册光靖太后(강종)
신종	宣靖太后金氏	江陵公溫	平諒公시절納之 → 卽位뒤元妃 → 宮主(왕3) → 王太后(희종) → 薨諡
희종	成平王后任氏	寧仁侯積	咸平宮主(왕7) → 薨諡成平王后 원비
강종	思平王后李氏	義方	태자시절 李義方이 納之 → 의방사후 폐출
	元德太后柳氏	信安侯珹	延德宮主(왕1) → 薨諡元德太后
고종	安惠太后柳氏	熙宗	承福宮主(희종7) → 妃(고종5) → 薨諡安惠 → 追尊王太后(원종)
원종	順敬太后金氏	若先	敬穆賢妃, 태자시절納妃 → 追封靜順王后 → 追尊順敬太后(충렬왕)
	慶昌宮主柳氏	新安公佺	慶昌宮主, 王后(원종1) → 저주사건으로 폐서인(충렬왕3). 차비

이 시기에는 유독 왕비가 한 명인 임금들이 많은데, 이는 이자겸란과 무신정변 및 이후 몽고족 침입 등으로 어려운 시기였기 때문일 수도 있다. 그런데 또 하나의 특징으로 보이는 것이 왕비가 두 명인 경우 원비와 차비가 나타난다는 것이다. 즉 인종은 이자겸의 난으로 이모였던 왕비들을 내쫓은 후 공예태후 임씨와 선평왕후 김씨를 들였다. 선평왕후를 차비[76]로 삼았다는 데서 공예태후는 원비로 여겨졌음을 알 수 있다. 또 신종의 선평왕후 김씨는 신종이 평량공이었던 시절 아

내로 삼아, 즉위하자 원비로 세웠으며,[77] 희종은 成平王后任氏를 왕 7년(1211)에 咸平宮主로 책봉하면서 원비로 칭하고 있다.[78] 원종의 경창궁주 역시 차비[79]로 불렸다는데서 순경태후가 원비였음을 알 수 있다. 이처럼 이전 시기에 비해 '원비' 호칭이 유독 보이는 것은 무엇 때문일까? 이에 시사점을 주는 것이 금의 내직제이다.

> B-2. 금나라시대에 왕후는 庶族을 취하지 않고 甥舅의 가문에서 구하니 周姬, 齊姜의 義가 있다. 국초에 제 妃는 모두 지위나 칭호가 없다가 희종 때 비로소 貴妃·賢妃·德妃의 칭호가 있었다. 海陵이 음탕하여 후궁이 많아 元妃·姝妃·惠妃·貴妃·賢妃·宸妃·麗妃·淑妃·德妃·昭妃·溫妃·柔妃의 무릇 12직위가 있었다. 大定 때 후궁이 간소해지고 明昌이후 크게 갖추어졌으니 內官제도는 다음과 같다 : 諸妃는 정1품이니 3夫人에 해당하고, 昭儀·昭容·昭媛·修儀·修容·修媛·充儀·充容·充媛은 정2품이니 9嬪에 해당한다. 婕妤 9인은 정3품이고 美人 9인은 정4품이며 才人 9인은 정5품이니 27世婦에 해당한다. 寶林 27인은 정6품, 御女 27명은 정7품, 采女 27인은 정8품이니 81御妻에 해당한다. 또 尚宮·尚儀·尚服·尚食·尚寢·尚功은 모두 內官이다.[80]

---

76) "宣平王后金氏 兵部尚書 璿之女 仁宗五年 納爲次妃 毅宗尊爲王太妃 延壽宮主"(『고려사』 권88, 열전1, 후비1, 선평왕후김씨).

77) "神宗 宣靖太后金氏 江陵公溫之女 神宗爲平諒公 納之 及卽位 立爲元妃"(『고려사』 권88, 열전1, 후비1, 선정태후김씨).

78) "咨爾 元妃任氏 蓼宿分輝 天潢毓粹 夙著肅雍之德而無險詖之心"(『고려사』 권88, 열전1, 후비1, 성평왕후임씨).

79) "命有司 欲册子諶 爲太子 諶母 金若先之女也 次妃王氏 讚於王曰 太孫開土上東還 稍無喜色 且儲副 繼體者也 豈可立權臣之甥乎 王 頗信之 金仁俊 力諫然後 王疑乃釋"(『고려사절요』 권18 원종 원년 5월). 차비 왕씨가 경창궁주 맞는가? 『고려사』에는 경창궁주를 류씨라 했으나 여기서는 왕씨로 쓰고 있다. 원종의 후비는 둘밖에 없고, 그녀는 宗室 新安公佺의 딸이었으므로 본래의 성은 왕씨가 맞다. 또 『고려사절요』의 기사내용과 「후비전」의 기사내용이 같다는 점에서 차비 왕씨는 경창궁주 류씨이다.

80) "金代 后不娶庶族 甥舅之家有周姬 齊姜之義 國初諸妃皆無位號 熙宗始有貴妃 賢妃 德妃之號 海陵淫嬖 後宮寖多 元妃 姝妃 惠妃 貴妃 賢妃 宸妃 麗妃 淑妃 德妃 昭妃 溫妃 柔妃 凡十二位 大定後宮簡少 明昌以後大備 內官制度 : 諸妃視正一品 比三夫人 昭儀 昭容 昭

금은 처음에 제비의 호칭이 없다가 희종 때 처음 귀비·현비·덕비가 보이고, 해릉 때 후궁이 많아져 무려 12妃가 보인다. 명창 이후 내관제도가 크게 갖추어져 중국의 내직제에서 보이는 3부인, 9빈, 27세부, 81어처가 보인다. 같은 북방의 국가임에도 거란에 비해 훨씬 중국의 영향이 컸음을 알 수 있다.[81] 금이 본래 다처제 국가라는 것은 태조묘에 4명의 황후를 부묘하고, 예종과 세종, 현종, 선종이 두 황후를 부묘했다는 데서도 알 수 있다.[82] 금의 후비제를 보면 비 간에도 지위차가 있어 으뜸이 원비[83]였으며, 정실과 차실[84]이라는 표현도 보인다. 예컨대 세종의 원비 장씨는 처음 세종의 차실로 들어가 조왕을 낳고 죽었다. 그녀는 대정 2년(1162) 신비로, 그해 10월 혜비로, 19년(1179)에는 원비로 추진되었다.[85] 또 원비 이씨는 대정 원년(1161) 현비, 2년 귀비, 7년(1167) 원비로 진봉되었다.[86]

　　媛 修儀 修容 修媛 充儀 充容 充媛視正二品 比九嬪 婕妤九人視正三品 美人九人視正四品 才人九人視正五品 比二十七世婦 (一)寶林二十七人視正六品 御女二十七人視正七品 采女二十七人視正八品 比八十一御妻 又有尚宮 尚儀 尚服 尚食 尚寢 尚功 皆內官也"(『금사』 열전, 권 63, 열전, 제1 후비 上, 서언, 1498쪽).

81) 요가 "國制로 거란인을 다스리고 漢制로 한인을 대한다"는 『요사』 백관지의 말처럼 이중적 통치체계가 특징이라면, 금의 경우는 국초의 여진제에서 여진과 중국 양제의 병용, 그리고 완전한 중국제로 관제가 이행되고 있다. 금이 변경을 함락하고 하북 산서의 땅을 점령한 뒤부터 중국제가 강화되기 시작한다. 희종 원년(1138) 중국식 신관제가 완성되고 해릉2년(1150)부터 1156년에 걸쳐 관제개혁이 이루어져 중국적 중앙집권국가인 금의 특생이 강하게 드러나는 관제의 완성을 보게 된다(일본동아연구소(편), 서병국 옮김, 『북방민족의 중국통치사』, 한국학술정보, 2002, 51, 75-97쪽). 내직제 역시 관제개편과 마찬가지로 중국제도의 영향을 많이 받은 것으로 보인다.

82) "太祖嫡后聖穆生景宣 光懿生宗幹 有定策功 欽憲有保佑之功 故自熙宗時聖穆 光懿 欽憲皆祔 宣獻生睿宗 大定祔焉 故太祖廟祔四后 睿 世 顯 宣皆祔兩后"(『금사』 열전, 권63, 열전 1, 후비 上, 서언, 1498쪽).

83) "崇妃 蕭氏 熙宗時封貴妃 天德二年正月 封元妃"(『금사』 열전, 권63, 열전1, 후비 上, 태조 숭비 소씨, 1502쪽) ; "元妃下皇后一等 在諸妃上"(『금사』 열전, 권64, 열전2, 후비 下, 세종 원비 이씨, 1523쪽).

84) "海陵嫡母 徒單氏 宗幹之正室也 徒單無子 次室李氏生長子鄭王充 次室大氏生三子"(『금사』 열전, 권63, 열전1, 후비 上, 해릉적모 도선씨, 1504쪽).

85) "元妃張氏 父玄徵 母高氏 與世宗母貞懿皇后葭莩親 世宗納為次室 生趙王永中 而張氏卒 大定二年 追封宸妃 是歲十月 追進惠妃 十九年 追進元妃"(『금사』 열전, 권64, 열전2, 후비 下, 세종 원비 장씨, 1522쪽).

86) "元妃李氏 南陽郡王李石女 … 大定元年 封賢妃 二年 進封貴妃 七年 進封元妃"(『금사』 열전, 권64, 열전2, 후비 下, 세종 원비 이씨, 1523쪽).

고려와 북방문화

어쨌든 같은 유목국가이지만 요에서는 원비가 별 뜻이 없었음에 비해 금에서는 비 중에서도 으뜸이란 의미로 차이가 있었던 것 같다. 이는 금이 요에 비해 중국의 내직제를 더욱 깊이 수용, 계서를 중시했기 때문으로 여겨진다. 고려는 인종 이전에는 원비나 차비라는 단어가 보이지 않으나 이후에 보인다. 이는 고려가 인종 이후 금의 책봉을 받아 내직제에도 그 영향이 나타난 것일 수 있다. 또한 이는 이자겸란 이후 한 집안에서 2명, 3명씩 왕비를 들이는 데 대한 경계의 목소리가 커지고, 후비간 서열을 명확히 하자는 주장이 대두되었기 때문일 수도 있다. 아울러 인종 이후 문풍의 진작에 의한 유교문화의 영향 때문일 수도 있을 것이다. 이러한 후비 간 서열화 경향은 원간섭기에 들어와 원공주가 제 1비가 되고 나머지가 제비가 되는 체제로 변화한다. 그리고 고려 말에는 성리학이 수용되면서 적서관념이 더욱 강화되어 이후 조선의 비빈제가 형성되었던 것으로 보인다.

V. 맺음말

지금까지 고려의 내직에 끼친 북방의 영향을 고찰함으로써 고려 후비제의 연원 및 특성을 밝히고자 하였다. 간략히 정리하면 다음과 같다.

제Ⅱ장에서는 동아시아 내직제의 형성 및 내용에 대해 고찰하였다. 내직제는 중국 고대부터 시작되었으며, 수·당을 거쳐 완비되었다. 그러나 우리는 중국과 교류가 깊었음에도 불구하고 삼국에서 중국과 같은 내직제가 보이지 않는다. 신라와 백제는 왕비를 부인으로 칭했으며, 그 외에 다른 후궁 칭호가 나타나지 않는다. 고구려는 일찍부터 정실인 왕후와 첩실인 부인으로 구분했고, 신라도 통일 이후에는 그러했다. 그러나 '왕후'가 사후 시호인 경우가 많고, 여전히 '부인'호칭이 일반적으로 쓰여 내직제가 제대로 정비되지 않았음을 보여준다. 한편 신라에서는 외명부 여성에게도 부인 칭호가 쓰였는데, 이는 내외명부를 구분하는 게 불가능한 진골 중심의 사회였기 때문일 듯하다.

제Ⅲ장에서는 고려 초(태조부터 목종대)의 부인류 호칭에 대해 고찰하였다. 이 시기의 후비는 '왕후와 부인'으로 나타나 고대와 같은 형태를 보인다. 한편 이 시기 오대나 송에서도 내직에 외명부의 부인 호칭이 보이고 있으나, 이 영향 때문이라기보다는 고대 이래의 전통이 계속 유지된 것으로 보인다. 내직제가 정비되려면 적서구분과 강한 가부장제가 전제 되어야 한다. 그러나 고려 왕실은 일부다처제였고, 또 국초 호족세력의 강성으로 후비들을 서열화하는 것이 불가능했기 때문이다. 이에 제반 정치제도를 정비하면서도 내직에 대해서만은 그렇게 하기 어려웠던 것으로 보인다.

제Ⅳ장에서는 현종 이후 내직제의 정비와 요·금의 영향에 대해 알아보았다. 이 시기에는 부인류 호칭이 중국과 같은 諸妃로 대체되었다. 또한 궁부인 대신 궁주와 원주가 사용되었다. 그러나 이 시기 역시 妃 이하의 후궁 직제가 보이지 않는다. 한편 이러한 '왕후-제비' 체제는 요에서도 찾아 볼 수 있다. 요도 황후 아래에 제비만 있을 뿐 그 외의 후궁이 없다. 후비제의 이 같은 간략함은 양국 공통의 일부다처적 문화 때문인 듯하다. 이 경우 중국과 같은 내직제가 발전하기 어렵기 때문이다.

그러나 고려에서 후궁이 妃뿐이었다하여 그들 간의 차이가 없었다고는 할 수 없을 것이다. 후비에게 주어진 궁과 원의 크기로 후비의 지위를 구별했던 것으로 보인다. 즉 궁주나 원주는 그 후비가 사는 공간 및 경제적 처우를 의미하기도 했지만, 또 한편으로는 그 후비의 지위 서열을 나타내는 내직의 역할도 하였던 것으로 보인다.

인종 이후가 되면 금의 책봉을 받으면서 금의 내직제 영향도 받았던 것 으로 보인다. 금은 중국의 전통적인 내직제를 수용하여 3부인 9빈 27세부 81어처가 있었고, '원비'를 으뜸으로 하여 제비 간의 구분도 하였다. 이는 다처제 국가였던 금이 중국의 영향으로 후비들을 서열화하려는 의식이 보다 강화되었음을 의미한다. 이에 고려에서도 원비, 차비 등의 호칭을 사용하여 후비 간의 차이를 드러내려함이 눈에 띤다. 물론 고려 내직제의 이러한 변화는 이자겸란 이후 한 집안에서 2명, 3명씩 왕비를 들이는 데 대한 경계의 목소리가 커지고, 후비간 서열을 명확히 하자는 주장이 대두되었기 때문일 수도 있다. 아울러 이 시기 문풍의 진작과 함께 유교문화의 영향 때문일 수도 있을 것이다. 그러나 중국식 내직제의 전반적

인 수용은 없었다. 고려의 후비제는 중국 보다는 오히려 요와 금 등 북방과의 관
련성이 깊었다 하겠다.

참고문헌

〈자료〉

『한서』, 『수서』, 『구당서』, 『신당서』, 『구오대사』, 『신오대사』, 『송사』, 『요사』, 『금사』

〈연구서〉

김창현, 『고려의 여성과 문화』, 신서원, 2007.

샹관핑, 『황제를 지배한 여인들-후비』, 달과 소, 2008.

일본동아연구소(편), 서병국 옮김, 『북방민족의 중국통치사』, 한국학술정보, 2002.

정용숙, 『고려왕실 족내혼 연구』, 새문사, 1988.

정용숙, 『고려시대의 후비』, 대우학술총서 인문사회과학 62, 민음사, 1922.

P.B. 에브레이, 배숙희 옮김, 『중국 여성의 결혼과 생활-송대 여성을 중심으로』, 법문사, 2000.

嫚平, 『唐代妇女的生命历程』, 上海: 上海古籍出版社, 2004.

侏瑞熙 · 刘复生 · 张邦违 · 蔡崇榜 · 王曾瑜, 『宋辽西夏金 社會生活史』, 北京: 中國社會科学出版社, 1998.

朱子彦, 『后宮制度研究』, 上海: 华东师范大学出版社, 1998.

韩也明, 『辽金生活掠影』, 泽阳出版社, 2002.

黄凤岐, 『契丹族的习俗』, 內蒙古科學技求出版社, 1999.

高世瑜, 小林一美 · 任明 譯, 『大唐帝國の女性たち』, 東京: 岩波書店, 1999.

段塔丽, 『唐代妇女地位研究』, 北京: 人民出版社, 2000.

島田正郎, 『遼朝官制の研究』, 東京: 創文社, 1978.

島田正郎, 『遼代社會史研究』, 東京: 巖南堂書店, 1978.

島田正郎, 『遼朝史の研究』, 東京: 創文社, 1979.

〈연구 논문〉

김대식, 「고려 성종대 삼성육부제의 도입과정」, 『사림』 14, 성대 수선사학회, 2000.

김대식, 「고려 정치제도사의 재검토」, 『역사와 현실』 68, 2008.

김대식, 「고려 초기 중앙관제의 성립과 변천」, 『역사와 현실』 68, 2008.

김대식, 「10-12세기 동아시아의 당제 수용」, 『역사와 현실』 73, 2009.

김순자, 「고려전기의 거란(요), 여진(금)에 대한 인식」, 『한국중세사연구』 26, 2006.

김종섭, 「오대 관제 운영의 특징-추밀사와 재상을 중심으로-」, 『역사학보』 189, 2006.

김종섭, 「오대의 고려에 대한 인식」, 『이화사학연구』 33, 2006.

김호, 「당대 황실여성의 생활과 지위」, 『동양사학연구』 97, 2006.

이정란, 「고려후비의 호칭에 관한 고찰」, 『전농사론』 2, 서울시립대학교, 1996.

이효연, 「고려전기의 북방인식-발해 · 거란 · 여진 인식 비교-」, 『지역과 역사』 19, 부경역사연구소, 2006.

최익주, 「요대의 야율성과 소성에 대한 고찰」, 『진단학보』 49, 진단학회, 1980.

최정환, 「고려 초기의 정치제도와 3성6부의 성립 및 변천」, 『역사학보』 192, 역사학회, 2006.

豊島悠果, 「고려전기 后妃 · 女官 제도」, 『한국중세사연구』 27, 2009.

피터윤, 「10-13세기 동북아시아 다원적 국제질서에서의 책봉과 맹약」, 『동양사학연구』 101, 2007.

피터윤, 「서구 학계 조공제도 이론의 중국 중심적 문화론 비판」, 『아세아연구』 109호, 고려대 아세아문제연구소, 2002.

豊島悠果, 「高麗前期の册立儀禮と后妃」, 『史學雜誌』 114-10, 東京 : 東京大學文學部史學會, 2005.

高麗와 遼의 불교 교류
-『釋摩訶衍論』을 중심으로-

김 영 미

Ⅰ. 머리말

遼 불교계에서는 대장경을 조판 간행하였는데, 宋 대장경에 포함되지 않은 경론을 포함하여 훨씬 방대한 것이었다. 요 불교계의 특징 중 하나는『釋摩訶衍論』을 대장경에 포함시키고 활발하게 연구한 점이다. 그리고 요 道宗과 승려들은 이 논을 연구하면서 元曉와 法藏의『大乘起信論』에 관한 주석서를 인용하였다.

『석마하연론』은 馬鳴의『대승기신론』에 대한 龍樹의 주석서로 알려져 있지만, 일본에서는 일찍부터 진위 논란이 있었다. 그리고 신라와 고려 초 불교계에서는 언급되지 않던 論이다. 요 대장경이 전해진 후 이 논은 高麗再雕大藏經에 포함되어 남아 전하였고, 요 대장경이 전해지지 않는 상황에서 요 대장경본을 그대로 판각해 수록한 것으로 여겨졌다. 그러던 중 근래 탁본이 공개된 房山石經 중에 요 대장경본『석마하연론』이 포함되어 있었는데,[1) 이것과 고려재조대장경본을 비교해보면 양본에는 많은 차이가 있다. 따라서 고려재조대장경본이 요 대장경본을 그내로 조판한 것이

아님을 알 수 있게 되었다. 여기에서 義天(1055-1101)이 『석마하연론』, 『重校
龍樹釋論』을 간행하여 송 승려에게 보내주었던 사실을 참조하면, 의천에 의해 요
대장경본의 전래 이후 재교감한 판본이 간행되어 동아시아에 유통되었음을 알 수
있다.

따라서 이 논은 11세기 고려와 요의 불교 교류, 나아가서는 동아시아 불교계의
교류를 살펴보는 하나의 실마리가 될 수 있을 것으로 생각한다. 그런데 국내에서
는 이 논에 대해 그다지 관심을 기울이지 않아, 『석마하연론』의 밀교적 성격을 다
룬 연구가 한 편 있을 뿐이다.[2) 그동안 이 논에 대한 연구는 일본에서 주로 이루
어져, 용수의 저술이 아니라 신라 혹은 중국 승려들에 의해 저술된 것으로 추정되
고 있다.[3)

본고에서는 고려와 요의 불교 교류의 한 측면을 파악하기 위해, 먼저 요 불교계
에서 『석마하연론』이 지니는 위상을 살펴보고, 고려 의천이 이 논에 관심을 갖고

---

1) 이 판본은 요 대장경본을 遼의 通利大師가 大安 9년(1092)부터 대안 10년까지 새긴 經論
   중 일부였다. 「大遼△△州△△鹿山雲居寺續秘藏石經塔記」(遼 天慶 8년, 1118)에는 통리
   대사가 주도하여 새긴 4800片 經 44질의 목록이 기록되어 있다(塚本善隆, 『塚本善隆著作
   集5 中國近世佛敎史の諸問題』, 東京: 大東出版社, 1975, 602-603쪽). 그 중에 "釋摩訶衍
   論 寧 一秩"이라고 언급되어 있고, 요 대장경 총 579질 중 568번째인 寧함의 칭호가 붙어
   있는 것으로 보아 방산석경 속의 『석마하연론』이 요 대장경을 저본으로 하여 새겨졌음을
   알 수 있다(塚本善隆, 위 책, 1975, 516-517쪽).
2) 李箕永, 「釋摩訶衍論의 密敎思想」, 佛敎文化硏究院(編), 『韓國密敎思想硏究』, 東國大學校
   出版部, 1986, 117쪽에서는 『석마하연론』은 화엄의 法界緣起思想에 입각해 摩訶衍을 설
   명하고 있으며, 밀교적 성격을 띠고 있다고 보았다. 이러한 밀교적 성격은 이 논에서 빈번
   히 神格的 존재들의 이름을 자유분방하게 도입하여 설명하고 있을 뿐 아니라, 제9권과 제
   10권의 대부분의 내용은 呪文으로 채워져 있는 점에서 알 수 있다.
3) 『석마하연론』에 대한 근대적 연구는 森田龍僊, 『釋摩訶衍論之硏究』, 京都: 山城屋文政堂,
   1935에 의해 본격적으로 이루어지기 시작했다. 이 저술에서는 『석마하연론』의 구절을 중
   국과 신라 승려들의 『대승기신론』 주석과 비교하여 조심스럽게 신라 찬술로 추론하였다.
   근래에도 중국과 신라에서의 『대승기신론』 연구로 인한 논쟁을 회통하기 위해 신라인에
   의해 만들어진 것으로 보는 견해가 제시되었다(石井公成, 「〈釋摩訶衍論〉の成立事情」, 『鎌
   田茂雄博士還曆記念論叢 中國の佛敎と文化』, 大藏出版, 1988 ; 『華嚴思想の硏究』, 東京:
   春秋社, 1996 및 石井公成, 「〈釋摩訶衍論〉における架空經典」, 『佛敎學』 25, 佛敎思想學
   會, 1988). 石井公成은 義相系 華嚴과의 관련성을 언급하고 있지만, 이에 대해 중국과 신
   라를 모두 염두에 두고 생각해야 한다는 반론도 제기되었다(遠藤純一郎, 「〈釋摩訶衍論〉
   新羅成立說に觀する考察」, 『智山學報』 45, 1996).

조판 유통시킨 경위, 그리고 의천의『석마하연론』에 대한 관심과 연구가 요에 미친 영향을 살펴보려고 한다.

Ⅱ. 요 불교계와『석마하연론』

『釋摩訶衍論』(이하『석론』이라 약칭)은 後秦 弘始 3년(401) 筏提摩多가 번역한 것으로 되어 있지만, 현존 자료에 의하면『석론』에 대한 언급이 가장 먼저 나타나는 것은 일본에서이다. 일본의 경우, 779년에 戒明이 전한 직후 三船眞人淡海가 僞撰임을 지적하였고 천태종의 最澄도 僞論임을 주장하였다. 이러한 논란 속에서도 空海(774-835)는 홍인 14년(823) 국가의 허락을 받아 眞言宗 승려가 반드시 익혀야 할 근본 論藏으로 삼았고, 법상종과 화엄종에서는 眞撰으로 보았다. 이처럼『석론』은 일본에 전해지자마자 논쟁을 야기하였고, 僞撰임을 주장한 천태종에서는 新羅僧 珍聰의 말을 인용하여 이 논서를 신라인 月忠의 僞撰이라고 보았다.[4]

이처럼 일본에서는 신라인의 위찬설이 제기되었지만, 신라시대의 저술에서는『석론』에 대한 언급을 찾아볼 수 없다. 즉 元曉(617-686) 이래 승려들이『대승기신론』(이하『기신론』이라 약칭)을 연구했지만, 주석서인『석론』에 대한 언급은 고려시대에 義天이『新編諸宗敎藏總錄』(이하『총록』이라 약칭)에서『기신론』에 대한 연구서로 이름을 들고 있는 것이[5] 첫 기록이다. 그리고 중국에서는 澄觀의『隨文手經』에 처음 인용되었다고 하지만 이 책이 전하지 않으므로 확인할 수 없고, 宗密(780-841)의『圓覺經大疏釋義鈔』권11과『圓覺經疏鈔』권10에서『석론』을 인용한 것이 처음으로 확인된다.[6]

---

4) 일본에서의『석마하연론』을 둘러싼 논란과 유포에 대해서는 森田龍傳, 앞 책, 1935가 참조된다. 또 李箕永, 앞 글, 1986, 91-92쪽에도 간단하게 언급되어 있다. 일본승 常曉는 승화 5년(838)에 입당하여 다음해에 귀국하면서 法敏의「釋摩訶衍論疏」를 구해 귀국하여 (『請來錄』上:『大正新修大藏經(이하 T로 약칭)』55, 1069쪽),『석마하연론』이 眞撰임을 입증하려고 하였다(森田龍傳, 앞 책, 1935, 26쪽).

5) 義天,『新編諸宗敎藏總錄』권3,『韓國佛敎全書』4, 692쪽.

〈도 1〉『석마하연론』, 中國佛敎協會, 『房山石經 : 遼金刻經』 28, 華夏出版社, 2000, 484쪽

　　한편『석론』을 대장경에 포함한 것은 요의 대장경이 처음으로, 568번째의 函인 寧函에 입장되었다. 遼 승려 法悟가 찬술한 「釋摩訶衍論贊玄疏」(이하 「찬현소」라 약칭)에 의하면 청녕 8년(1062)에『석론』을 얻어 그것을 대장경에 편입시켰다고 한다.[7] 요 불교계에서 이 논이 차지하는 위상은『총록』에 실린 요 승려들의 章疏 목록을 통해서도 짐작할 수 있다. 이를 경전별로 분류해보면, 한 經論에 대해 3인

<hr>

6) 宗密은『圓覺經』주석에서『석마하연론』을 인용하며 "…且佛說經 意趣難解 當時機勝 面對 不妨悟入 佛滅後 時移代變 人機轉劣 何由解了 故諸菩薩慈悲 造論解釋指示 或取諸經中法 義 都作義門 一時解釋 名爲宗論 或名就一經一部 隨文解釋 名爲釋論 准龍樹菩薩摩訶衍論 中說 馬鳴菩薩 約一百本了義大乘經 造此起信論 即知此論通釋百本經中義也(宗密, 「圓覺 經大疏釋義鈔」 권11 上 始淨慧章終威德章中幻觀, 『卍新纂續藏經』(이하 X로 약칭) 9, 702 쪽)"라 하였다. 같은 언급이 宗密, 『圓覺經略疏鈔』 권10(X. 9, 925-926쪽)에서도 확인된 다. 이 구절은『석마하연론』 권1에서 "摩訶衍論 別所依經 總有一百 云何爲百…"이라 하며 경전의 이름을 나열하고 있는 것을 가리킨다. 한편 일본측 자료인 賢寶의 「寶册鈔」에 의 하면, 宋의 晉水淨源이 「七祖圖」에서 澄觀의 '手鏡'에 나오는 "龍樹造釋摩訶衍論云 一百部 經爲本經"이라는 구절을 인용했다고 하였다(玄寶, 「釋摩訶衍論眞僞事」, 『寶册鈔』 권8, T. 77, 820쪽에서는 晉水淨源을 晉水淨賢이라 하였다). '수경'은 『隨文手鏡』 100권을 가리키 는데, 현재 전하지 않는다.

7) "淸寧紀號之八載 四方無事 五稼咸登 要荒共樂於昇平 溥率皆修於善利 皇上萬樞多暇 五敎 皆弘 乃下溫綸 普搜墜典 獲斯寶册 編入華龕 自茲以來 流通寖廣"(法悟, 「釋摩訶衍論贊玄 疏」 권1, 『新纂大日本續藏經』 45, 839쪽).

이상의 章疏가 찬술된 것은 『화엄경』, 『법화경』, 『석론』 뿐이다. 『화엄경』과 『법화경』은 중국에서 漢譯된 이래 널리 신앙되던 경전이지만, 『석론』은 요 불교계에서 처음으로 중요시했던 것이다.

요에서는 『석론』을 대장경에 편입한 이후에 이 논에 대한 연구가 시작되었다. 선종 7년(1090) 8월 저술이 완료된 義天의 『총록』에는 『석론』에 대한 연구서로 오직 요 승려들의 저술만 전하고 있는데, 이들 모두 도종(재위 1055-1101)대 활동한 승려들이다.

> 志福 : (釋摩訶衍論) 通玄鈔 4권(도종의 서문) 通玄科 3권 大科 1권
> 守臻 : (釋摩訶衍論) 通贊疏 10권 通贊科 3권 大科 1권
> 法悟 : (釋摩訶衍論) 贊玄疏 5권 贊玄科 3권 大科 1권[8]

아마도 의천이 『총록』을 간행하던 시기에는 위에 언급된 주석서들만이 고려에 전해졌던 것 같다. 이 중 현재 온전히 전하는 것은 志福과 法悟의 저술이며, 근래 守臻의 저술 일부가 중국 山西省 應縣 木塔에서 발견되었다.[9] 요 승려 외의 주석서로는 唐 聖法의 「釋摩訶衍論記」와 法敏의 「釋摩訶衍論疏」,[10] 남송대 普觀의 「釋摩訶衍論記」가 현재 남아 전하고 있다. 그러나 이들 저술은 『총록』에 실려 있

---

8) 義天, 『新編諸宗敎藏總錄』 권3, 『韓國佛敎全書』 4, 692쪽.

9) 1974년 중국 산서성 응현목탑 4층 석가탑주상 흉배부에서 요대 경전이 나왔는데, 그동안 전하지 않던 守臻의 「釋摩訶衍論通贊疏」 第10과 「釋摩訶衍論通贊疏科」 下가 포함되어 있다. 그런데 이들은 함옹 7년(1071)에 판각되었다(傅振倫, 「遼代調印的佛經佛像」, 『文物』 1982년 6期, 1982 ; 陳述(編), 『遼金史論集』, 上海 : 上海古籍出版社, 1987, 217-218쪽). 이로 본다면 수진의 저술이 『석마하연론』에 대한 연구서로는 가장 먼저인 것 같다. 그동안 일본 학계에서는 법오의 「찬현소」가 『석론』의 내력을 자세히 설하고 청녕 8년의 기록이 있는 것으로 보아 「찬현소」가 지복의 「통현초」보다 먼저 이루어진 것으로 보았다(妻木直良, 「契丹に於ける大藏經雕造の事實を論ず」, 『東洋學報』 2-3, 1912와 野上俊靜, 「遼代に於ける佛敎研究」, 『MAYURA』 2, 1933 ; 『遼金の佛敎』, 京都 : 平樂寺書店, 1953, 47-49쪽).

10) 일본승 常曉는 승화 5년(838)에 입당하여 다음해에 귀국하면서 法敏의 「釋摩訶衍論疏」를 구해 귀국하여(『請來錄』 上 : T.55, 1069쪽), 『석마하연론』이 眞撰임을 입증하려고 하였다(森田龍僊, 앞 책, 1935, 26쪽). 그렇다면 법민의 소는 839년 이전 찬술된 것으로 보아야 할 것이다.

〈도 2〉 중국 산서성 응현 목탑에서 발견된 수진의 「석마하연론통찬소」 권10
(山西省文物局 · 中國歷史博物館 主編, 『應縣木塔遼代秘藏』, 北京: 文物出版社, 1991, 306쪽)

지 않은데, 앞의 둘은 의천 이전에 저술되었지만 보지 못했기 때문일 것이고, 보관의 저술은 의천의 『총록』 편찬과 『석론』 간행 후 이를 접하고 집필되었기 때문이다.

요 승려들이 『석론』을 연구하고 주석서를 집필하게 된 데에는 황제인 도종이 중요한 역할을 하였다. 수진은 「釋摩訶衍論通贊疏」(이하 「통찬소」라 약칭)에서 자신이 소를 찬술하게 된 경위를 설명하고 있다.[11] 이에 따르면 수진은 天慶寺에서 물러나 燕臺에 머물며 이 논을 연구하고 있었다. 그런데 都僧錄守司空 通法大

11) "述曰 三啓願廣遍 臻因辭天慶 獲觀燕臺 禪誦之餘 傳斯雅論 爰有都僧錄守司空通法大師實公 及兩街僧首師德義學 持書致請曰 且兹論也 希聲久寢 邃旨淹淪 不有纂修 若爲開示 續承 綸旨 俾副興情 牢讓靡從 斯文乃作 遂攻虛取象 扣寂求音 裁成嘉贊之文 用顯精微之旨 所覬上資 皇化保固 聖祚以彌堅 下福含靈興法城而益固 乃爲頌曰 已承賢聖力 略贊甚深文 普施諸群生 速成無上果 咸雍七年十月日 燕京弘法寺奉 宣校勘彫印流通"(守臻, 「釋摩訶衍論通贊疏」 권10의 36, 37, 山西省文物局 · 中國歷史博物館 主編, 『應縣木塔遼代秘藏』, 北京: 文物出版社, 1991, 305-306쪽).

師 實公과 兩街僧首 師德이 그에게 편지를 보내, '이 논이 오래도록 유통되지 않아 찬수된 적이 없다고 하고, 綸旨를 받들어 여러 사람의 요청에 부응하기를 청'했다는 것이다. 윤지라고 표현한 것으로 보아, 수진이 소를 찬술하게 된 것은 도종의 뜻이었다고 하겠다. 그리고 이 논이 오랫동안 유통되지 않아 찬수된 적이 없다는 구절로 미루어 수진의 「통찬소」는 요에서 이루어진 『석론』에 대한 첫 번째 주석서임을 알 수 있으며, 「통찬소」 중 현재 일부 남아 있는 판본이 함옹 7년(1071)에 인쇄되었으므로 그 이전에 저술되었을 것이다.

도종은 수진에게 소를 저술하게 했을 뿐 아니라, 『석론』에 대해 큰 관심을 보여 그 내용에 대해 직접 승려들과 문답하기도 하였다. 즉 지복에게 질문하였을 뿐 아니라[12] 지복의 「석마하연론통현초」(이하 「통현초」라 약칭)의 引文을 직접 쓰기도 하였다.[13] 그리고 법오에게는 이 논의 네 부분에 御解를 제시하고, 그를 근거로 주석서를 짓게 하였다.[14] 법오의 「찬현소」 저술 시기는 서문을 쓴 耶律孝傑의 이름을 통해 짐작이 가능하다.[15] 야율효걸의 원래 이름은 張孝傑로, 태강 1년(1075) 12월 경인일에 야율씨를 하사받았다. 그리고 태강 5년(1079) 정월 계유일에는 仁傑이라는 이름을 하사받는다. 따라서 이 사이에 서문이 쓰였을 것이다. 「찬현소」는 야율효걸이 서문을 쓰기 전에 이루어졌을 것이며, 임금이 제시한 어해를 근거로 찬술되었으므로 바로 간행되었을 것이다.

---

12) 志福의 「통현초」에는 도종의 질문에 답한 내용이 실려 있다. "終不可捨離者 … 七祖云 頓悟漸修 爲圓妙也 斯則所修大節 故須雙行 余泰上答天佑皇帝心觀 第三玄微門中有二 初直述後通難…"(志福, 「釋摩訶衍論通玄鈔」 권4, 『新纂大日本續藏經』 46, 162쪽). 天佑皇帝가 곧 도종이다.

13) 天佑皇帝御製, 「釋摩訶衍論通玄鈔引文」, 『新纂大日本續藏經』 46, 110쪽.

14) "… 我天佑皇帝位聯八葉 德冠百主 睿智日新 鴻慈天賦 儒書備覽 優通治要之精 釋典咸窮 雅尚性宗之妙 嘗謂曰 釋摩訶衍論者 包一乘之妙趣 括百部之玄關 安得宗師 繼爲義疏 守司空詮圓進法大師 學踰觀肇 辯奪生融 屢陪內殿之談 深副中宸之旨 會因眾請 獲達 聰聞 旋特降於俞音 俾廣求於隱義 由是精條慧器密淬詞鋒研精 甫僅於十旬析理 遂成於五卷 適當進奏 果見襃稱 乃賜號曰賛玄疏 皇上聽政之餘 省方之際 歷刊詳而在手 咸印證以經心 于此論中 先立御解四道 皆識透前古信結後人 眾耳所未聞 凡情所不造 天才獨秀 物議同歸…"(耶律孝傑 奉勅撰, 「釋摩訶衍論贊玄疏引文」, 『新纂大日本續藏經』 45, 830쪽). 그리고 「찬현소」에서는 네 군데에 걸쳐 도종의 어해를 인용하고 있다.

15) 『遼史』 권23, 권24 태강 7년(1081) 12월조에 의하면 야율인걸을 民으로 만들었다. 이에 대해서는 塚本善隆, 「遼代の石經續刻事業」, 앞 책, 1975, 536쪽에서도 언급하고 있다.

그렇다면 「통찬소」가 간행된 것은 1071년이고, 「찬현소」는 1075년 12월부터 1079년 정월 사이에 저술되었다. 그리고 지복의 「통현초」는 수진과 법오의 저술 사이에 이루어진 것으로 보인다.[16] 그 근거는 첫째, 법오가 「찬현소」에서 요국의 2師가 견해를 제시했다고 언급하고 있는 점이다.[17] 선종 7년(1090) 『총록』이 완성될 때까지 요에서 고려에 전해진 주석서는 세 승려의 것뿐이므로, 2사는 법오를 제외한 수진과 지복일 것이다. 둘째, 어해가 제시된 법오의 저술 이후라면 지복의 저술에서도 어해와 그에 근거한 법오의 「찬현소」에 대한 언급이 있었을 터인데, 지복의 저술에는 이에 대한 언급이 없다. 셋째, 수진의 저술이 『석론』에 대한 내용 설명에 그치고 있는데 비해, 지복의 「통현초」는 여러 본을 대조하여 교감하고 있다. 이에 대해서는 도종이 「통현초」의 인문에서 언급하고 있을 정도이다.[18] 그런데 법오의 저술은 지복의 「통현초」에 언급된 교감부분 중 일부에 대해 간략히 언급하고 있을 뿐인데, 자세한 내용은 지복의 저술에 미루고 있는 것으로 여겨진다.

요에서는 이 세 승려의 저술 이후에도 『석론』에 대한 주석서가 저술, 간행되었다. 의천과 비슷한 시기에 활동했던 鮮演의 저술로 「摩訶衍論顯正疏」의 이름이 전한다.[19] 그리고 慶錄大師가 集成한 「摩訶衍論記文」 1部가 있었고 이는 숙종 2년(1097) 고려에 사신으로 온 耶律思齊에 의해 고려에 전해졌지만, 경록대사가 누구인지는 알 수 없다.[20]

---

16) 塚本善隆, 위 글, 536쪽의 주13)에서는 지복과 법오의 저술 선후에 대해서 법오의 저술이 앞섰다는 종래 설을 따르고 있다.

17) "九興傳時代 … 而今興遼國二師 正顯具見…"(法悟, 「釋摩訶衍論贊玄疏」 권1, 『新纂大日本續藏經』 45, 839쪽).

18) "東山崇仙寺沙門志福 業傳鷲嶺 德茂鵬珥 逎謂斯文獨善諸教 囊括妙趣 樞要實乘 期在宣揚 且資贊述繇是尋原討本 博採菁義 勒成釋摩訶衍論鈔四卷 爰削章而陳達 欲鏤板以傳通 虔 瀝懇悰 願爲標引 勉兪所請 聊筆其由 仍以通玄二字 爲題云爾"(天佑皇帝御製, 「釋摩訶衍論通玄鈔引文」, 『新纂大日本續藏經』 46, 110쪽).

19) 선연의 묘비명에 의하면 "高麗外方 僧統傾心"이라고 하였는데, 승통은 의천을 지칭하는 것이다. 그리고 그의 저술로 「仁王護國經融通疏」, 「菩薩戒纂要疏」, 「唯識掇奇提異鈔」, 「摩訶衍論顯正疏」, 「菩薩戒心論」, 「諸經戒本」, 「三寶六師外護文」 등의 이름이 전해지고 있다(張踐, 『中國宋遼金夏宗教史』, 北京: 人民出版社, 1994, 179쪽).

Ⅲ. 義天의 『석마하연론』 간행과 유통

요 대장경에 입장된 『석론』은 요 대장경이 전래되는 과정에서 고려에 전래되었다. 문종 17년(1063) 3월 1차로 요 대장경이 고려에 도착하였다. 그 후 문종 22년(1068)경에는 요에서 대장경이 완성되었으며 문종 26년(1072) 12월에는 요가 추가로 조판한 대장경도 고려에 주어 다음해에는 고려에 전해졌다. 늦어도 문종 27년(1073)에는 요 대장경본 『석론』이 고려에 전해졌을 것이다. 의천은 이해에 19세의 나이로 敎藏 수집을 발원하면서, 요와 송에는 百家의 科敎가 있으므로 이를 모아 1藏으로 만들어 유통시키겠다고 발원하였다.[21] 그리고 요와 송, 일본의 章疏까지 모아 선종 7년(1090)에 『총록』을 완성하였다. 이로 미루어 보면 의천은 요 대장경을 보고 이와 관련한 요 승려들의 저술을 수집하는 데에도 힘을 기울였을 것이다.

의천은 당시 수집한 글들을 읽고 점검한 후 『총록』에 포함시켰다. 그 단적인 예가 法藏이 저술했다고 중국에서 전해온 『華嚴記』 3권에 대해 법장의 眞撰이 아니며, 우리나라 승려 중 법장과 이름이 같은 자가 지은 것임을 중국의 淨源과 顔顯에게 편지로 알렸다.[22] 그런데 『석론』에 대해서는 어떤 의심도 찾아볼 수 없고, 『총록』에 이 논과 그에 대한 주석서까지 포함시키고 이들을 간행 유통시켰다. 그 이유는 무엇일지 궁금하다.

물론 의천이 일본에서 진행되었던 위찬 논란을 알았는지는 확인할 수 없지만, 전혀 의문을 제기하지 않고 신뢰했던 데에는 여러 이유가 있었을 것으로 보인다.

---

20) 耶律思齊, 「大遼御史中丞耶律思齊書 三首」, 『大覺國師文集』 外集 권8 書8에 의하면 야율사제가 의천에게 경록대사의 「마하연론기문」 1부와 御義 5권을 가져다 주었다고 한다. 요의 승려들은 주로 숭록대사의 칭호를 하사받으므로, 여기의 경록대사가 숭록의 잘못인지도 모르겠다.

21) 義天, 「代世子集敎藏發願疏(年十九作)」, 『大覺國師文集』 권14.

22) 義天, 「上大宋淨源法師書 三首 第三」; 「與大宋行者顔顯書」, 『大覺國師文集』 권11. 이에 대해서는 佐藤 厚, 「〈健拏標訶一乘修行者秘密義記〉の基礎的研究」, 『東洋學研究』 39, 東京: 東洋大東洋學研究所, 2002 ; 최연식, 「≪健拏標訶一乘修行者秘密義記≫와 羅末麗初의 華嚴學의 一動向」, 『韓國史研究』 126, 한국사연구회, 2004가 참조된다.

첫째, 앞에서 언급한 요 대장경에 입장된 사실 외에도 당시 요의 황제였던 도종의 『석론』에 대한 관심 및 御解의 존재 등 요 불교계에서 『석론』이 중시되던 상황과 관련이 있을 것으로 생각된다.

둘째로는 『석론』開泰本[23]이 고려에 전해지고 있었고, 그 필사본이 永明 延壽 (904-976)에게 전해진 후 저술된 『宗鏡錄』이 고려에 유통되고 있었기 때문으로 생각된다. 『종경록』은 현재 남아있는 중국 승려들의 저술 중 『석론』을 가장 많이 인용하고 있기 때문이다. 또 광종대 연수를 중요시해 智宗 외에도 왕명으로 36인 이 그의 문하에 유학했다는 점을 생각하면 그의 저술인 『종경록』도 고려에 전해 졌을 가능성이 크다. 그런데 『종경록』 100권은 연수가 雪竇寺에 머물면서 초고의 기초를 만들었지만 961년 淨慈寺(永明寺)에 머문 이후에 완성되었을 것으로 추 정되고 있다.[24] 그리고 961년은 吳越 국왕의 요청으로 고려에 보관되어 있던 불 교 典籍들을 가지고 諦觀이 중국에 간 해이다. 오월의 충의왕은 연수를 자신이 중 건한 정자사에 주석하도록 하였는데, 堂宇가 1,300여 칸이나 되었고 사면이 經書 로 가득한 도서관이 있었다고 한다. 그렇다면 이 해에 고려로부터 전해진 전적들 도 연수가 머물던 곳에 전해졌을 것이고, 연수도 이것을 참조했으므로 『종경록』 곳곳에서 『석론』을 인용할 수 있었을 것이다.

셋째, 의천이 존중하던 승려들의 저술에서 『석론』을 인용했던 사실도 의천의 『석론』에 대한 태도에 영향을 미쳤을 것으로 보인다. 의천은 『圓覺經』을 강의할 때 종밀의 『圓覺經略疏』를 교재로 하였는데,[25] 앞에서도 언급했듯이 종밀은 『원 각경대소석의초』와 『원각경약소초』 등에서 1經 1部에 대해 문장에 따라 해석하

---

23) 개태본은 지복의 「통현초」에 언급되어 있는데, 開泰書本으로도 언급되므로 필사본이었을 것이다. 森田龍僊, 앞 책, 1935, 490쪽에서는 개태를 요 성종의 연호로 생각하고 있지 만, 望月信亨이 「佛敎大年表」에서 지적했듯이 개태본은 고려 개태사에 보관되어 있던 것 을 書寫했다고 생각된다. 왜냐하면 주7)에서 보았듯 法悟가 찬술한 『釋摩訶衍論贊玄疏』 에 의하면 청녕 8년(1062)에 『석론』을 얻어 그것을 대장경에 편입시켰다고 하였다. 따 라서 요 성종 때 『석론』이 書寫되었다면 법오의 언급은 이루어질 수 없었을 것으로 생각 된다.

24) 김주경, 「≪宗鏡錄≫의 문헌적 성격과 인용된 僧肇 저술의 분석」, 『白蓮佛敎論叢』 10, 白 蓮佛敎文化財團, 2000, 90-91쪽.

25) 義天, 「講圓覺經發辭二首 第二」, 『大覺國師文集』 권3.

는 것을 釋論이라고 한다고 하였다. 그리고 그 예로 용수의 '摩訶衍論'에서 '마명이 百本大乘經을 요약하여 『기신론』을 지었다'는 구절을 인용하고 『기신론』이 백본경의 의미를 通釋한 것임을 알겠다고 하였다.[26] 그런데 용수가 지은 『大智度論(摩訶般若釋論)』100권도 '마하연론'으로 칭해지기도 하지만, 이 논에는 마명보살에 대한 언급이 없다. 따라서 용수의 다른 저술 중 '마하연론'으로 칭해질 만한 저술은 『석론』뿐이고, 이는 『기신론』을 해석한 저술이라는 점에서 종밀이 언급한 용수의 '마하연론'은 『석론』을 지칭하는 것임에 틀림없다. 또 淨源의 스승인 子璿(965-1038)의 『大乘起信論疏筆削記』(1030년)에서도 『석론』의 6馬鳴說을 인용하고 있다.[27] 이는 시기를 달리 해 여섯 명의 마명이 존재했다는 것이다.

이러한 이유로 인해 의천은, 『화엄기』에 대한 의심과 달리, 『총록』에서 『석론』을 『기신론』의 주석서로 언급하고 그와 관련한 요 승려들의 저술 목록을 수록하였을 것이다.

그리고 의천은 『석론』을 간행하여 송의 승려들에게 보내주었다. 淨因에게는 그가 청한 疏鈔 중 '起信古疏와 摩訶釋論을 이미 봉해서 홍대장 편에 붙였으니 도착하는 대로 받아달라'고 하였고,[28] 善聰에게는 『重校龍樹釋論』10권을 보냈다.[29] '마하석론'은 '기신고소'와 함께 언급되므로 『석론』을 말하는 듯하며, '중교용수석론'은 10권본이므로 용수가 찬술했다고 전해지는 『석론』10권을 재차 교감하여 간행한 책으로 보인다.[30]

의천이 『중교용수석론』을 간행한 시기는 의천과 선총이 주고받은 편지에서 실마리를 찾을 수 있다. 의천은 선총에게 『중교용수석론』을 보낼 때 『華嚴綸貫』, 『(大乘)起信論演奧鈔』, 『三寶章』, 『指歸章』 등을 함께 보냈다. 그리고 이 때 쓴 편지 앞에 실려 있는 편지에 선총을 만난 지 3년이 지났다고 했다. 의천이 이처럼

26) 주6) 참조.
27) 長水沙門子璿, 「起信論疏筆削記」 권4, T. 44, 314쪽.
28) 義天, 「與大宋淨因法師書 二首 第二」, 『大覺國師文集』 권11.
29) 義天, 「與大宋善聰法師狀 三首 第三」, 『大覺國師文集』 권11.
30) 현재 전하는 고려재조대장경본은 요 대장경본(방산석경본)과 많은 차이가 있고, 보관이본 麗本과도 조금 다르다. 의천이 간행한 『중교용수석론(석마하연론)』과 고려재조대장경본, 요 대장경본과의 관계에 대해서는 별고를 기약한다.

선총에게 많은 책을 보내준 것은 선총이 편지로 賢首, 淸凉, 圭山(=圭峯) 및 高德의 글을 부쳐달라고 요청했기 때문이었다.[31] 그리고 이 편지 뒤에 실려 있는 편지에서 선총은 정원의 입적을 애통해하였다. 의천의 입송은 1085-1086년의 일이고, 정원의 입적은 1088년 11월의 일이다. 따라서 선총의 요청은 1087년 또는 1088년의 일이고, 의천이 이 이전에 『중교용수석론』을 간행했고 이 때 보내주었던 것으로 생각된다.

뿐만 아니라 의천은 요 승려들의 『석론』에 관한 장소들을 간행하여 송과 일본에 유통시켰다. 법오의 「찬현소」 5권은 일본 高野山 판본에 의하면 "壽昌五年己卯(1099)高麗國大興王寺奉宣雕造"라 했고,[32] 지복의 「통현초」는 "壽昌五年己卯歲 高麗國大興王寺奉宣雕造"한 것을 일본에서 판각했음을 밝히고 있다.[33] 이는 長治 2년(1105) 일본의 覺行法親王이 고려에 사신을 보내 법오의 「석론소」, 지복의 「석론초」를 傳來해왔다는 일본의 기록과 관련이 있는 것으로 보인다.[34] 그리고 남송의 보관이 『석마하연론기』에서 『석론』을 교감하며 遼本, 遼疏 등을 麗本과 함께 자료로 활용할 수 있었던 것도 의천의 간행작업으로 가능했다고 생각된다.

Ⅳ. 義天의 요 불교계에 대한 영향

요 승려들의 『석론』에 대한 연구는 1070년대에 이루어져 고려에 바로 전해졌을 것이다. 따라서 의천은 요 승려들의 『석론』에 대한 저술과 도종의 이해도 잘 알고 있었을 것이다. 도종의 『석론』에 대한 御解는 이미 법오의 「찬현소」에 포함되어 있었지만, 다시 책으로 편찬되었던 것으로 보인다. 왜냐하면 1097년 고려에

31) 善聰, 「大宋沙門善聰書 七首 第二」, 『大覺國師外集』 권6.
32) 野上俊靜, 앞 책, 1933, 47쪽.
33) 妻木直良, 앞 논문, 1912, 328쪽.
34) 森田龍儼, 앞 책, 27쪽에서는 지복의 「석론초」 오기를 참조하여 이와 같이 설명하고 있다. 康應 2년(1390) 저술된 현보의 「보책초」 권8에서도 지복의 「통현초」, 법오의 「찬현소」가 장치 2년 전래되었고 수진의 「통찬소」는 전래되지 않았다고 하였다(T. 77, 825쪽).

사신으로 왔던 야율사제가 의천에게 보낸 편지에서 『御義』 5권을 가져왔으므로 받아달라고 했다.[35] 이 『어의』의 정확한 이름은 밝혀져 있지 않지만, 다음의 글을 통해 『御解大義』라고 짐작된다.

> 〈요사이 삼가 임금님이 지은 御解大義의 後序와 산수납의 한 벌을 주신 은혜를
> 입어 시 한 장을 지어 멀리 승통대사께 부치오니 자세히 보아주시면 감사하겠습
> 니다. 요나라 천경사 전계비구 지길은 올립니다〉

거룩한 불법을 널리 펴시고 법복 새로우니	敷揚聖旨衲衣新
은혜를 입은 것이 열흘 쯤 되었네.	獲覩蒙貽近在旬
御解의 오묘한 뜻 깊이 얻으니	御解義中深得奧
대신들의 시비소리 승통님 한 말씀에 그치도다	金繩梯內剌能勻
우리 임금 위해 불법을 유통하는 손이 될 수 있다면	堪爲我后流通手
이것이 바로 황가를 돕는 신하됨이네.	的是皇家輔翼臣
누군가 이 말씀을 上帝께 아뢰어서	誰扣此言聞上帝
삼한에 은혜 받은 이 있게 하였네.	三韓令作荷恩人[36]

요 천경사의 智佶은 의천에게 보낸 시에서, 의천으로부터 「어해대의후서」와 산수납의 1벌을 잘 받았다고 밝히고 있다. 더구나 도종의 글에 대해 요 대신(승려)들은 논란을 벌이고 있었던 듯한데, 의천이 보낸 후서로 인해 논란이 그쳤음을 전하고 있다. 이로 보면 의천은 도종이 『석론』에 대해 제시한 구절을 묶고 풀이한 것으로 보이는 『御解大義』에 후서를 써서 간행하였고 이를 요에 보내기도 하였던 것이다.[37] 이러한 이유로 지길은 의천이 도종을 위해 불법을 유통하는 손이 되고 있다고 기리고 있다. 그렇다면 의천은 도종이 『석론』에 대해 제시한 어해에 동의

---

35) 耶律思齊, 「大遼御史中丞耶律思齊書 三首 第三」, 『大覺國師外集』 권8. 시의 번역은 심재열, 『한글대장경 大覺國師文集 外』, 東國譯經院, 1994, 284쪽을 참조해 수정했다.

36) 智佶, 「大遼沙門志佶詩」, 『大覺國師外集』 권11.

37) 『총록』 및 『요사』에 의하면 요 도종의 불교 관련 저술로는 『華嚴經隨品讚』 10권(1068년 2월 頒行)과 『發菩提心戒本』 2권이 있고, 그 외에 書寫한 『御書華嚴經五頌』이 있었던 것으로 보인다. 따라서 『어해대의』는 『석론』에 대한 어해와 관련되었을 것이다.

하였고 이를 「후서」에 써서 간행다고 보아도 좋을 것이다.

　여기에서 요에서 벌어진 논란의 대상으로 주목되는 것이 도종이 제시한 御解 중 『기신론』에 대한 教判이다. 즉 『기신론』에 대한 평가로, 도종의 이해는 宗密 이후 중국 승려들의 『기신론』에 대한 입장과 달랐던 것이다. 법오의 「찬현소」에 인용된 부분을 살펴보면 다음과 같다.

> 여섯 번째 뜻에 의거해 교를 판정한다. 가르침의 종류에는 다섯 가지가 있다. 첫째는 소승교, 둘째는 (대승)始教, 셋째는 終教, 넷째는 頓教, 다섯째는 圓教이다. 그런데 이 5교는 賢首(法藏)가 처음 세웠고, 清凉(澄觀)이 거듭 수정하여 다시 뜻을 풀이하고 이름을 해석했으니, 소・기와 같다. ㉮만약 이 논에 의거하면 풀이한 바 네 가지 중 眞俗 2門은 5교로 판정하면 마땅히 頓教이며 또한 終教를 겸한다. 지금 주상께서 직접 제시해 설명하시기를 "귀경송 이후 용수는 이미 '隔檀門을 열고자 하여 임시로 往向位를 드러내었다'고 말했다. 이 진술한 바에 준거하므로 이 논은 바로 돈교에 속하고 또한 종교를 겸함을 알겠다"고 하셨다. 폐하께서 결판하신 바는 진실로 指南이라고 이를 만하다. ㉯혹은 입의분에서 不二 大乘을 설한 것을 기준으로 하면 오직 第5圓教에 포섭되는 바이니, 말을 여읜 (眞如가) 의지하는 바의 果海이기 때문이다. 그러므로 그 32종 門이나 法은 모두 因分에 속하니 이치도 응당 또 갖추어진다. 하나를 들어 전체를 거두니 뜻에 걸림이 없기 때문에 제5원교에 포섭되는 바이다. 만약 32종의 文과 法은 확실히 각각 다르다는 뜻을 기준으로 말하면 마땅히 종교와 돈교 2교에 포섭된다. … [38]

　법오는 불교 교학에 5교의 교판이 있음을 언급하고, ㉮부분에서 도종이 법오에게 "용수가 『석론』에서 '欲開隔檀門 權顯往向位'라고 말했으므로 이것에 준거하면 이 논은 돈교 겸 종교에 속한다"는 어해를 제시했음을 밝히고 있다. 그런데 도종의 이러한 설명은 논란의 여지가 많다. ㉯부분에서 법오도 지적했듯이 不二 大乘을 설했으므로 원교에도 속한다는 주장이 종밀 이후 당시 중국 승려들의 입장

---

38) 法悟, 「釋摩訶衍論贊玄疏」 권1, 『新纂大日本續藏經』 45, 838쪽.

이었기 때문이다.

중국에서의 논의를 살펴보면 法藏은 40세 무렵에 저술한 『華嚴五敎章』에서는 『기신론』에서 돈교문을 기준으로 絶言眞如를 드러내고 점교문을 기준으로 依言眞如를 설했다고 하였다.[39] 그렇지만 54세 무렵 저술한 『大乘起信論義記』에서는 『기신론』을 5교판 중 終敎에 배당하였다. 이로 인해 오늘날의 연구자들은 법장이 『기신론』을 종교로 간주한 것이 그의 주된 견해였다고 보기도 하지만,[40] 대체적으로 법장의 입장은 돈교와 종교를 겸한다는 것이었다고 이해되고 있다.

그러나 宗密은 『기신론』의 사상을 『원각경』과 동일한 교리로 다루고, 『기신론』을 종교와 돈교 2교로 배당하는 한편 부분적으로는 圓敎로 이해했다.[41] 또 長水 子璿(?-1038)도 『대승기신론필삭기』에서 『기신론』의 여래장연기설은 종교, 진여문은 돈교에 해당한다고 하면서도, 一眞法界를 선양하고 眞如隨緣이 事事無礙의 근거인 점을 이유로 원교와 돈교를 겸한다는 입장이었다.[42] 종밀 이후에는 『기신론』을 종교·돈교 외에도 원교에도 배당했던 것이다.

한편 의천은 『기신론』을 배워야 대승의 終敎와 頓敎의 뜻을 밝힐 수 있다고 생각했다.[43] 이러한 입장은 해인사 은거 시절에 쓴 「刊定成唯識論單科序」에 제시되어 있는 구절이므로 1097년 이후의 일이다.[44] 의천은 종밀의 『원각경』을 중시했

39) 柏木弘雄, 「中國·日本における≪大乘起信論≫硏究史」, 平川彰(編), 『如來藏と大乘起信論』, 東京: 春秋社, 1990, 305-306쪽에서는 이로 인해 후대의 관심의 대상이 되었다고 하였다.

40) 吉津宜英, 「法藏の≪大乘起信論義記≫の成立と展開」, 平川彰(編), 위 책, 1990, 388쪽.

41) 吉津宜英, 위 글, 1990, 404쪽. 또 柏木弘雄, 앞 글, 1990, 313-314쪽에서는 징관 이후 『기신론』의 一心을 華嚴圓敎의 입장에서 이해하려는 경향이었다고 했다. 이와 달리 吉田剛, 「北宋代於華嚴興隆經緯: 華嚴敎學史に於ける長水子璿の位置づけ」, 『駒澤大學硏究所年報』第91, 1998, 195쪽에서는 종밀은 종교와 돈교를 겸하지만 원교를 겸하는 것은 아니라고 했고, 자선과 정원은 이와 달리 원교를 겸했다고 보았다. 그리고 자선, 정원이 종밀과 달랐던 이유로 『화엄경』만의 우위를 표명할 필요를 느끼지 않았기 때문이라는 견해를 제시하고 있다.

42) 木村清孝, 「北宋佛敎における≪大乘起信論≫: 長水子璿と四明知禮」, 平川彰(編), 앞 책, 1990, 413-414쪽.

43) 義天, 「刊定成唯識論單科序」, 『大覺國師文集』 권1. 이 글에서 『화엄경』을 배우지 않으면 원융의 문에 들어가기 어렵다고 한 것으로 미루어 『화엄경』은 원교에 배당하였다고 할 수 있다.

44) 이병욱은 이 교판이 의천의 사상 중 전기에 해당하는 것으로 보고, 종밀의 사상에 따른

으면서도 그가 『원각경』과 함께 중시한 『기신론』에 대한 그의 교판은 따르지 않은 것이다.

그렇다면 도종과 의천은 누구의 견해를 따른 것일까? 이는 법장의 견해를 따른 것으로 보인다. 당시 송 불교계에서는 법장이 『기신론』을 종교와 돈교에 배당했다고 여기고 있었다. 그 예가 바로 의천이 화엄종의 법통을 이어받아왔다고 하는 淨源의 견해이다. 정원은 법장이 종교와 돈교를 겸한다고 보고 원교에 배당하지 않은 데 의문을 제기하고, 규봉종밀이나 현수법장 모두 『기신론』을 一心과 관련지어 보면서도 전자가 원교에 배당한 것과 달리 후자는 종교와 돈교에 배당한 점이 다르다고 하였던 것이다.[45] 이 논의가 『원종문류』에 편입되어 있으므로, 의천과 그 제자들도 분명히 『기신론』에 대한 양자의 입장 차이를 알고 있었을 것이다. 그런데도 의천은 법장의 견해를 따라 『기신론』을 종교와 돈교에만 배정했다. 이는 『기신론』을 『화엄경』 보다 하위에 둔 것이다.

이처럼 징관과 종밀의 사상에 영향을 받았던[46] 의천이 『기신론』에 대한 평가에서는 법장의 견해를 따르고 있는데, 이는 당시 도종의 입장과 일치하는 것이었다. 그리고 요 불교계에서 논란이 된 부분에 대해 도종의 견해와 같은 입장에 섬으로써 도종의 견해에 힘을 실어주었던 것이다.[47] 『석론』의 연구는 『기신론』 이해를

것을 후기의 사상으로 보았지만(이병욱, 「전기와 후기로 구분해서 본 의천 철학」, 『한국종교』 21, 1996 ; 예문사상연구원 · 이병욱(편), 『의천』, 예문서원, 2002, 352-359쪽), 「刊定成唯識論單科序」의 찬술시기로 보아 그렇게 보기는 어렵다. 그러나 의천이 종밀의 『원각경소』에서 『원각경』과 『기신론』은 그 뜻이 같다고 한 것으로 보아 『기신론』을 了義로 본 것은 확실하다.

45) "〈賢首判論〉問華嚴一眞法界 卽起信一心源也 然心融萬有 便成四種法界故 圭峯以溥該諸敎 迥異諸敎 唯就一心而談圓矣 然則起信以一心爲本源 賢首判之 則曰心於終而兼於頓 且不該乎圓矣 與其圭峯之辭 何其異也 今諸生心憒 口悱其來久矣 詎可默無言乎〈判敎有差〉問圭峯之論原人也 始人天而談顯性 五敎在焉賢首之疏華嚴也 先小乘而後圓敎 五章備矣 夫賢首卽圭峯之祖也 圭峯乃賢首之裔也 何裔之跡同 而判敎之效異耶 然二師爲道義必有在 宜撫嘉言以兩端"(沙門淨源述, 『策問三道』, 『圓宗文類』 권22, 『韓國佛敎全書』 4, 635쪽).

46) 의천이 징관과 종밀의 사상에 영향을 받았음은 최병헌, 「天台宗의 成立」, 『한국사』 6, 국사편찬위원회, 1981, 103-105쪽과 이병욱, 『고려시대의 불교사상』, 혜안, 2002, 153-160쪽 참조.

47) 의천은 이 외에도 당시 요 도종의 불교계에 대한 입장과 상통하였다. 『別傳心法議後序』를 보면, 도종이 선종 우위를 강조하는 『寶林傳』 등을 불태우는 등의 조치를 취했다. 이에 대해 의천은 僞妄을 제거했다고 공감했다. 習禪만을 강조하는 선종을 비판하고 있다

위한 것이었으므로, 요 도종과 의천의『기신론』에 대한 입장이 같았음이 표명되어 요 불교계에서의 논란이 사라지게 되었던 것이다.

V. 맺음말

『석마하연론』은 원효 이후 불교 연구에서 중요한 위상을 지니게 된『대승기신론』에 대한 해설서이다.『석마하연론』은 龍樹의 저술로 되어 있지만, 일본에서는 779년에 전래된 직후부터 진위논란이 있었다. 법상종과 화엄종, 진언종에서는 용수의 찬술로 인정했지만 천태종에서는 위서로 간주했던 것이다. 최근의 연구에 의하면 신라 또는 중국에서 찬술된 것으로 생각되고 있다.

그런데『석마하연론』은 신라 승려들의 저술에서는 그 언급을 찾아볼 수 없고, 중국 승려들의 저술에서는 단편적으로 언급될 뿐이었다. 그런데 요에서는 도종 청녕 8년(1062) 요 대장경에 편입시켰고, 그 후 도종의 명에 의해 守臻의 저술이 이루어진 후 志福과 法悟에 의해 주석서가 저술되었다. 특히 법오의「석마하연론찬현소」에는 도종이 풀이한 御解가 네 군데 언급되어 있다. 요에서 이처럼『석마하연론』을 중시한 사실은 다른 나라에서는 유례를 찾아볼 수 없는 일이었다.

한편 고려에서는 의천의『신편제종교장총록』에서『석마하연론』과 요 승려들의 주석서를 언급하였고, 이를 간행하여 유포시켰다. 그 결과 일본과 송에도 전해졌으며, 고려재조대장경에도『석마하연론』이 포함되기에 이르렀다. 이처럼『석마하연론』과 요 승려들의 저술이 유통된 데에는 대각국사 의천의 章疏 수집과 간행이 큰 영향을 미쳤다.

의천의『석마하연론』에 대한 관심은 요 불교계에도 영향을 미쳤던 것으로 보인다. 요에서는 황제인 도종이 제시한 御解를 둘러싸고 논쟁이 벌어졌는데, 의천이「후서」를 쓰고 간행해 요에 보내주었더니 요에서의 논란이 없어지게 되었다는 것

는 점에서 의천의 선종에 대한 태도도 요 도종과 뜻을 같이 했음을 알 수 있다(최병헌, 위글, 1981, 101쪽 ; 김영미,「大覺國師 義天의 阿彌陀信仰과 淨土觀」,『歷史學報』156, 1997, 20쪽).

이다. 요에서 논란이 되었을만한 도종의 어해는『석마하연론』에 대해 제시된 도종의 어해일 것이며, 특히『대승기신론』에 대한 교판이 논란의 대상이 되었던 것으로 보인다. 당시 화엄종 승려들이 宗密의 견해를 따라『대승기신론』을 원교에도 배당했던 것과 달리, 도종은 돈교와 종교에만 배당했다. 의천도 이러한 입장을 취했던 것이 확인된다. 이는『대승기신론』과『석마하연론』을 중요시하면서도『화엄경』보다는 하위에 둔 것이다.

이처럼 고려와 요 양국 불교계에서는 대장경 등 불교 경전이 교류된 외에도 승려와 개인의 저술들도 교류되면서 상호 영향을 미쳤음을 알 수 있다. 특히 이러한 교류를 기존의 중국 불교계에서 중시되지 않았던『석마하연론』간행과 연구를 통해 잘 알 수 있다.

참고문헌

〈자료〉

『高麗史』

『全遼文』

法悟, 「釋摩訶衍論贊玄疏」, 『新纂大日本續藏經』 45

元照, 「觀無量壽佛經義疏」, 『大正新修大藏經』 37

義天, 『新編諸宗敎藏總錄』, 『韓國佛敎全書』 4

義天, 『大覺國師文集』, 『韓國佛敎全書』 4

義天, 『圓宗文類』, 『韓國佛敎全書』 4

子璿, 「起信論疏筆削記」, 『大正新修大藏經』 44

宗密, 『圓覺經略疏之鈔』, 『卍新纂續藏經』 9

宗密, 『圓覺經大疏釋義鈔』, 『卍新纂續藏經』 9

志福, 「釋摩訶衍論通玄鈔」, 『新纂大日本續藏經』 46

縉雲仲希, 『般若波羅蜜多心經略疏顯正記』, 『卍新纂續藏經』 26

玄嶷, 「釋摩訶衍論眞僞事」, 『寶册鈔』 권8, 『大正新修大藏經』 77

山西省文物局·中國歷史博物館 主編, 『應縣木塔遼代秘藏』, 北京: 文物出版社, 1991.

中國佛敎協會, 『房山石經 : 遼金刻經』 28, 華夏出版社, 2000.

〈연구서〉

이병욱, 『고려시대의 불교사상』, 혜안, 2002.

張踐, 『中國末遼金夏宗敎史』, 北京: 人民出版社, 1994.

森田龍僊, 『釋摩訶衍論之硏究』, 京都: 山城屋文政堂, 1935.

塚本善隆, 『塚本善隆著作集 5 中國近世佛敎史の諸問題』, 東京: 大東出版社, 1975.

〈연구 논문〉

김영미, 「대각국사 의천의 아미타신앙과 정토관」, 『歷史學報』 156, 1997.

김영미, 「11세기 후반~12세기 초 고려 · 요 외교관계와 불경 교류」, 『역사와 현실』 43, 2002.

김주경, 「≪宗鏡錄≫의 문헌적 성격과 인용된 僧肇 저술의 분석」, 『白蓮佛敎論叢』 10, 白蓮佛敎文化財團, 2000.

이병욱, 「전기와 후기로 구분해서 본 의천 철학」, 『한국종교』 21, 1996 ; 예문사상 연구원 · 이병욱(편), 『의천』, 예문서원, 2002.

李箕永, 「釋摩訶衍論의 密敎思想」, 佛敎文化研究院 編, 『韓國密敎思想研究』, 東國 大學校出版部, 1986.

최병헌, 「天台宗의 成立」, 『한국사』 6, 국사편찬위원회, 1981.

崔柄憲, 「義天이 均如를 비판한 이유」, 『亞細亞에 있어서 華嚴의 位相』, 大韓傳統佛 敎文化研究院, 1991.

최연식, 「≪健拏標訶一乘修行者秘密義記≫와 羅末麗初의 華嚴學의 一動向」. 『韓國 史研究』 126, 2004.

吉田剛, 「北宋代於華嚴興隆經緯: 華嚴敎學史に於ける長水子璿の位置づけ」, 『駒澤 大學研究所年報』 91, 1998.

吉津宜英, 「法藏の≪大乘起信論義記≫の成立と展開」, 平川彰(編), 『如來藏と大乘 起信論』, 東京: 春秋社, 1990.

木村淸孝, 「北宋佛敎における≪大乘起信論≫: 長水子璿と四明知禮」, 平川彰(編), 『如來藏と大乘起信論』, 東京: 春秋社, 1990.

柏木弘雄, 「中國 · 日本における≪大乘起信論≫研究史」, 平川彰(編), 『如來藏と大 乘起信論』, 東京: 春秋社, 1990.

石井公成, 「〈釋摩訶衍論〉における架空經典」, 『佛敎學』 25, 佛敎思想學會, 1988.

石井公成, 「〈釋摩訶衍論〉の成立事情」, 『鎌田茂雄博士還曆記念論叢 中國の佛敎と 文化』, 大藏出版, 1988 ; 『華嚴思想の研究』, 東京: 春秋社, 1996.

野上俊靜, 「遼代に於ける佛敎研究」, 『MAYURA』 2, 1953 ; 『遼金の佛敎』, 京都:

平樂寺書店, 1933.

遠藤純一郎, 「〈釋摩訶衍論〉新羅成立說に觀する考察」, 『智山學報』45, 1996.

佐藤 厚, 「〈健拏標訶一乘修行者秘密義記〉の基礎的研究」, 『東洋學研究』39, 東洋大
　　　東洋學研究所, 2002.

妻木直良, 「契丹に於ける大藏經雕造の事實を論ず」, 『東洋學報』2-3, 1912.

傅振倫, 「遼代調印的佛經佛像」, 陳述(編), 『遼金史論集』, 上海古籍出版社, 1987.

고려 11-12세기 불탑의 북방적 영향

Ⅰ. 머리말

고려 사회는 1170년 발생한 무신 난을 기준으로 크게 변화하며 1231년 제 1차 침입으로 시작된 몽고와의 전쟁 이후, 새로운 환경에 처하게 된다. 본 논문에서는 이러한 역사적 흐름을 중심으로 고려 전기를 1170년 이전으로 한정하였다. 이 시기는 정치적으로 왕위 계승이 안정되고, 관료제도와 지방제도의 확립을 통해 중앙집권화가 이루어졌으며 사회는 점차 관료화를 통해 형성된 문벌귀족 세력이 지배층으로 자리 잡았다. 신라시대에 발전했던 불교는 이 시기에도 그대로 계승되어 신라 말 융성했던 선종 뿐 아니라 교종인 화엄종, 법상종, 11세기에 성립된 천태종이 국가적으로 신앙되었다.

이 시기 중국 대륙은 唐이 멸망하는 10세기 초, 북방에 거란족이 遼를 세웠으며 그 남쪽 중원지방에는 五代의 혼란을 이어 10세기 중엽 경에 宋이 건국되었다. 고려는 933년 後唐과 국교를 맺는 것을 시작으로 後晉, 後漢, 後周를 이어 宋과 963년부터 거란과 정식 국교를 수립한 993년까지, 국교가 재개되는 1071년부터 북송이 멸망하는 1126년까지, 남송이 건국되는 1127년부터 1173년까지 국교를 유지했다. 遼와는 성종(981-997), 현종(1009-1031)대의 전쟁 이후 정식 외교관계를 맺었고 1115년 여진이 金을 건립하여 강대해지자 다시 그들과 국교를 맺는 등, 상황에 따라 漢族과 북방 이민족을 오가며 다층적인 교류를 하였다.

또한 이 시기는 중국을 통한 국제무역도 활발하여[1] 예성강 하구 벽란도가 국제무역항으로 이름이 높았다. 따라서 고려 전기는 송, 요, 금과의 교류를 통한 다양한 문화적 영향이 미쳤던 시기이다.

특히 遼는 제국을 세우면서 河北省 지역의 唐 문화를 기초로 삼았고 왕조의 정통성을 당나라 皇朝에 두어 중원의 합법적 계승자임을 자부하였으며 이를 통해 제국의 권위와 힘을 확장하였다. 문화적으로도 매년 宋으로부터 오는 세금과 宋과의 활발한 무역을 통해 경제 발전을 이루어 聖宗(983-1031), 興宗(1031-1055), 道宗(1055-1101)에 이르는 11-12세기에는 전성기를 맞이하였다.

반면 宋은 唐이 멸망한 50년 후에 세워져 자신의 문화적 정체성을 五代에서 찾았다.[2] 오대십국시기 해당 지역은 唐의 전통 위에 남부 지방의 문화적 경향이 반영되어 새롭게 발전되었다. 이러한 상황을 고려해 볼 때 11-12세기 고려에는 송과는 구별되는 강성했던 遼나라의 북방적 문화가 상당부분 영향을 미쳤을 것으로 사료된다.

본 연구에서는 이러한 시각을 바탕으로 11-12세기에 조성된 고려 석탑의 북방적 영향을 살펴보았다. 이 시기에는 조성 시기가 명확한 開心寺址五層石塔(1010-1011), 興國寺址多層石塔(1021), 玄化寺址七層石塔(1020), 獅子頻迅寺址四獅子石塔(1022), 淨兜寺址五層石塔(1031) 등, 고려 현종대 세워진 탑들이

---

1) 黃寬重, 「宋・麗貿易與文物交流」, 『고려시대 한중교섭의 제양상-제3회 環黃海 韓中交涉史研究 심포지움』, 진단학회, 1991년 8월 15-18일, 1-3쪽에 의하면 1012-1278년간 송 상인이 고려에 이른 것은 129회 5,000여 인에 달하며 이외 양국 사신들도 대부분 비공식적인 상업 활동을 하였다고 한다. 나민수, 「고려의 대외교역에 대하여」, 『연세경제연구』 VIII-1, 2001년 3월, 1-64쪽.

2) Hsingyuan Tsao, *DIFFERENCES PRESERVED-Reconstructed Tombs from the Liao and Song Dynasties*, University of Washington Press, 2000, pp. 3-21.

남아 있다. 이들은 일부 장엄과 문양, 형식 등에서 공통적인 시대 양식을 보인다.

아울러 興法寺眞空大師塔(940), 淨土寺弘法國師實相塔(1017), 居頓寺圓空國師勝妙塔(1025), 法泉寺智光國師玄妙塔(1085) 등을 비롯한 여러 장식적인 승탑들도 이러한 상황을 공유하고 있다. 이들에서는 당시 국제 교류의 다양한 일면들이 확인되며 이를 통해 고려 전기 국제 정세의 변화가 고려 사회에 미쳤던 영향력을 짐작해 볼 수 있다.

본 논문에서는 특히 불탑의 건축적 요소에 초점을 맞추어 고려 현종대 석탑들의 조성 배경과 11-12세기에 나타난 석탑의 각층 별석 받침 구조를 중심으로 북방 문화의 영향을 살펴보았다.

Ⅱ. 11-12세기 중국의 불탑

오대, 송, 요, 금시대의 중국의 불탑은 10세기 말부터 외부에 기둥, 공포 구조, 서까래, 창, 난간 등의 목조건축을 재현한 누각식 多層 塼, 石塔이 등장하여 이후, 누각식 다층 전탑의 전성기를 이루었다. 누각식 전탑은 전체를 塼으로 표현한 類例도 있고 塼으로 만든 탑신 몸체에 목구조의 지붕, 공포구조, 平坐[3] 등을 삽입 조성한 경우도 많다. 평면은 사각과 육각도 있지만 주로 팔

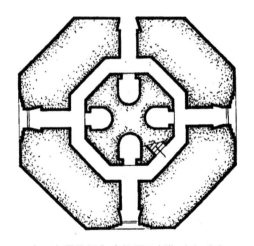

〈도 1〉 중국 河北 定縣 開元寺塔 평면, 北宋 (1001-1055년), 『中國古代建築史 三-宋, 遼, 金, 西夏建築』, 463쪽

---

3) 平坐는 일부 平座라고도 표기하며 궈칭화지음 윤재신옮김, 『중국목조건축의 구조-12세기 설계기준과 시공원리』, 도서출판 동녘, 2006, 169-173쪽에서 언급하였듯이 다층 건축의 각층 상부 구조를 지지하는 기초 기능을 담당하는 난간, 회랑, 계단 등으로 이루어지는 삼차원 구조를 말함.

각형이며, 대체로 내부의 외곽이나 중앙에 만들어진 實心(채워진 구조체)을 중심으로 小室, 회랑, 계단을 마련하였으며(도 1) 내부가 완전히 채워져 탑에 오를 수 없는 경우도 있다.

또한 송 탑 중에는 積層 구조인 평좌 없이 지붕, 額枋, 문, 창을 표현하거나 출첨식 전탑 옥개석 지붕에 기둥의 표현 없이 각 층, 문과 창만을 표현한 예들도 있다. 이와 같이 기둥이 표현되지 않는 양식을 無柱式이라 하는데 이는 북송의 양식으로 주로 河北, 河南, 山東 지역에 남아 있다.[4]

한편 이 시기의 누각식 전탑은 북방의 요와 남쪽의 송이 차이를 보인다. 즉 요탑들은 주로 밀첨식으로 당의 밀첨식탑을 계승하고 있으며 드물게 밀첨식이 아닌 내몽고 巴林佑旗의 慶州 白塔(1049)과 내몽고 呼和浩特의 萬部華嚴經塔(1055-1100)의 경우에도 전자가 평좌 위의 난간 재를, 후자가 벽체에 구조재로서의 재목들과 각 층의 두공, 보의 부재에 일부 목재를 사용한 경우 이외에는 송과 같이 나무 부재를 삽입하여 지붕과 평좌를 구성하는 예는 찾을 수 없다. 즉 요는 전체를 塼으로 표현한 누각식 밀첨식탑이, 송은 누각식 전탑이 주로 조성되더라도 모두 塼으로 조성하거나, 목구조를 나무로 조성하여 삽입하거나, 塼으로 조성하되 목구조 재현을 일부 생략하는 등의 다양한 방법으로 건립하였다.[5]

외형상으로도 오대와 宋의 전탑은 탑신이 세장하고 유연하며 공포도 규격이 정돈되고 층수도 많지 않아 출첨이 얕다.[6] 이상을 통해 볼 때 대체로 遼代의 건축은 당나라의 엄격하고 근엄한 풍격과 양식을 계승한 반면 五代와 宋代의 건축은 새로운 변화가 읽혀진다.

건축 기술적 측면에서도 이 시기는 새로운 변화가 보인다. 중국은 6-7세기 사이에 주심도리와 중도리를 잇는 경사진 부재가 점차 공포에 통합되었고 후에 아래쪽으로 돌출되어 하앙으로 발전하였다. 더불어 8세기 후에는, 비와 햇볕으로부터 건물을 보호하기 위해 연장된 지붕의 처마를 지지하기 위한 캔틸레버(외팔보)가 자체의 독립성을 잃고 공포구조와 하나로 통합되어 가면서 計心造, 重栱造가

---

4) 梁思成 著 · 韓東洙 외 譯, 『圖說中國建築史』, 世進社, 1992, 165쪽.
5) 郭黛姮主編, 『中國古代建築史 三-宋, 遼, 金, 西夏建築』, 中國建築工業出版社, 2003, 452-511쪽.
6) 梁思成 著 · 韓東洙 외 譯, 앞 책, 1992, 94 · 170쪽.

나타난다. 이렇게 공포가 가장 복잡한 단계에 이르자, 10세기에 순수 구조 디자인의 관점에서 정리되어 새로운 형태로 나아갈 수 있게 되었다.[7]

요와 송 탑의 양식적 차이는 당의 주요 영역을 차지했던 요가 중원의 합법적 계승자임을 자부하며 당 문화를 기초로 삼았던 반면 반세기 늦게 건국한 송은 당 문화를 바탕으로 새롭게 변화한 오대십국의 문화를 계승했다는 점에서 이해될 수 있다.

이러한 문화적 흐름은 조각, 공예, 회화 부분에 있어서도 공통적으로 찾아진다. 오대십국시대의 불상은 唐의 전통이 잔존하면서 새로운 양식이 출현하는데 이것이 북송 불상의 성립에 중요한 요소가 되었고[8] 북송대 탑형사리장엄구는 唐 석탑의 전통과 함께 오월국의 불사리장엄이 큰 영향력을 미쳤다.[9] 唐의 사녀화 전통은 당 멸망 후 오대 南唐의 인물화가 周文矩(940-975 활동)에 의해 계승되었고 975년 南唐이 송에 멸망하자 남경을 중심으로 발전했던 사녀화의 전통이 송으로 전해졌다.[10]

오대십국의 나라들은 존속 기간이 대체로 50여년 정도로 그들이 이룩했던 국가적, 문화적 성취는 다른 시기에 비해 소략하게 전해진다. 유물과 유적도 그 실태를 언급하기에 빈약하다. 그러나 그들에게 전해졌던 당 문화가 시대의 흐름 속에 변화되어 다시 송에 계승되었음을 보여주는 정황들은 많다.[11]

---

7) 궈칭화 지음 · 윤재신 옮김, 앞 책, 2006, 105-117 · 131쪽.

8) 배진달, 『중국의 불상』, 일지사, 2005, 332-343 · 350쪽.

9) 주경미, 「北宋代 塔形舍利莊嚴具의 硏究」, 『中國史硏究』60, 중국사학회, 2009년 6월, 69-115쪽.

10) 박은화, 「蘇漢臣의 〈妝靚士女圖〉와 南宋 士女畵의 樣相」, 『古文化』50, 한국대학박물관협회, 1997년 10월, 252-256쪽.

11) 이러한 요와 오대, 송의 문화적 차이는 이전부터 이어지는 중국 남과 북의 지역적 환경적 차이에서 비롯되고 있는 것으로 사료된다. Nancy Steinhardt, Chinese Architecture, 963-966, *Orientations*, February 1995, pp.46-52에서 10세기 중국은 남과 북의 건축 양식이 지역적 차이를 보이고 있으며, Tracy Miller, The Eleventh-century Daxionbaodian of Kaihuasi and Architectural Style in Southern Shanxi's Shangdang Region, *Archives of Asian Art* 58, University of Hawai'i Press, 2008, pp.1-36에서는 중국 山西省 上黨郡 지역의 건축 例를 중심으로 송의 영토라도 11-12세기 산서성 남동부 지역은 수도인 開封보다는 북쪽지역의 양식이 일부 계승되고 있음을 지적하였다.

〈도 2〉 중국 山西 應縣 佛宮寺釋迦塔 단면, 遼 1056년, 『中國古代建築史』, 327쪽

　　한편 이 시기의 오대, 송, 요의 다층 전·석탑들은 외관상 상층 옥신을 받칠 수 있는 기초 구조인 평좌를 각 층에 표현하고 있는데 오대의 석탑들과 요의 전탑들은 목구조를 돌과 전돌로, 송나라 전탑들은 전돌, 혹은 전탑의 몸체에 목조 가구를 붙여 목탑을 재현하고 있어 그 내부 목구조를 확인할 수 없다.

　　다만 요의 경우는 淸寧 2년(1056)에 조성된 山西 應縣 佛宮寺五層木塔, 즉 불궁사석가탑이 남아 있어 그 독특한 평좌 구조를 전해 준다. 그것은 하층 옥개석 위에 짧은 기둥과 보로 연결된 별도의 보이지 않는 층(암층)을 두어 그 위에 상층부를 올리고 그 구조에 의지해 각 층 탑신 밖에 난간이 있는 회랑 바닥과 이를 지탱하는 하부 공포를 구비하고 있다(도 2).

唐 장안의 寶刹寺는 "불전은 후위시기에 조성하였는데, 사면에 기둥을 세워 가운데는 결구하지 않고 이층의 각을 건축하였다"[12]라고 하여 이전부터 중앙을 비워 큰 불상을 안치할 수 있는 중층 건물이 있었음을 알 수 있다. 중국은 남북조 후기부터 수·당 시기에 걸쳐 커다란 불상이 유행하면서 그에 따라 위와 같은 중층 전각이 발달하였고 점차 여기서 이룩된 다층 목조 건축의 기법이 목탑의 결구 방식에 영향을 미치게 되었다. 불궁사오층목탑은 이러한 다층전각의 발전선상에서 이해할 수 있는 구조이다.[13]

오대와 북송은 같은 시기의 목탑이 없어 전탑에 표현된 공포에 의해 지지되는 평좌가 어떤 구조에서 비롯된 것인지 확인할 수 없다. 다만 같은 중층 건물로 중앙부에 공간을 확보해야 하는 건축임에도 984년 요에 의해 조성된 河北 蘇縣의 獨樂寺 觀音閣은 1층과 2층 사이에 암층을 두어 평좌를 조성한 것에 비해(도 3-1·2) 11세기 중엽의 북송 중기 건물인 河北 正定縣 隆興寺 轉輪藏殿은 내진주의 높이를 외진주의 평좌기둥 높이에 맞추어 상층기단 바닥을 형성한 평좌 구조이다(도 4). 隆興寺 慈氏閣(도 5)도 지면 평좌 기둥이 하층과 평좌 층을 관통하는 통주를 사용하는 영정주조로 결구하였다.[14] 이들의 이러한 송대 목조 건축의 변화 사례는 송대 다층 목탑의 평좌 구조에 대한 다양한 가능성을 제기해 준다.

---

12) "佛殿後魏時造 四面立柱 當中虛構 起兩層閣"(『續高僧傳』 권12, 釋慧海傳 ; 傅熹年主編, 『中國古代建築史 二-兩晉, 南北朝, 隋唐, 五代建築』, 中國建築工業出版社, 2001, 482쪽 재인용).

13) 傅熹年主編, 위 책, 2001, 481-482쪽.

14) 劉敦楨著·鄭沃根 외 譯, 『中國古代建築史』, 世進社, 1995, 310-313쪽과 傅熹年主編, 위 책, 2001, 354-373쪽에 의하면 隆興寺사는 隋代에 창건되어 거란의 침입으로 훼손되자 969년 송 태조의 명에 의해 거국적으로 복구된 사원이다. 현존하는 북송대 불사 배치를 볼 수 있는 중요한 실례이며 轉輪藏殿과 慈氏閣은 여러 차례 중수를 거쳐 자씨각의 경우 상층 공포 구조 중에 후대의 假昻작법이 보이기도 하지만 상층부 이외의 구조는 비교적 원래의 풍격을 많이 보유하고 있다는 평가를 받고 있다. 또한 1103년에 편찬된 『營造法式』에서 영정주조의 법식이 보이고 있다는 점에서도 자씨각의 구조는 북송대에 가능한 건축이다.

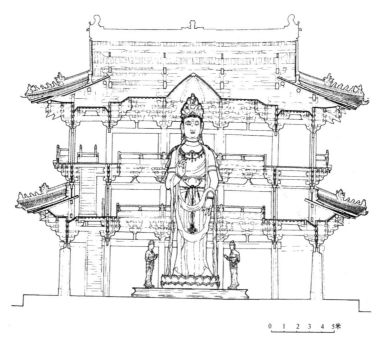

〈도 3-1〉중국 河北 蘇縣 獨樂寺 觀音閣 縱斷面, 遼 984년, 『中國古代建築史 三-宋, 遼, 金, 西夏建築』, 277쪽

고려와 북방문화

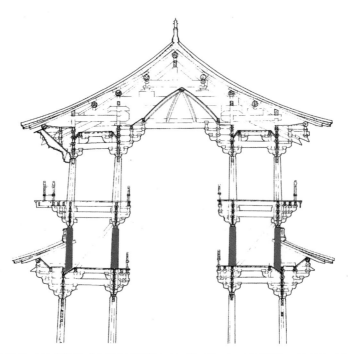

〈도 3-2〉도 3-1의 橫斷面, 『中國古代建築史 三-宋, 遼, 金, 西夏建築』, 275쪽, ■ 평좌기둥

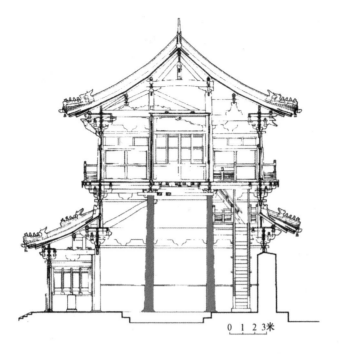

〈도 4〉 중국 河北 正定縣 隆興寺 轉輪藏殿 橫斷面, 北宋, 『中國古代建築史 三─宋, 遼, 金, 西夏建築』, 367쪽, ■ 평좌를 직접 받치는 내진주

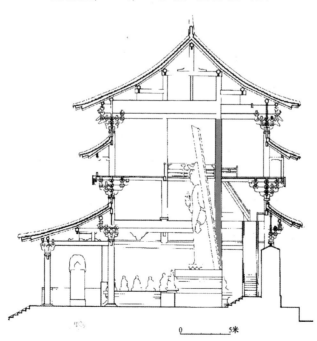

〈도 5〉 중국 河北 正定縣 隆興寺 慈氏閣 橫斷面, 北宋, 『中國古代建築史 三─宋, 遼, 金, 西夏建築』, 373쪽, ■ 평좌를 관통하는 영정주

이상 현재까지 알려진 자료에 의하면 11-12세기 중국의 불탑은 목조탑을 모방한 다층 전·석탑이 유행하였으며 이들은 양식상 북중국의 요와 남쪽의 오대, 송의 탑으로 구별되며 평좌를 포함한 목구조도 일정 부분 달랐을 것으로 추정된다.

고려는 국익에 따라 중국 남, 북의 여러 나라와 다원적 외교 교류를 하였다. 특히 11-12세기는 요와 국가적, 상업적 교류가 지속적으로 이루어졌던 시기로 그 어느 때보다도 북방 문화의 요소가 다양하게 전해졌을 것이다.

Ⅲ. 고려 11-12세기 불탑의 북방적 요소

1. 고려 현종대 銘文 석탑

당이 멸망하는 10세기 초, 중국 대륙 북방의 거란족은 요를 건국하였으며 926년 옛 고구려의 영역에 있던 발해를 멸망시킨다. 이어 10세기 중엽 경에 남쪽 중원 지방에 건국된 송과 대치하여 1004년 澶淵에서 형제의 맹약을 맺고 이후 120년간 평화적인 관계를 유지하게 된다.

고려는 중국 대륙의 변화에 발맞추어 後晋(936-946), 後漢(947-950), 後周(951-959), 南唐(937-975), 吳越(908-978) 등의 五代十國과 다양한 교류를 하였으며 後周의 뒤를 이어 북송(960-1126)이 건국하자 그 직후부터 사신을 파견하는 국가적 교류[15]와 함께 활발한 상업적 교류가 남송 대까지 이어지고 있다.[16]

한편 요와는 993년 거란의 1차 침입 이후 국난 극복의 돌파구로서 조공 책봉 관계를 맺기 시작하여 1126년에 멸망할 때까지 공식적인 교류가 이어진다. 송과

15) 김재만, 「契丹·高麗 國交全史」, 『인문과학』 15, 성대인문과학연구소, 1986, 99-136쪽 ; 김위현, 「고려와 거란의 관계」, 『한민족과 북방과의 관계사 연구』, 한국정신문화연구원, 1995, 125-213쪽 ; 정신봉, 「고려 성종대의 대송관계」, 『전주사학』 4, 전주대 역사문화연구소, 1996, 31-47쪽 ; 김순자, 「고려의 多元外交」, 『동북아 제지역간의 문물교류 I』, 동북아시대를 전망하는 국제학술대회발표문, 진단학회 등, 2004년 11월 19-20일, 315-321쪽 ; 김대식, 「고려 광종대의 대외관계」, 『史林』 29, 首善史學會, 2008년 2월, 105-125쪽.
16) 黃寬重, 앞 논문, 1991년 8월 15-18일, 1-16쪽 ; 나민수, 앞 논문, 2001년 3월, 1-64쪽.

는 이 시기부터 1071년까지 국교가 단절되었다.

그러나 정치, 군사적으로 강성했던 요에 대해 고려는 그 실체를 인정하기는 했지만 송과 같이 중원의 천자국으로 인식하지는 않았다.[17) 그리하여 덕종 즉위년(1031)에 거란 성종이 죽고 반란으로 동경이 점거당해 요가 혼란해지자 고려 영내의 거란성 축성과 억류된 사신 문제의 해결을 요청하고 이것이 거부되자 1032-1035년 일시 국교를 단절하는 등[18) 현실적인 실리 외교를 하고 있다.

요도 1004년 송과 형제의 맹약을 맺어 남쪽 국경이 안정되고 현종의 즉위와 강조의 정변으로 고려가 혼란한 틈을 보이자 목종을 폐위한 일을 단죄한다는 명분으로 1010년 2차 침입을, 1018년에 3차 침입을 감행하였으며 국경에서의 소규모 침입도 잇달았다.[19)

고려시대 탑에 조성 기록이 새겨진 銘文 석탑은 開心寺址五層石塔(1010-1011), 興國寺址多層石塔(1021), 獅子嚬迅寺址四獅子石塔(1022), 淨兜寺址五層石塔(1019년 발원, 1031년 조성), 神光寺五層石塔(1342), 敬天寺址十三層石塔(1348) 등 6기인데 〈표 1〉에서와 같이 이중 4기가 현종대 거란의 2, 3차 침입과 근접한 시기에 조성되었으며 조성기의 발원 내용에 "나라가 바로 잡혀지기를[爲國正]", "나라가 오래도록 편안하고 저들이 멀어져 항상 편안하기를[邦家永泰遐爾常安]", "영원히 원수의 적들이 없어지기를[永消怨敵]", "전쟁이 영원히 멈추기를[兵戈永息]" 등이 들어 있어 11세기 고려 현종대 석탑 조성에 있어 거란의 대규모 침입이라는 북방적 정세가 크게 작용하였음을 알 수 있다.

이들 현종대 명문석탑들은 양식적으로도 공통성을 보인다. 즉 開心寺址五層石塔, 淨兜寺址五層石塔은 이층기단으로 조성된 기단부 하층기단이 상대 갑석만 별석이거나 저석·중석·갑석이 1석으로 만들어져 저석과 갑석이 얕게 모각되는 하층기단의 간략화가 보이며 興國寺址多層石塔의 하층기단은 이것이 더 약화되어 저석과 갑석이 표현되지 않아 받침돌처럼 변형된다.

---

17) 김순자, 「고려전기의 거란[遼], 여진[金]에 대한 인식」, 『한국중세사연구』 26, 한국중세사학회, 2009, 109-128쪽.

18) 박종기, 「11세기 고려의 대외관계와 정국운영론의 추이」, 『역사와 현실』 30, 한국역사연구회, 1998, 150-155쪽.

19) 『高麗史』 권4, 顯宗 즉위년조에서 10년조 참조.

	開心寺址五層石塔	興國寺址多層石塔	獅子頻迅寺址四獅子石塔	淨兜寺址五層石塔
사진				
조성연대	현종 원년 1010-1011년	현종 12년 1021년	현종 13년 1022년	현종 22년 1031년
발원내용 (위치)	四弘爲身心上報之佛恩爲國正功德普及於一切(상층기단 면석과 갑석)	邦家永泰遐爾常安 (상층기단 면석)	聖王恒居萬歲天下太平法輪常傳此界他方永消怨敵後愚生婆娑卽知花藏迷生卽悟正覺(상층기단 면석)	安國恒安兵戈永息百穀豊登
비고				이동시 발견된 석탑조성형지기에 처음 발원은 현종 10년(1019) 郡 백성 光賢이 시작

興國寺址多層石塔 하층기단 양식은 동일 지역인 개경 근처의 觀音寺七層石塔을(도 6)[20] 비롯하여 1044년에 조성된 平安北道 묘향산에 있는 普賢寺 四角九層石塔, 평양의 永明寺八角九層石塔(도 7), 平安南道 成川 慈福寺五層石塔, 黃海南道 信川 慈惠寺五層石塔, 黃海南道 海州 廣照寺五層石塔, 黃海南道 海州 海州五層石塔 등에서도 동일하게 나타나고 있어 고려적인 변형 양식으로 볼 수 있겠다.

獅子嚬迅寺址四獅子石塔의 경우도 사자가 받들고 있는 상층 기단이 있지만 이를 제외하고 하층기단만을 살펴본다면 興國寺址多層石塔의 경우와 동일한 형태를 보이고 있음을 알 수 있다. 또한 이들은 모두 〈표 2〉와 같이 해당 면석에 尖頭형 안상이[21] 표현되어 있으며 獅子嚬迅寺址四獅子石塔과 淨兜寺址五層石塔은 안

20) 강병희, 「개성답사와 관음사 7층석탑」, 『이화사학연구』 37, 이화사학연구소, 2008, 326-329쪽.

〈도 6〉 개성직할시 산성리 대흥산성 관음사칠층석탑, 고려 11세기

〈도 7〉 평양특별시 중구역 경산동 영명사팔각구층석탑 기단부, 고려 초, 『朝鮮古蹟圖譜』6, 746쪽

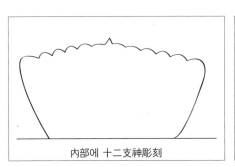

内部에 十二支神彫刻

開心寺址五層石塔下台中石

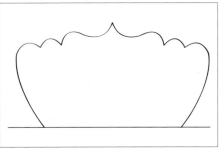

興國寺地多層石塔下台中石

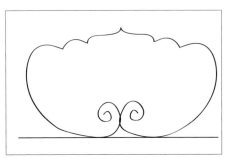

獅子頻迅寺址九層石塔下台中石

淨兜寺址五層石塔下台中石

〈표 2〉 고려 현종대 명문 석탑 하층기단 인상

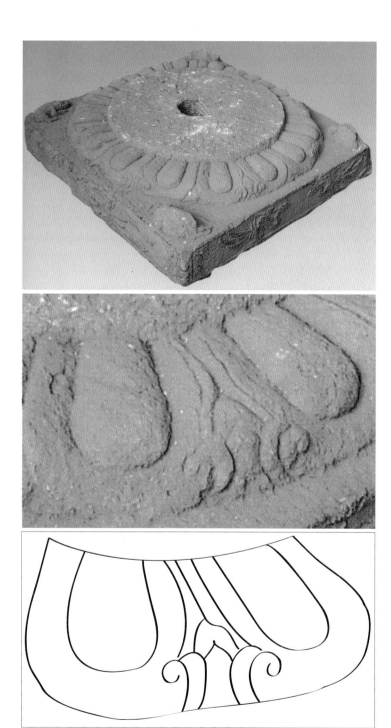

〈도 8-1〉중국 哈達英格鄕前召廟 開化寺址 출토 석조경당 基座, 遼, 上京省博
　　　　物館所藏, 『遼上京文物擷英』, 107쪽
〈도 8-2〉도 8-1 花頭문양, 『遼上京文物擷英』, 107쪽
〈도 8-3〉도 8-2 도면

상 내부에 花頭形이 솟아 있다. 이상 현종대 명문 석탑을 통해 확인된 이러한 하층기단의 양식적 특징은 이 시기 석탑의 시대적 흐름을 전해 주며 편년 자료가 적은 많은 고려시대 탑에 중요한 기준을 제공해 준다.

한편 이러한 현종대 양식은 동일 시대인 중국의 오대, 송, 요의 중국 탑에서 구체적으로 찾을 수도, 비교할 수도 없다. 불탑의 모습이 너무 다르기 때문이다. 다만 같은 석조물인 상경성 박물관이 소장한 哈達英格鄕前召廟 開化寺址 출토 석조경당 基座에 표현된 花頭문양(도 8-1·2·3)이 淨兜寺址五層石塔의 안상 내 花頭문양과 아주 유사하다는 점은 시사하는 바가 크다.

고려시대 다라니석당은 8기 정도가 확인되는데 현재 북한에는 3기의 다라니석당과 2기 정도의 파편이 전한다.[22] 이들이 주로 북쪽인 황해도와 평안북도에 남아 있고 평안북도 용천군 읍동면 동부동(현 평안북도 피현군 성동리 용천 고읍성 내 소재)에서 현재 묘향산 보현사 경내로 옮겨진 1027년에 조성된 용천 성동리 다라니석당(도 9)의 기단부가 현종대 탑기단과 유사하다는 점은 다라니석당이 크게 유행하여 여러 불탑 표면에 장엄하거나 내부에 안치했던(도 10-1·2) 요의 풍속을 떠올리게 한다.[23]

〈도 9〉 피현군 성동리 다라니석당, 고려 초(1027년경), 『북한문화재해설집1-석조물편』, 261쪽

21) 진홍섭, 「韓國의 眼象紋樣」, 『동양학』 4, 단국대 동양학연구소, 1974, 261-262쪽에서 위와 같은 안상은 고려시대의 특징이며 화두형은 후대의 조성일수록 복잡, 다양해진다고 함.
22) 이은희, 「石幢」, 『북한문화재해설집1-석조물편』, 국립문화재연구소, 1997, 259-260쪽.

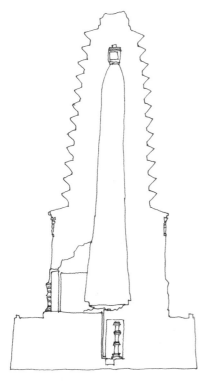

〈도 10-1〉 중국 遼寧省 朝陽市 朝陽北塔 단면도의 천궁과 지궁, 遼 1044년
〈도 10-2〉 중국 遼寧省 朝陽市 朝陽北塔 地宮內 陀羅尼石幢 안치 모습

　　淨兜寺址五層石塔은 거란과의 전쟁을 성공적으로 마무리한 직후에 발원되었으
나 실재 조성은 1031년에 이루어졌는데 이 시기는 1032-1035년의 일시적인 단
교가 단행되기 직전으로 요와 다양한 교류와 접촉이 이루어지고 있었다. 이러한
시대적 흐름과 정황으로 볼 때 위의 화두문양이 11세기 강성했던 거란과의 문화
적, 인적 교류에서 비롯되었을 가능성은 높다.

―――――――――

23) 요의 옛 상경성, 중경성, 남경 등의 유적지 답사에서 다라니 석당은 아직도 흔하게 관
　　찰된다. 한편 김수연, 「高麗時代 佛頂道場 硏究」, 이화여자대학교 석사학위논문, 2004,
　　5-10쪽에 의하면 당대부터 시작된 다라니당 조성은 『八瓊室金石補正目錄』에서 당 33기
　　송 20기 등의 석당이 확인된다고 한다.

2. 각층 별석받침

1) 각층 별석받침 석탑 例

탑에 별석받침이 조성되기 시작하는 것은 新羅 末로 초층 탑신 밑에 한정되어 나타난다. 이후 주로 고려 초까지 두꺼운 사각형 별석받침, 연화 문양이 있는 연화 받침, 별석 받침 하부에 굴곡이 있어 기단 갑석과 일부 면이 떨어져 있는 모습 등으로 조성되고 있다. 한편 고려시대가 되면 초층 뿐만 아니라 각 층 탑신 밑에 별석 받침을 삽입한 석탑들이 일부 만들어지는데 대표적인 초기 例가 서울 弘濟洞 沙峴寺址五層石塔(도 11-1·2), 江原 江陵 神福寺址三層石塔(도 12), 경기도 장단군(현 개성시 판문군) 佛日寺五層石塔(현 개성시 박직동 소재)에서 출토된 금동삼층탑이다 (도 13).[24]

이 중 沙峴寺址五層石塔은 이 탑이 있던 弘濟洞의 터가 沙峴寺址로 추정되며 沙峴寺는 高麗 靖宗 11년(1045)에 창건되었다는 기록이 있어 이때 조성된 것으로 추정된

〈도 11-1〉 서울 弘濟洞 沙峴寺址五層石塔, 고려 초(1045년경)
〈도 11-2〉 도 11-1의 세부

24) 이외에도 이 같은 양식은 慶北 英陽郡 鳳甘洞五層石塔, 全北 南原 萬福寺址五層石塔, 全南 潭陽邑五層石塔 등이 있으며 이들은 대체로 11-12세기로 편년되고 있다.

〈도 12〉江原 江陵 神福寺址三層石塔, 고려 11세기

〈도 13〉 개성 佛日寺五層石塔에서 출토된 금동삼층
탑, 고려(10세기 전반), 『북녘의 문화유산』,
104-105쪽

〈도 14〉京畿道 開豊(현 개성시 장풍) 玄化寺址七層
石塔(현 개성시 방직동소재) 옥개석 하부 도면, 고려
1020년, 『韓國塔婆의 研究 各論草稿』, 24쪽

다. 탑의 양식으로 보아도 角·弧의 연계곡선문으로 조성된 옥개석 하부와 각 탑신 면에 기둥을 模刻하고 다시 方框을 두어 마치 기둥에 부연을 두는 것과 같은 수법(도 11-2) 등에서 1020년에 조성된 京畿道 開豊(현 개성시 장풍) 玄化寺址七層石塔(현 개성시 방직동소재, 도 14)과 유사하여 사찰의 창건과 함께 만들어진 것으로 생각된다.[25]

神福寺址三層石塔은 옥개석 하부가 층단식으로 이들과 다르지만 별석 받침과 기단부 갑석 상하에 여러 층의 몰딩이 조성되는 등, 전체적으로 공예적인 특성을 보인다. 이 점은 위의 두 탑들과 시대적 친연성을 가진다. 지대석은 한 개의 판석으로 조성되었는데 上面에는 伏蓮 24葉이 둘려 새겨져있다. 蓮瓣은 複葉으로 네 귀퉁이에는 귀꽃이 솟은 4葉이, 각 면에는 중앙을 중심으로 5葉씩이 양쪽으로 경사지게 새겨져 있다. 이와 같은 연판은 전형적인 고려식의 기단부 형태로 이 탑이 11세기에 조성되었음을 알려 준다.[26]

25) 高裕燮, 「江陵神福寺址三層塔」, 黃壽永·金禧庚 編, 『韓國塔婆의 研究 各論草稿』, 考古美術同人會, 1976, 1-3쪽 ; 황수영, 「弘濟洞沙峴寺址五層石塔」, 『鄕土서울』 11, 1976, 41-47쪽 ; 康炳喜, 「高麗 顯宗代 銘文石塔의 一考察」, 이화여대 석사학위논문, 1983, 19-20쪽 ; 康炳喜, 「高麗 玄化寺址 七層石塔에 대하여」, 『韓國史의 構造와 展望-河炫綱敎授定年紀念論叢』, 혜안, 2000, 192쪽.

〈도 15-1〉 개성 佛日寺五層石塔, 고려 951년

〈도 15-2〉佛日寺五層石塔 출토 小塔들,『고려박물관』, 22쪽

佛日寺五層石塔(도 15-1)은『高麗史』世家 광종 2년에 불일사를 창건하여 어머니 劉氏의 원당으로 삼았다는 기사가 있고 탑 양식이 이와 부합하여 10세기 중엽경의 유물로 인정된다. 이 탑 내에서는 19개의 작은 석탑과 3개의 금동탑이 사리장엄구로 출토되었는데(도 15-2), 그 중 각층 별석 받침이 있는 석탑을 표현한 금동삼층탑이(도 13) 있어 고려 초기 유물로 추정된다.[27]

이외에 11-12세기에 조성되었을 것으로 추정되는 慶北 英陽 鳳甘模塼五層石塔(도 16), 全北 南原 萬福寺址五層石塔(도 17)[28]이 있다. 이후 이러한 양식은

---

26) 정용해,「고려돌탑의 변천에 관한 연구」,『고고민속논문집』11, 1988, 163-164쪽과「고려돌탑의 연대에 대하여」,『조선고고연구』1, 1989, 31-32쪽에서 神福寺址三層石塔은 以前시대의 양식을 토대로 형성 발전하여 고려 중기의 전형적인 고려 석탑의 양식을 보이는 2단 4각탑 II의 유형으로 분류하였다. 그리고 이 유형에 속하는 탑들의 절대 연대를 11세기 20년대에서 13세기 말로 추정하였는데 그 중에서도 神福寺址三層石塔을 가장 이른 시기의 유형으로 분류하여 11세기로 비정하고 있다.

27) 국립중앙박물관편,『북녘의 문화유산』, 도서출판 삼인, 2006, 104-105쪽 ; 조선중앙사진선전사,『고려박물관』, 2005, 22쪽.

28) 남시진 외,『전라북도의 석탑』, 국립문화재연구소, 2004, 만복사지석탑 부분 서술에는 이 석탑에 사용된 척도가 고려 중기 이후에 사용된 송척과 유사한 척도임을 언급하고『동국여지승람』권39 남원 불우조의 문종대 창건된 사찰이라는 기록보다 후대의 유물일 가능성을 언급하였다. 한편 만복사지석탑은 탑신에 안쏠림이 표현되는 등 11세기로 추정

〈도 16〉 慶北 英陽 鳳甘模塼五層石塔, 고려 11세기
〈도 17〉 全北 南原 萬福寺址五層石塔, 고려 11-12세기

조선시대 江原道 襄陽의 洛山寺七層石塔이 동일 지역의 신복사지삼층석탑을 모방하여 조성된 것 이외에는 뚜렷한 실례를 남기고 있지 않다. 결국 이들 각층 별 석받침의 탑은 11-12세기에 잠시 등장하였던 새로운 양식으로 그 조성 배경이 주목된다.

또한 이 양식의 선구적인 例는 沙峴寺址五層石塔, 神福寺址三層石塔, 佛日寺五層石塔에서 출토된 금동삼층탑으로 주로 개성과 인접한 지역인 京畿道와 江原道에 위치하고 있어 이 양식이 고려 수도와 인접한 지역에서 발생한 고려적인 양식임을 이해할 수 있겠다.

이들 외에 全南 潭陽 潭陽邑五層石塔(도 18), 忠南 舒川의 庇仁五層石塔으로

되고 있는 만복사지 불상 대좌와 유사한 점이 있다. 이런 점에서 필자는 11-12세기에서 멀지 않은 시기에 조성된 것으로 판단하였다.

〈도 18〉全南 潭陽 潭陽邑五層石塔,
고려 12세기

대표되는 백제탑을 모방하여 조성된 옛
백제 지역의 고려 탑들에서도 각층 별
석받침의 구조가 보이는데,[29] 이들은
위의 예들과는 달리 별석받침 하부에
몰딩이 없는 직선 형태로 상하의 짜임
도 별석의 의미보다는 미륵사지탑과 정
림사지탑에서 볼 수 있는 탑신 하부 적
층 구조를 표현한 모습이다. 이는 복고
적 형태로 고려 초에 새롭게 구현된 양
식과는 의미도 형태도 차이가 있으므로
본 논문에서는 다루지 않았다.

2) 별석받침과 평좌의 의미

별석 받침이 불탑에서 처음 등장하는
것은 통일신라 후기이다. 불탑의 초층
탑신 아래 놓이는 별석받침(도 19)과 함께 고려시대 각층 별석받침은 건축물의
平坐 구조에서 비롯된 것으로 사료된다.[30]

평좌는 건축물이 세워지는 바닥 구조를 의미한다. 敦煌석굴 盛唐시기 제 217
굴 북벽 觀無量壽經變에는(도 20)[31] 高臺 건축들이 표현되어 있는데 목구조나
塼築으로 조성된 臺 위에 목구조를 결구하고 그것을 바닥 삼아 전각이 세워져 있
다. 이 바닥 틀이 평좌이다. 벽화 속에서는 지상으로부터 떠있는 평좌 구조를 활
용하여 천상에 머무르는 불보살들이 하늘로부터 지상에 모습을 드러낼 때의 광경

고
려
와
북
방
문
화

29) 조영수, 「석탑에 있는 탑신 받침의 기원과 변화에 관한 연구」, 성균관대학교 과학기술대
학원 석사학위논문, 2005와 洪大韓, 「고려초 석탑의 탑신받침 조형특성에 관한 연구-탑
신받침의 기원과 변화를 중심으로」, 『文化史學』 27, 한국문화사학회, 2007, 620쪽에서
각층 별석 받침을 백제 양식계 석탑의 가구 구조의 번안으로 보았다.

30) 김덕문·김경표, 「중층건물 층구조의 유형변천에 관한 연구」, 『대한건축학회논문집』
12-9, 1996, 113쪽과 洪大韓, 위 논문, 2007, 605쪽에서 탑신 받침석은 중층목조탑에
서 사용된 평좌 기능이 반영된 번안임을 언급하였다.

31) 蕭默, 『敦煌建築硏究』, 北京: 機械工業出版社, 2002, 194-195쪽.

〈도 19〉 江原 철원 도피안사삼층석탑
초층 탑신받침, 9세기

〈도 20〉 敦煌 제 217굴 북벽 觀無量壽經變, 『敦煌建築研究』, 盛唐, 194−195쪽

〈도 21〉 도 20의 목구조 高臺 건축

〈도 22〉 경주 불국사 다보탑, 통일신라 8세기

을 표현하고 있다. 古代의 평좌 모습과 쓰임의 일 단면을 전해 주는 자료이다.

통일신라시대에도 이러한 평좌 개념을 이용한 건축물이 남아 있다. 앞에 소개된 觀無量壽經變의 목구조 高臺 건축(도 21)과 불국사 다보탑(도 22)을 하단부터 비교해 보면 계단이 놓인 기단 위에 굵은 중앙 기둥과 사방의 기둥들에 의해 지탱되는 공중의 바닥 평면이 난간과 함께 조성되고 그 위에 건물을 두고 있어 다보탑의 건물이 좀 더 이국적인 점을 제외하면 건축 형상은 동일한 개념에서 비롯된 것임을 짐작할 수 있다.

이는 일찍이 중국 戰國時代 이래 조성되기 시작하여 秦·漢시대 신선사상의 성행과 더불어 다수 건축되었던 高臺 건축에서 그 기원을 찾아 볼 수 있으며 하늘과 접하거나 천문을 살피기 위하여, 혹은 진시황과 漢 武帝처럼 신선을 만나기 위해 쓰였다.[32]

『營造法式』에서 佛道帳은 천궁, 몸체, 기단으로 구성되며 上層 천궁 아래에 평좌, 지붕, 불도장의 몸체를 차례로 두고 그 밑에 다시 평좌가 있는 기대와 난간을 설치한다고[33] 하여 평좌가 중층 건물의 중간에 있는 중간 평좌(도 23)와 지면에 축조되는 臺 위에 난간과 함께 설치되는 지면 평좌(도 24)가 있음을 알려 준다.

이를 통해 볼 때, 敦煌 217굴 북벽의 觀無量壽經變의 高臺 건축과 불국사 다보탑은 지면 평좌를 이용한 건축으로 경이적인 불, 보살의 출현 장면을 위해, 혹은 지상으로부터 떠 있는 건축물을 표현하기 위해서 활용되었음을 알 수 있다.

신라 말의 불상 대좌(도 25-1·2) 승탑(도 26-1·2)에서도 위와 같은 지면 평좌의 구조와 개념을 찾아 볼 수 있다. 즉 鳳巖寺靜眞大師圓悟塔 기단 면석 사리공양구(도 26-2)[34]에서 볼 수 있듯이 舍利를 모시기 위해 받치는 승반을 포함하는 넓은 의미의 臺(도 26-2), 연꽃이나(도 25-1·2) 구름 가운데 솟아 있는(도

32) 中國藝術研究院《中國建築藝術史》編寫組編, 『中國建築藝術史』 上, 文物出版社, 1999, 230-231쪽 ; 리원허 지음·이상해 외 옮김, 『중국고전건축의 원리』, 시공사, 2000, 95-103쪽.

33) 『營造法式』 卷9, 小木作制度 四, 佛道帳條(李誠編修·王雲五主編, 『營造法式』, 2권 臺灣商務印書館印, 1925, 93-94쪽 ; 李誠(1103년) 저·국토연구원 옮김, 『營造法式』, 대건사, 2006, 269-270쪽).

34) 엄기표, 『신라와 고려시대 석조부도』, 학연문화사, 2003, 192쪽에는 '사리공양구'로, 정영호, 『국보』 13, 예경산업사, 1986, 46쪽에는 '寶輿圖'라 하였다.

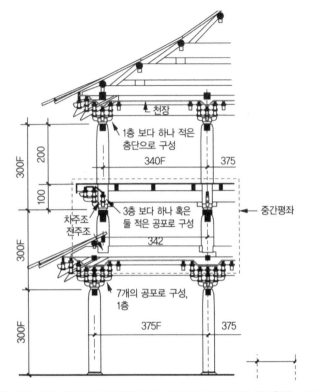

천장

1층 보다 하나 적은
층단으로 구성

340F   375

차주조
전주조

3층 보다 하나 혹은
둘 적은 공포로 구성

중간평좌

342

7개의 공포로 구성,
1층

375F   375

300F   200

100

300F

300F

〈도 23〉 중간 平坐, 『중국목조건축의 구조─12세기 설계기준과 시공원리』, 170쪽

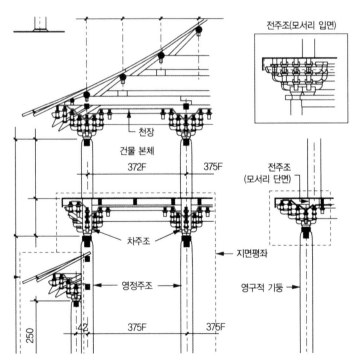

전주조(모서리 입면)

천장

건물 본체

372F   375F

전주조
(모서리 단면)

차주조

지면평좌

영정주조

영구적 기둥

250   42   375F   375F

〈도 24〉 지면 平坐, 『중국목조건축의 구조─12세기 설계기준과 시공원리』, 170쪽

〈도 25-1〉江原 철원 도피안사비로자나불, 통일신라 865년
〈도 25-2〉도 25-1의 대좌

〈도 26-1〉경북 문경 鳳巖寺靜眞大師圓悟塔 중대 받침, 통일신라 883년
〈도 26-2〉도 26-1 기단 중대 면석 사리공양구, 통일신라 883년

26-1) 佛像이나 僧舍利를 모신 臺를 표현하기 위한 받침구조가 그것이다.

한편『營造法式』에서는 평좌를 閣道, 墱道, 飛陛를 말하며 높은 계단이 있어 올라가면 황제의 자리에 그림자를 드리우고 유성을 볼 수 있는 구조로 설명하고 있다.35) 이는 일본 12세기 작품인《吉備大臣入唐繪券》에 표현된 高樓 건축물(도 27-1·2)36)과 같이 건물이 세워져 있는 高臺의 하부 기초 구조, 즉 지면 평좌를

〈도 27-1〉《吉備大臣入唐繪券》권4의 高樓,
　　　　　12세기,『大遣唐使』, 도 11
〈도 27-2〉도 27-1의 권 2의 혼의 방문 장면
　　　　　高樓, 271쪽

의미하며 여기에는 평좌 구조에 연결되는 난간, 회랑, 계단이 포함되는 것임이 확
인된다. 또『營造法式』에는 평좌의 결구법과 규격에 대해 설명하며 평좌 구조를

35)『營造法式』卷1, 總釋 上, 平坐條(李誠編修 · 王雲五主編, 앞 책 1권, 1925, 18쪽 ; 李誠
　　(1103년) 저 · 국토연구원 옮김, 앞 책, 2006, 103-104쪽 ; 궈칭화 지음 · 윤재신 옮김,
　　앞 책 2006, 168-175쪽).
36) 平安 말기인 12세기에 그려진 이 두루마리 그림은 현재 보존을 위해 4권으로 나누어져
　　있는데 奈良시대 학자이며 정치가인 吉備眞備(695-775)가 등장한다. 그는 717년 제 9
　　차 견당사의 일원으로 입당하여 유학하고 734년 귀국한 후, 다시 752년에 제 12차 견당

이용해 상하층의 기둥을 세움에 있어 叉柱造(도 23), 纏柱造(도 23), 永定柱造(도 24)법이 있음을 서술한다.[37]

결국 평좌란 트러스와 공포로 만들어지는 건물의 하부 구조로 지면 위(지면 평좌), 혹은 건물 층간(중간 평좌)에 조성되며 여기에 함께 결구되는 계단, 층 바닥, 보랑, 난간, 난간을 지지하는 공포구조 등으로 이루어지는 구조체임을 알 수 있다. 평좌의 결구 방법은 지면에 놓인 기둥 위에 상층을 받기 위한 기반을 결구하는 영정주조, 상하층을 연결함에 있어 하층기둥 두공위에 상층기둥을 맞물리는 차주조, 하층 모서리 부분의 세 개의 주두와 얽혀 기둥 안쪽 공포에 짜이는 전주조의 결구 방법이 사용되며[38] 평좌의 공포는 각층 지붕 밑에 있는 주된 공간의 공포보다 한 개 혹은 두 개 정도 적은 층단으로 지지되는 것임을 알 수 있다.

3) 고대 한국의 積層 구조

건축에 있어서 상층을 지지하는 적층 구조를 평좌라 함은 앞서 언급한 바이다. 계단, 층 바닥, 보랑, 난간, 난간을 지지하는 공포구조 등이 이와 함께 연결되어 결구되기는 하지만 이들 개별 구성 요소 각각의 존재로 평좌의 구조를 판단할 수는 없다. 즉 난간, 혹은 층 바닥의 표현 여부가 평좌의 유무나 구조를 설명해 주지는 않는다. 일본의 목탑은 대체로 중앙의 사천주와 상층 기둥이 놓이는 柱盤을 상층 서까래 위에 올려놓아 이들을 중심으로 상층의 기둥을 세우는 적층 방법, 즉 연결된 수평면을 갖지 않은 평좌 구조이다. 여기에는 층 바닥, 대부분의 난간 보

사의 부사로 입당하여 鑑眞화상과 함께 귀국한 실존 인물이다. 내용은 그가 견당선을 타고 당에 도착하자 모함으로 당 황제의 高樓에 유폐당하고 황제가 낸 어려운 과제를 차례로 해결하여 궁지에서 벗어나는 것을 묘사하였다. 이때 도와주는 일본 유학생 귀신이 실재는 죽지 않고 당 현종의 총애를 받고 벼슬을 살았던 점, 당 황제가 양무제로 표현된 점 등에서 그의 활약을 왜곡시키고 미화한 내용임을 알 수 있다. 한편 그림에 표현된 견당선이 발굴된 송의 무역선과 일치하고는 있지만 견당선도 이와 유사하였다는 점, 高樓가 본 논문 도 20에서와 같이 당나라 때에도 가능한 건축이었다는 점은 이 회권의 자료적 가치를 높여 준다(奈良國立博物館編, 『大遣唐使展』, 2010, 작품해설 11 ; 谷口 耕生의「吉備大臣入唐繪券」, 292 · 270-275쪽).

37) 『營造法式』卷4, 大木作制度 一, 平坐條(李誠編修 王雲五主編, 앞 책 1권, 1925, 92-94쪽 ; 李誠(1103년) 저 · 국토연구원 옮김, 앞 책, 2006, 187-188쪽).

38) 귀칭화 지음 · 윤재신 옮김, 앞 책, 2006, 102-105쪽.

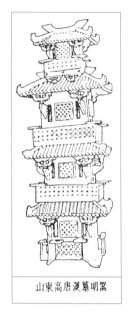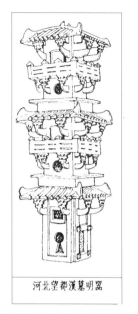

山東高唐漢墓明器　　　　河北望都漢墓明器　　　　河南陜縣漢墓明器

〈도 28〉 漢墓 明器 望樓, 漢, 『中國古代建築史』, 131쪽

랑이 없다.

　　중층 목조건축에서는 고대부터 평좌 구조를 이용한 적층방식(층구조)과 주요
구조에 통주를 사용하여 고층화시키는 연속구조방식(통층구조)이 사용되었다. 다
층의 목조 건축은 秦·漢대부터 조성되기 시작하였는데 이는 그림, 화상석, 명기
등을 통해서 확인된다. 또한 이러한 자료들을 통해 볼 때 일찍부터 평좌 구조를
이용한 적층방식(층구조)이 사용되었음을 확인할 수 있다.[39] 그리고 적층방식에
서 상층 건물이 가구되는 기초인 평좌가 기능적인 요구와 공법에 따라 자유롭게
구성되는 점도 한나라 무덤에서 출토된 望樓들에서 찾아볼 수 있다(도 28).[40]

　　한편 다층의 목조 건축을 연속구조 방식으로 조성하려면 구조 역학적으로 어려
운 점이 있으며 각 층을 일정한 비율로 체감시키기도 어렵다. 돈황 당나라 벽화에
서 보이는 건축 예들을 고려할 때 唐代인 7세기를 전후한시기의 고층 목탑 등의

39) 권종남, 『皇龍寺九層塔-한국 고대 목탑의 구조와 의장』, 미술문화, 2006, 67-69쪽.

40) 이왕기, 「중국 한대 건축양식 연구 Ⅱ-누각형 明器를 대상으로」, 『대한건축학회논문집』
　　6-2, 1990, 91-104쪽 ; 蕭黙 主編, 『中國建築藝術史』上, 文物出版社, 1999, 225-228
　　쪽 ; 劉敦楨 著·鄭沃根 외 譯, 앞 책, 1995, 130-133쪽.

건축에는 적층구조 방식이 사용되었을 것으로 추정하고 있으나.[41] 정확한 구조는 확인되지 않는다.

우리나라는 삼국시대에 불교가 전래되었고 불탑의 시작은 고구려, 백제, 신라 모두 다층의 목조탑이었다. 그러나 현재 남아 있는 관련 자료는 옛 지역에 남아 있는 탑 터와 목탑을 번안해서 조성한 미륵사지 서탑이 있을 뿐이다. 이 중 645년에 완성된 황룡사구층목탑은 백제 기술자의 도움으로 조성되었는데 신라 경문왕대인 9세기 말에 기울어진 탑을 중수한 뒤, 1238년 몽고의 침입으로 소진될 때까지 호국적인 목탑으로 주목받고 관리되고 있었다는 점에서 고려시대 전반기까지의 목탑 조성에 깊은 영향을 미쳤을 것이다.[42]

황룡사탑은 백제의 大匠 아비지를 초청하여 찰주를 세우고 오로지 돌과 나무로 탑을 건립하였는데[43] 日本 奈良縣 法隆寺五重木塔(도 29)과 같이 찰주를 가운데 두고 그 주위에 목재를 결구하여 조성하였으며 찰주는 건물 전체의 하중과는 독립된 별도의 구조였음을 알 수 있다.[44] 백제탑은 중국 남조의 영향을 받아 조성되었고 일본 법륭사오중목탑의 조성에 영향을 미쳤는데 이를 입증하듯 백제의 목탑지는 물론 목탑을 번안한 미륵사지 서 석탑(639년 사리 안치, 도 30), 신라의 황룡사목탑(645년)(도 31), 일본의 법륭사오중목탑(7세기 말)들에는 별도의 土臺 등의 구조 없이 초석과 기둥으로 결구된 초층 공간이 확인된다.

남아 있는 기록들에 의하면 중국 남북조 시기의 남조는 북조와는 다른 중층 목

---

41) 김덕문 · 김경표, 「중층건물 층구조의 유형변천에 관한 연구」, 『대한건축학회논문집』 12-9, 1996, 119-121쪽 ; 권종남, 앞 책, 2006, 97-138쪽.
42) 『高麗史』 권92, 열전5, 崔凝傳에 고려 태조가 황룡사구층탑의 건립을 본받아 개경과 서경에 각각 칠층목탑과 구층목탑을 세웠다고 한다.
43) "보물과 비단으로 백제에 청하여 匠人 이름 아비지가 命을 받고 와서 나무와 돌로 경영하였다. … 찰주를 세우는 날 장인이 본국 백제가 멸망하는 꿈을 꾸고"(『三國遺事』 권3, 塔像4, 皇龍寺九層塔條).
44) 황수영, 「新羅 皇龍寺 九層木塔 刹柱本記와 그 舍利具」, 『동양학』 3, 단국대학교 동양학연구소, 1973, 276쪽의 刹柱本記에 "다음해(경문왕 12년) 7월, 구층의 공사를 마쳤으나 찰주를 움직이지 않았으므로 찰주의 사리가 어떠한지 염려하여 臣 伊干으로 하여금 뜻을 받들게 하여 11월 6일을 택하여 여러 신하들을 이끌고 가서 법에 따라 기둥을 들고 초석의 사리공을 보니 …"라고 하여 찰주가 전체 건물 결구와는 관계없이 독립적으로 세워져 있음을 알 수 있다.

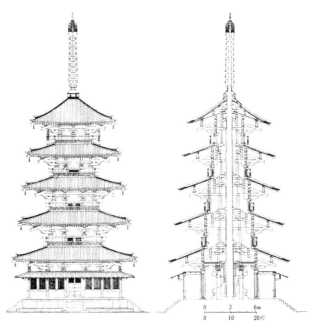

〈도 29〉 日本 奈良縣 法隆寺五重木塔 입면도와 단면도, 7세기 말, 『일본의 건축』, 94쪽

구조의 결구 방법이 적용되었음
을 알 수 있다. 남조의 목탑은 목
탑 조성 시에 찰주를 세우고 그
주위로 다층의 탑신을 결구하며
목재 찰주가 상하를 관통한다.
평면은 방형으로 찰주 끝에는 보
병과 금동 노반 등을 장식하며
탑을 올랐다는 기록보다는 탑을
바라보는 내용이 주로 전한다.
사리는 예정된 탑심 위치 지하에
龍窟이라 칭하는 작은 방을 만든
후 여러 보물들과 함께 안치하며
그 위에 돌 초석을 놓고 초석 위
에 나무 찰주를 세운다.[45)]

〈도 30〉 전북 익산 미륵사지 서탑 찰주, 백제 639년

〈도 31〉 경북 경주 황룡사 탑터, 신라 645년

　　반면 북위의 대표적 목탑인 낙양의 永寧寺九層木塔은 516-518년에 완성되어 534년 벼락에 의한 화재로 소실되었는데 고고학적 발굴에 의해 탑 내부 중심 부분에 탑심체인 넓고 높은 土臺가 있고 탑심체 북쪽에는 위로 올라가는 계단 시설이 확인된다. 따라서 목탑은 이를 이용하여 중층의 목조 건축을 건립하였음을 알 수 있다(도 32).

　　이는 秦·漢시대 이래로 高臺의 臺射건축이 높은 土臺에 의지하여 기둥을 세우고 나무를 결구하여 외부에 목조 건축을 세웠던 방식을 완전히 탈피하지 못한 것이다. 다만 土臺 위에 기둥 터가 있었던 것으로 보아 기본적으로 목결구로 중층을 짓는 체계는 있었던 것으로 판단되며 土臺가 중심이 되어 결구를 안정되게 하였던 것으로 판단된다.[46]

45) 傅熹年主編, 앞 책, 2001, 294-297쪽 ; 양은경, 「遼寧省 朝陽北塔出土塑造像研究」, 『미술사학연구』 256, 2007, 99-105쪽.
46) 傅熹年主編, 위 책, 2001, 184-188쪽 ; 中國社會科學院考古研究所 洛陽工作隊, 「北魏永寧寺塔基古發掘簡報」, 『考古』 1981년 3기 ; 中國社會科學院考古研究所, 『北魏洛陽永寧寺:1979-1994年考古發掘報告』, 中國大白科全書出版社, 1996, 17-19쪽 ; 양은경, 위 논문, 2007, 100-102쪽.

〈도 32〉 중국 낙양 永寧寺九層木塔 터, 北魏(516-518년), 『北魏洛陽永寧寺：1979-1994年考古
發掘報告』, 17-19쪽

北魏 楊衒之가 남긴 『洛陽伽藍記』에는 永寧寺에 "불이 3개월 동안 꺼지지 않았으며 불이 땅 속으로 들어가 기둥에 이어져 1년이 넘도록 연기가 났다"라고 하여,[47] 土臺와 함께 결구된 목탑 부재의 화재 상황을 실감나게 전하고 있다. 현 유적에도 상하층의 夯土 탑 기대 중, 상층에 124개의 방형 기둥 터가 남아 있으며 안에 탄화된 나무 기둥의 흔적이 있다.[48]

이 점은 여러 북위시대 탑 터에서도 동일하게 확인된다. 遼寧 朝陽市의 북탑은 三燕 시기의 궁전, 북위의 思燕佛圖, 수의 전탑 터가 층위 별로 겹쳐진 위에 세워진 요나라 전탑인데 발굴 결과 북위대의 탑심체가 긴 폭 16m, 높이 0.8 -1.3m가 남아 있었다(도 33-1 · 2). 원래의 탑심체 높이는 2m 이상으로 추정되며 초석 위에 기둥을 세우고 기둥 사이에 흙을 다져 채워 정방형의 탑심체를 만들었음을 알 수 있었다.[49]

---

47) "火經三月不滅 有火入地尋柱 周年猶有煙氣"(『洛陽伽藍記』 권1, 永寧寺, 楊衒之撰 · 周祖謨校釋, 『洛陽伽藍記校釋』, 北京: 科學出版社, 1956, 23쪽).

48) 鍾曉靑, 「北魏洛陽永寧寺塔復原探論」, 『文物』 5, 1998, 52쪽.

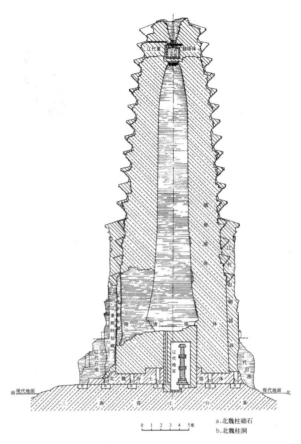

〈도 33-1〉중국 遼寧 朝陽市 朝陽北塔 시대별 탑체(남－북),
北魏, 『朝陽北塔』, 156쪽

〈도 33-2〉중국 遼寧 朝陽市 朝陽北塔 밑 思燕佛圖 夯土臺基, 北魏

〈도 34〉 중국 河北 臨漳縣 鄴城遺址 東魏北齊佛寺塔基遺蹟, 東魏北齊,
『2002中國重要考古發現』, 98쪽

　중국 大同 北魏 方山思遠佛寺 遺址의 탑 터에는 계단이 있는 탑 심실체가 남
아 있으며 그 주위에 탑 심실을 둘러 싼 기둥 초석이 각 면 5칸의 규모로 확인된
다.[50]

　탑심체는 東魏·北齊의 목탑지에서도 동일하게 확인된다(도 34).[51] 따라서 중
심부에 거대한 토단을 만들어 토목 혼축의 목조 건축을 결구하고 상층부만 나무
로 조성하는 건축법이 남조와 구별되는 북조의 다층 목조 건축의 결구 방법이었
던 것을 알 수 있다. 이러한 흔적은 初唐 궁전 등의 대형 건축지까지 이어 진다.[52]

　이러한 土木 혼축의 북조 목탑 조영 기술은 나무로만 고층 건축을 결구해내는
남조의 기술에 비해 후진적이었던 것으로 짐작된다. 이상과 같은 남북조 건축의
차이는 수의 통일로 남방의 건축기술이 북으로 전래되어 수, 당의 발전으로 이어

49) 朝陽市北塔博物館 遼寧省文物考古研究所編, 『朝陽北塔-考古發掘興維修工程報告』, 文物
　　出版社, 2007, 27쪽 ; 양은경, 앞 논문, 2007, 101쪽.

50) 大同市博物館, 「大同北魏方山寺院佛寺遺址發掘報告」, 『文物』 4, 2007, 8쪽.

51) 國家文物國主編, 「鄴城遺址東魏北齊佛寺塔基遺蹟」, 『2002中國重要考古發現』, 文物出版
　　社, 2003, 97-100. 中國社會科學院考古研究所·河北省文物研究所 鄴城研究隊, 「河北
　　臨漳縣鄴城遺址東魏北齊佛寺塔基的發現與發掘」, 『考古』 10, 2003, 3-6(앞 논문과 동일
　　한 내용이다.) ; 양은경, 앞 논문, 2007, 102쪽.

52) 傅嘉年主編, 앞 책, 2001, 279-294쪽.

〈도 35-1〉 중국 陝西 扶風縣 法門寺 塔基 및 地宮, 唐 631년, 『中國考古文物之美』 10, 122쪽

졌을 것으로 추정되나 실재의 탑 유구에서는 이러한 부분을 찾아 볼 수 없어 남북의 목조건축의 기술적, 구조적 차이는 후대까지도 일정 부분 이어지고 있었던 것으로 사료된다.[53]

1987년에 발굴조사가 진행된 陝西 扶風縣 法門寺 塔은 당나라 초기인 631년에 목탑으로 조성되었다가 명대에 무너져 전탑으로 다시 건립되었는데 탑기 발굴에 의하면 사리가 안치된 지궁은 662년 기존의 목탑 방형 탑기 중앙의 방형 土臺를 그대로 두고 그 아래 건설된 것이며 목탑 탑신 중앙에는 찰주가 없이 塼과 흙을 다져 조성한 방형의 塔心室이 있는 구조임이 확인되었다(도 35-1 · 2).[54]

한편 남조 영향의 미륵사지탑은 하층 지붕 구조 위에 각재로 귀틀로 짜고 그 위에 상층 기둥을 세우는 고식의 평좌를 이용하여 상층을 적층하는 목구조를 표현하고 있다.[55] 백제의 영향을 받은 일본의 법륭사오중목탑도 초기는 심주가 매

53) 중국은 10세기 남과 북의 건축양식이 구별되며 11-12세기 송의 영토라도 산서성 남동 지역은 북쪽 건축 양식을 일부 따르고 있음을 Nancy Steinhardt, 1995, pp.46-52과 Tracy Miller, 2008, pp.1-36에서 지적하고 있다(주11) 참조).

54) 傅熹年主編, 앞 책, 2001, 506-509쪽.

55) 김덕문, 「彌勒寺址西塔 木造翻案 解析」, 『한국건축역사학회 추계학술대회논문집』, 2004,

립주로 상륜 지지축이 되며
상층의 적층 방법은 중앙의
사천주와 상층 기둥이 놓이
는 柱盤을 상층 서까래 위에
올려놓아 이들을 중심으로
상층을 지지하는 평좌구조를
하고 있다(도 29). 법륭사금
당(7세기 말)도 하층 지붕의
천정 귀틀로 짜여 있는 柱盤
위에 상층 기둥을 세우는 평
좌 구조를 보인다.[56]

이들과 같이 남조의 영향
을 받은 황룡사탑도 미륵사
지 서탑과 법륭사오중목탑의
적층 구조를 감안할 때 하층
기둥의 상부에 귀틀을 구성
하고 그 위에 층방을 설치하

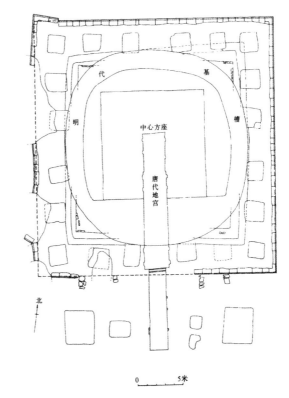

〈도 35-2〉 중국 陝西 扶風縣 法門寺 塔基遺址 發掘平面,
『中國古代建築史 二-兩晉, 南北朝,
隋唐, 五代建築』, 507쪽

여 상층을 받는 구조가 구조적으로나 시대적으로 타당할 것으로 판단된다.[57]

이상 한국의 고대 목탑 적층구조는 남조적인 목조 적층 구조가 기본적으로 활
용되고 있었다고 판단되며 고려 현종이 경주 朝遊宮의 부재를 헐어 탑을 수리하
는 기록에서[58] 알 수 있듯이 황룡사목탑의 역사적 중요성과 목구조인 가치는 고
려 전반기까지 존중되어졌을 것으로 사료된다.

113쪽.
56) 김덕문·김경표, 앞 논문, 1996, 115-127쪽.
57) 권종남, 앞 책, 2006, 250-253쪽.
58) 『高麗史』 권4, 세가4, 顯宗 3년 5월조

4) 각층 별석받침과 암층 평좌 구조

당의 뒤를 이은 오대, 송, 요, 금의 다층 전·석탑들은 외관상 상층 옥신을 받칠 수 있는 기초 구조인 평좌를 각 층에 표현하고 있는데 오대의 석탑들과 요, 금의 전탑들은 목구조를 돌과 전돌로, 송나라 전탑들은 전탑이나 혹은 전탑의 몸체에 목조 가구를 붙여 목탑을 재현하고 있어 그 내부 목구조를 확인할 수 없다.

다만 앞서 말했듯이 요의 경우는 淸寧 2년(1056)에 조성된 山西 應縣 佛宮寺 五層木塔이 암층형 평좌이며(도 2) 984년 요대에 중건된 河北 蘇縣의 獨樂寺 관음각(도 3-1·2)도 1층과 2층 사이에 암층을 두어 평좌를 조성하였다. 이에 비해 송은 11세기 중엽의 북송 중기 건물인 河北 正定縣 隆興寺 轉輪藏殿(도 4)에서 내진주를 외진주의 평좌 기둥 높이와 같은 고주를 사용하여 중간 평좌를 결구함으로서 암층을 제거하였고 隆興寺 慈氏閣(도 5)도 지면 평좌 기둥이 하층과 평좌 층을 관통하는 통주를 사용하는 영정주조로 결구하였다.[59] 이처럼 중앙부에 공간을 확보해야 하는 동일한 중층 건물에서 요와 송의 평좌 구조는 서로 차이를 보이고 있어 주목된다.

이 점은 북송이 요와는 달리 당을 계승한 오대의 문화적 전통을 계승하고 있다는 사실을 고려할 때 오대가 시기적, 지역적으로 중국 남부지방의 건축적 발전을 수용했던 상황과 연관 지어 검토해 볼 필요가 있다. 이와 관련하여 주목되는 건축물이 福建 福州에 있는 오대의 華林寺 大殿(도 36)이다.

이 건물은 五代 吳越 錢弘俶 18년(964)에 그의 신하인 鮑修襄이 건립하였는데 福州가 이 시기에 吳越의 영토가 아니었으므로 오대 건축이라 할 수 있다. 明淸시기에 중수와 확장이 있었지만 오대의 결구가 잘 보존된 건축이다. 이를 857년에 건립된 山西 五臺縣 佛光寺 대전(도 37)과 비교해 보면 佛光寺 대전의 내조는 4조의 두공을 연속적으로 사용하여 보를 결구함으로서 상부 공간을 높이고 있는데 비하여 화림사 대전의 내조는 고주를 사용하여 상부 공간을 확보하고 있음을 알 수 있다. 이외에도 화림사 대전은 대전 앞 회랑에 천정을 마련하는 등 회랑에 정성을 들인 점, 내전 보 위의 운형대공, 도리의 조각 장식 등에서 오대 吳越, 閩지

---

59) 劉敦楨 著·鄭沃根 외 譯, 앞 책, 1995, 310-313쪽 ; 傅熹年主編, 앞 책, 2001, 354-373쪽.

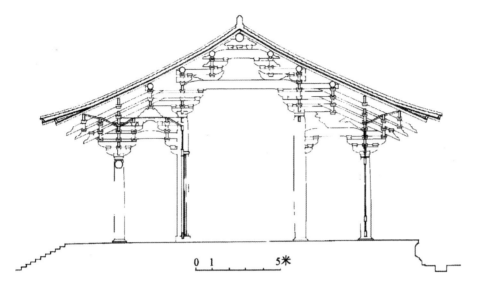

〈도 36〉 중국 福建 福州 華林寺 大殿 橫斷面, 五代 964년,『中國古代建築史 二 ─ 兩晉, 南北朝, 隋唐, 五代建築』, 504쪽

역의 건축적 풍격이 반영되고 있는 것이 특징이다.

이처럼 북송은 요와는 달리 남북조 시기부터 축적되어 온 중국 남부 지역의 건축적 요소를 받아들인 오대십국의 문화를 계승하였으며 따라서 북송의 건축들이 요와는 다른 구조로 건축되는 것은 이 같은 차이에서 비롯되었음을 짐작할 수 있다. 五代十國 시기에 이 지역에서 조성된 누각식 전석탑의 선구적인 유례인 누각식 석탑(도 38)들의 출현도 이러한 건축 역사적 배경에서 이해될 수 있겠다.

이상 현존 건축들을 중심으로 살펴 본 11-12세기 중국의 불탑은 누각식 전탑이 크게 유행하는 가운데 요와 송이 대체로 두 가지 점에서 차이를 보인다. 첫째, 요는 당의 전통을 이어 밀첨식이 많으나, 송은 전으로 만든 탑신에 목구조를 삽입하여 결구하는 형식이 주류를 이루고 있다. 둘째, 적층의 방법에서 요는 보이지 않는 별도의 층을 조성하는 암층형을, 송은 내진주를 외진주의 평좌 기둥 높이만큼 높인 고주를 사용하거나 평좌를 관통하는 영정주조의 법식으로 결구하고 있다.

암층형 평좌는 상층을 받기 위해 각 층 사이에 짧은 기둥과 보로 연결된 암층을 조성하고 이 구조체와 일체를 이루며 상층의 바닥, 보랑, 난간, 난간을 지탱해 주는 공포를 결구한다. 따라서 다른 방식의 적층 구조보다 독립된 층위 구조라는

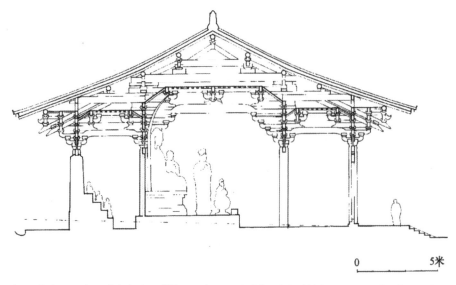

<도 37> 山西 五臺縣 佛光寺 大殿 橫斷面, 唐 857년, 『中國古代建築史 二-兩晉, 南北朝, 隋唐, 五代建築』, 498쪽

<도 38> 중국 浙江 杭州 閘口白塔, 五代 吳越, 『雷峰塔遺址』, 17쪽

인식을 갖게 한다. 그리고 이러한 요의 암층형 평좌는 11-12세기에 등장하는 고려 석탑의 각층 별석받침과 개념적, 구조적으로 일치한다.

현재 계단, 층 바닥, 보랑, 난간, 난간을 지지하는 공포 구조를 구비한 암층형 평좌로 세워 진 가장 오래 된 목조 중층 건축물은 1056년 요대에 세워진 불궁사 석가탑이다(도 2). 이 탑의 평좌는 특히 상층과 하층 사이에 외관상으로는 보이지 않는 별도의 층을 형성하여 상층을 지지하고 있다.

이때 암층의 기둥은 하층 기둥과는 아래층 공포에 있는 세 개의 주두들과 결합되는 전주조, 상층 기둥과는 공포로 결구되어 암층 주두 위에 연결되는 차주조의 방식이 적용된다.[60] 이로써 각층 탑신 폭의 감축 비율이 적어진다. 따라서 이 구조의 다층탑은 외관상 각 탑신 폭의 변화가 적은 모습을 하게 된다. 이 또한 불궁사탑과 고려의 각층 별석받침 석탑들의 공통된 탑신 모습이다.

고려 초의 석탑들은 신라 전형양식에서 전탑의 수평적 직선으로 바뀌었던 옥개석 지붕을 목탑을 번안했던 초기 석탑에서와 같이 다시 반전하는 등, 목탑적인 양식이 다시 강조되는 시대적 특징을 보인다. 11-12세기에 등장하는 각층 별석 받침은 바로 이러한 건축적 흐름과 국제적 교류가 반영된 구조라고 생각한다. 즉 이전 시기와 동 시대의 남쪽 지방과는 달리 당의 전통을 계승한 요 건축은 송과는 달리 암층형 중간 평좌의 구조를 보이며 이것의 영향으로 이전과는 다른 새로운 양식의 고려 석탑이 등장하게 된 것으로 판단된다.

11세기는 거란이 세운 遼가 전성기를 맞이하였던 시기로 그 문화적 영향력도 漢族이 세운 宋 못지않았다. 최근의 고고학적 발굴과 전시에 의하면 遼는 唐과 唐 皇室의 계승자임을 자부하며 중원에서의 정통성을 확보하고 있었으며, 고려와도 顯宗(1009-1031)대 정식 외교관계를 맺고 있어 그 영향력이 컸을 것으로 사료된다.

이상 각층 별석받침은 고려 초 다른 시기보다 밀접했던 북방 요와의 국제적 교류, 목탑적 양식의 재현이라는 당시 석탑 조성의 흐름 속에서 발생되었으며 건축에서 보이는 북방 요의 양식적 영향임을 지적할 수 있겠다. 이 점이 삼국시대 목

---

60) 劉敦楨 著 · 鄭沃根 외 譯, 앞 책, 1995, 310-344쪽.

탑을 번안한 석탑들, 특히 각층에 난간이 표현된 통일신라시대의 실상사백장암삼
층석탑에서 별석 받침이 보이지 않는 이유를 설명해 준다.

고려 현종대를 전후한 시기에는 거란인 귀화가 많았으며 이들과 전쟁 포로들이
남경 지역에 거주하고 있었던 점도[61] 이 양식의 전래와 관련하여 주목된다. 한편
11세기에는 개경 진관사,[62] 남원 만복사[63] 등에 목탑이 세워지는데 이들이 먼저
요의 영향을 받아 조성되었고 이들을 통해 다시 석탑에 반영되었을 가능성도 배
제할 수 없다.

Ⅳ. 맺음말

고려 11-12세기의 석탑에서 주목되는 사항은 고려 현종대 탑신에 호국적 銘文
이 새겨진 탑들이 조성되는 것과 신라 말부터 나타나는 초층 탑신 밑의 별석받침
이 전 층으로 확산되는 각층 별석받침의 석탑이 등장하는 것이다.

고려 현종대 조성된 銘文 탑들은 4기로 모두 1010년, 1018년에 있었던 두 차
례의 거란 침입과 관련된 호국적 기원이 새겨져 있다. 이는 유례를 찾아 볼 수 없
는 일로 이 시기 고려 사회와 문화에 미쳤던 요의 영향이 실로 막중하였음을 짐
작하게 한다. 또한 이들 탑들은 하층기단의 약화와 하층기단 면석에 안상이 장식
되는 양식을 공유하고 있어 고려 탑의 중요한 편년 기준이 된다.

이 중 1019년에 발원되어 1031년에 세워지는 淨兜寺址五層石塔의 하층대석
안상의 花頭文은 요의 陀羅尼石幢 받침석의 문양과 거의 유사하여 주로 북한 지
역에 남아 있는 고려시대 다라니석당의 존재와 함께 다라니석당이 크게 유행하였
던 요 문화의 영향을 짐작하게 한다.

본 논문의 고찰 대상이었던 상, 하부에 굴곡이 진 각층 별석 받침의 석탑 예는

---

61) 김위현, 「고려와 거란과의 관계」, 『한민족과 북방과의 관계사 연구』 연구논총 95-8, 한국
   정신문화연구원 역사연구실, 1995, 198-200쪽.

62) 고유섭, 『한국탑파의 연구』, 동화출판공사, 1975, 78쪽. 『고려사』에도 기록 있음(진홍섭
   편저, 『한국미술사연표』(개정증보판), 일지사, 2006, 223쪽 재인용).

63) 『新增東國輿地勝覽』 권39, 南原都護府, 佛宇條.

서울 弘濟洞 沙峴寺址五層石塔(도 11-1·2), 江原 江陵 神福寺址三層石塔(도 12), 개성 佛日寺五層石塔 출토 금동삼층탑(도 13), 全北 南原 萬福寺址五層石塔(도 17) 등으로 11-12세기에 일시적으로 유행하였다.

별석 받침이 불탑에서 처음 등장하는 것은 통일신라 후기이다. 불탑의 초층 탑신 아래 놓이는 별석받침과 함께 고려시대 각층 별석받침은 건축물의 平坐 구조에서 비롯된 것으로 사료된다.

평좌는 지상에 세워져 高臺 등의 하부 기초를 이루는 지면 평좌와 다층 건축의 적층을 위하여 결구되는 중간 평좌가 있다. 그리고 다층 건축의 적층을 위하여 결구되는 중간 평좌에는 귀틀식, 高柱와 영정주를 이용하는 방식, 상하층과 구별되는 독립적인 층단으로 구성되는 암층형 평좌 등이 있다.

盛唐시기 돈황석굴 제217굴 북벽 觀無量壽經變의 목구조 高臺 건축은 지상으로부터 떠 있는 지면 평좌 구조를 활용하여 하늘의 불보살들이 지상에 등장하는 광경을 표현하고 있는데 동일한 구조로 축조된 조형물이 통일신라시대 불국사 다보탑이다.

한편 불상 대좌, 승탑에서도 위와 같은 지면 평좌의 구조와 개념을 찾아 볼 수 있다. 즉 鳳巖寺靜眞大師圓悟塔 기단 면석 사리공양구에서 볼 수 있듯이 舍利를 모시기 위해 받치는 승반을 포함하는 넓은 의미의 臺, 연꽃이나 구름 가운데 솟아 있는 佛像이나 僧舍利를 모신 臺를 표현하기 위한 받침구조가 그것이다.

오대, 송, 요, 금 시대 중국의 불탑은 10세기 말부터 목조 건축을 재현한 누각식 다층 塼, 石塔이 등장하여 전성기를 이룬다. 이 시기 누각식 전탑은 북방의 요와 남쪽의 송이 차이를 보인다. 요는 당의 밀첨식 전탑을 계승하여 塼으로 쌓아 올린 누각식 밀첨탑이, 송은 전체를 塼으로 조성하거나 혹은 塼으로 만든 탑신에 지붕과 평좌 등을 목재로 결구하여 삽입하거나, 塼으로 조성하되 공포구조나 기둥 등을 생략하는 방식 등, 다양한 양상의 누각식 전탑이 만들어졌다.

이러한 차이는 목조 건축에서도 찾아진다. 요 淸寧 2년(1056)에 조성된 불궁사오층목탑은 하층 옥개석 위에 짧은 기둥과 보로 연결된 외부에서는 보이지 않는 별도의 층(암층)을 마련하여 그 위에 상층부를 올리고 그 구조에 의지해 각 층 탑신 밖에 난간이 있는 회랑 바닥, 이를 지탱하는 평좌 하부 공포를 구비하고 있

는 평좌 구조를 가지고 있다. 이러한 구조는 각층 탑신 밑의 별석받침과 개념적 구조적으로 일치한다

이에 반해 오대와 북송은 같은 시기의 다층 목탑이 없어 구조를 확인할 수 없지만 같은 중층 건물로 중앙부에 공간을 확보해야 하는 건축임에도 984년 요에 의해 중건된 독락사 관음각이 불궁사의 경우와 같이 암층의 평좌를 두고 있음에 비해 11세기 북송의 융흥사 전륜장전은 내진주의 높이를 외진주의 평좌 기둥 높이에 맞추어 평좌를 구성하여 암층을 제거하고 있고 융흥사 慈氏閣도 지면 평좌 기둥이 하층과 평좌 층을 관통하는 통주를 사용하는 영정주조로 결구하였다.

이러한 요 탑과 송 탑의 차이는 요가 당의 중심지역에 위치하며 당의 문화를 기초로 삼았던 반면 반세기 늦게 건국한 송은 자신의 문화적 정체성을 당을 계승하여 새롭게 발전한 오대에서 찾았다는 점에서 기인한다. 오대십국의 문화에는 시기적 지리적 요인으로 인하여 중국 남부 지방의 문화적 전통이 반영되었기 때문이다.

중국은 남북조 시기부터 남조와 북조가 서로 다른 결구 방법으로 다층 목탑을 건립하였는데 남조는 찰주를 세워 그것을 중심으로 주위에 다층의 탑신을 결구하며 북조는 탑 내부 중심에 탑심체인 土臺를 조성하고 이를 이용하여 외부에 다층의 목조 건축을 세웠다. 土臺에는 상층으로 올라갈 수 있는 계단 시설도 있다.

이러한 차이는 수의 통일로 남방의 건축 기술이 북으로 전래되어 수, 당의 발전으로 이어졌을 것으로 추정되나 실재로 당의 목탑 유구에서는 탑지 중앙에 방형의 토대가 남아 있어 주목된다.

한국은 불교 전래와 함께 다층 목탑이 조성되었으나 현재는 삼국의 탑 터와 목탑을 번안해서 조성한 미륵사지 서탑이 있을 뿐이다. 중국 남조의 영향을 받은 백제 미륵사지 서탑, 백제의 기술자를 초청해 건립한 신라의 황룡사구층목탑, 역시 백제의 기술이 건너가 건립한 일본의 법륭사오중목탑은 모두 구조로부터 독립된 찰주와 그것을 둘러싼 하층 목구조의 공간이 확인되며 그 중에서도 황룡사탑은 1238년까지 模範으로 유지되고 있어 고려 전반기까지의 목탑 적층 구조는 남조적인 적층 구조가 기본적으로 유지되고 있었을 가능성이 높다.

고려 태조는 신라 호국의 상징인 황룡사구층목탑의 건립을 본받아 개경과 서경

에 각각 칠층 목탑과 구층 목탑을 세웠고 고려 초에는 실상사, 만복사, 흥왕사, 개국사, 혜일 중광사 등 10여기의 목탑이 세워졌다. 그러한 영향 때문인지 고려 초의 석탑들은 신라 전형양식에서 전탑의 수평적 직선으로 바뀌었던 옥개석 추녀를 목탑을 번안했던 초기 석탑에서와 같이 다시 반전하는 등, 목탑적인 양식이 다시 강조되는 시대적 특징을 보인다. 이러한 경향은 특히 주로 중앙 정부의 지원 아래 이루어지는 경우에 나타나며 규모도 크다.

한편 이 시기의 중국 대륙은 거란이 세운 遼가 전성기를 맞이하였던 시기로 그 문화적 영향력도 漢族이 세운 宋 못지않았다. 최근의 고고학적 발굴과 전시에 의하면 遼는 唐과 唐 皇室의 계승자임을 자부하며 중원에서의 정통성을 확보하고 있었음이 확인된다.

고려시대 각층 별석받침 양식은 다른 시기보다 밀접했던 11-12세기 북방과의 국제적 교류, 목탑적 양식의 재현이라는 당시 국내 석탑 조성의 흐름 속에서 발생되었으며 특히 암층형 평좌 구조로 적층된 북방 요의 건축적 영향에서 비롯되었음을 지적할 수 있겠다.

이상 초층 탑신 밑은 지면 평좌가, 고려시대 각층 별석받침은 이전의 적층 구조와는 다른 북방 요의 암층형 평좌 구조에서 비롯되어 번안된 것으로 판단된다.

국가의 대외 관계와 문화적 교류는 시기에 따라 차이가 있고 이는 사회 변화에 주요한 요인이 된다. 고려 전기는 그 어느 때보다도 다층적인 교류와 교섭이 이루어졌던 시기로 국제 관계와 그 영향력은 고려 문화와 사회를 이해함에 있어 중요하다. 특히 융성했던 요나라의 정치적, 문화적 영향을 확인하는 작업은 이 시기의 역사적, 문화적 진실을 이해하는데 필요한 작업이다.

참고문헌

〈자료〉

『고려사』,『삼국유사』,『신증동국여지승람』

『낙양가람기』,『속고승전』,『영조법식』

〈연구서〉

고유섭,『한국탑파의 연구 각론초고』, 고고미술동인회간, 1967.

고유섭,『한국탑파의 연구』, 동화출판공사, 1975.

국립부여문화재연구소,『실상사Ⅱ-발굴조사보고서』, 2006.

국립중앙박물관 편,『북녘의 문화유산』, 도서출판 삼인, 2006.

궈칭화 지음 · 윤재신 옮김,『중국목조건축의 구조-12세기 설계기준과 시공원리』,
　　　도서출판 동녘, 2006.

권종남,『皇龍寺九層塔-한국 고대 목탑의 구조와 의장』, 미술문화, 2006.

남시진 외,『전라북도의 석탑』, 국립문화재연구소, 2004.

리윈허 지음 · 이상해 외 옮김,『중국고전건축의 원리』, 시공사, 2000.

배진달,『중국의 불상』, 일지사, 2005.

엄기표,『신라와 고려시대 석조부도』, 학연문화사, 2003.

劉敦楨 著 · 鄭沃根 외 譯,『圖說中國建築史』, 世進社, 1992.

劉敦楨 著 · 鄭沃根 외 譯,『中國古代建築史』, 世進社, 1995.

윤장섭,『중국의 건축』, 서울대학교출판부, 1999.

윤장섭,『일본의 건축』, 서울대학교출판부, 2000.

李誠(1103년) 저 · 국토연구원 옮김,『營造法式』, 대건사, 2006.

장헌덕,『중국과 한국의 불교건축』, 빛과글, 2005.

조선중앙사진선전사,『고려박물관』, 2005.

조선총독부,『朝鮮古蹟圖譜』6, 1918.

진홍섭편저,『한국미술사연표』(개정증보판), 일지사, 2006.

고
려
와
북
방
문
화

한국정신문화연구원,『譯註 三國遺事』Ⅲ, 이회문화사, 2003.

郭黛姮 主編,『中國古代建築史 三-宋, 遼, 金, 西夏建築』, 中國建築工業出版社, 2003.

國立古宮博物院編輯委員會 編,『宮室樓閣之美-界畵特展』, 臺北: 國立古宮博物院, 2000.

邢志良,『淸明上河圖』, 古宮叢刊甲種, 1977.

文物出版社編,『中國考古文物之美』10-陝西扶風法門寺地宮, 文物出版社, 1994.

傅熹年 主編,『中國古代建築史 二-兩晉, 南北朝, 隋唐, 五大建築』, 中國建築工業出版社, 2001.

蕭默,『敦煌建築硏究』, 北京: 機械工業出版社, 2002.

蕭默 主編,『中國建築藝術史』上, 文物出版社, 1999.

楊衒之撰 周祖謨校釋,『洛陽伽藍記校釋』, 北京: 科學出版社, 1956.

遼寧省文物考古研究所 朝陽市北塔博物館 編,『朝陽北塔-考古發掘興維修工程報告』, 文物出版社, 2007.

李誠編修・王雲五 主編,『營造法式』, 1-8권, 臺灣商務印書館印, 1925.

中國社會科學院考古研究所,『北魏洛陽永寧寺:1979-1994年考古發掘報告』, 中國大百科全書出版社, 1996.

中國藝術硏究院≪中國建築藝術史≫編寫組 編,『中國建築藝術史』上, 文物出版社, 1999.

Hsingyuan Tsao, *DIFFERENCES PRESERVED-Reconstructed Tombs from the Liao and Song Dynasties*, University of Washington Press, 2000.

Nancy Shatzman Steinhardt, *Liao Architecture*, University of Hawai'i Press, 1997.

〈연구 논문〉
강병희,「高麗 顯宗代 銘文石塔의 一考察」, 이화여대 석사학위논문, 1983.

강병희, 「高麗 玄化寺址 七層石塔에 대하여」, 『韓國史의 構造와 展望-河炫綱敎授定年紀念論叢』, 혜안, 2000.

강병희, 「개성답사와 관음사 7층석탑」, 『이화사학연구』 37, 이화사학연구소, 2008.

고유섭, 「江陵神福寺址三層塔」, 黃壽永·金禧庚 編, 『韓國塔婆의 硏究 各論草稿』, 考古美術同人會, 1976.

김경표, 「고려 금동탑을 통해 본 법주사 별상전의 구조형식계통」, 『건축역사연구』 41, 한국건축역사학회, 2005.

김대식, 「고려 광종대의 대외관계」, 『史林』 29, 首善史學會, 2008.

김덕문·김경표, 「중층건물 층구조의 유형변천에 관한 연구」, 『대한건축학회논문집』 12-9, 1996.

김덕문, 「彌勒寺址西塔 木造翻案 解析」, 『한국건축역사학회 추계학술대회논문집』 2004.

김수연, 「高麗時代 佛頂道場 硏究」, 이화여자대학교 석사학위논문, 2004.

김순자, 「고려의 多元外交」, 『동북아 제지역간의 문물교류 I』, 동북아시대를 전망하는 국제학술대회발표문, 진단학회 등, 2004년 11월 19-20일.

김순자, 「고려전기의 거란[遼], 여진[金]에 대한 인식」, 『한국중세사연구』 26, 한국중세사학회, 2009.

김위현, 「고려와 거란과의 관계」, 『한민족과 북방과의 관계사 연구』 연구논총 95-8, 한국정신문화연구원 역사연구실, 1995.

김윤정, 「고려시대 금속탑 연구」, 홍익대학교 석사학위논문, 2007.

김재만, 「契丹·高麗 國交全史」, 『인문과학』 15, 성대인문과학연구소, 1986.

김정수, 「신라시대 목탑의 전래에 관한 연구-찰주와 심초석을 중심으로」, 『대한건축학회논문집』계획계 20-7, 2004.

김홍삼, 「나말려초 사굴산문과 정치세력의 동향」, 『고문화』 50, 1997.

나민수, 「고려의 대외교역에 대하여」, 『연세경제연구』 VIII-1, 2001년 3월.

남동신, 「보드가야(2):마하보리사 출토 한자 비문」, 『동아시아 구법승과 인도의 불교 유적』, 사회평론, 2009.

박상준, 「고려중기 법상종계 비 조각의 연구」, 『강좌 미술사』 26-I, 한국미술사연구소 한국불교미술사학회, 2006.

박은화, 「蘇漢臣의 〈妝靚士女圖〉와 南宋 士女畵의 樣相」, 『古文化』 50, 한국대학박물관협회, 1997.

박종기, 「11세기 고려의 대외관계와 정국운영론의 추이」, 『역사와 현실』 30, 한국역사연구회, 1998.

양은경, 「遼寧省 朝陽北塔出土塑造像研究」, 『미술사학연구』 256, 한국미술사학회, 2007.

윤영인, 「거란 · 요연구:21세기 연구 성과를 중심으로」, 『중국 학계의 북방민족 · 국가연구』, 동북아역사재단, 2008.

윤희상, 「9世紀 木造建築의 技法 研究-石造遺構의 建築要素를 중심으로」, 『건축역사연구』 14, 1998.

이성미, 「高麗 初雕大藏經의 御製秘藏詮 版畵-高麗 初期 山水畵의 一 研究」, 『考古美術』 169 · 170, 한국미술사학회, 1986.

이왕기, 「고대 한국 · 중국 건축관계사 Ⅱ-백제를 대상으로」, 『건축역사연구』, 3-1, 1994.

이왕기, 「중국 한대 건축양식 연구 Ⅱ-누각형 明器를 대상으로」, 『대한건축학회논문집』 6-2, 1990.

이은희, 「石幢」, 『북한문화재해설집1-석조물편』, 국립문화재연구소, 1997.

정신봉, 「고려 성종대의 대송관계」, 『전주사학』 4, 전주대 역사문화연구소, 1996.

정용해, 「고려돌탑의 변천에 관한 연구」, 『고고민속논문집』 11, 1988.

정용해, 「고려돌탑의 연대에 대하여」, 『조선고고연구』 1, 1989.

조영수, 「석탑에 있는 탑신 받침의 기원과 변화에 관한 연구」, 성균관대학교 과학기술대학원 석사학위논문, 2005.

조원창, 「百濟 木塔址 編年과 軸基部 築造技法에 관한 研究」, 『건축역사연구』 59, 한국건축역사학회, 2008.

주경미, 「북송대 탑형사리장엄구의 연구」, 『중국사연구』 60, 중국사학회, 2009.

진홍섭, 「韓國의 眼象紋樣」, 『동양학』 4, 단국대 동양학연구소, 1974.

천득염·지승용, 「韓國의 靑銅塔에 관한 硏究」, 『건축역사연구』 15, 1998.

천득염·박지민, 「石造遺構를 통한 韓國 古代建築에 관한 硏究-삼국시대와 통일신라시대를 중심으로」, 『건축역사연구』 20, 1999.

한규철, 「발해유민의 고려투화-후발해사를 중심으로」, 『부산사학』 33, 부산사학회, 1997.

洪大韓, 「고려초 석탑의 탑신받침 조형특성에 관한 연구-탑신받침의 기원과 변화를 중심으로」, 『文化史學』, 한국문화사학회, 2007.

黃寬重, 「宋·麗貿易與文物交流」, 『고려시대 한중교섭의 제양상-제3회 環黃海 韓中交涉史研究 심포지움』, 진단학회, 1991년 8월 15-18일.

황수영, 「新羅 皇龍寺 九層木塔 刹柱本記와 그 舍利具」, 『동양학』 3, 단국대학교 동양학연구소, 1973.

황수영, 「弘濟洞沙峴寺址五層石塔」, 『鄕土서울』 11, 1976.

國家文物國 主編, 「鄴城遺址東魏北齊佛寺塔基遺蹟」, 『2002中國重要考古發現』, 文物出版社, 2003.

大同市博物館, 「大同北魏方山寺遠佛寺遺址發掘報告」, 『文物』 4, 2007.

浙江省文物考古研究所, 『雷峰塔遺址』, 文物出版社, 2005.

鍾曉靑, 「北魏洛陽永寧寺塔復原探論」, 『文物』 5, 1998.

中國社會科學院考古研究所·河北省文物研究所, 「河北臨漳縣鄴城遺址東魏北齊佛寺塔基的發現與發掘」, 『考古』 10, 2003.

谷口耕生, 「吉備大臣入唐繪券」, 『大遺唐使展』, 奈良國立博物館編, 2010.

Tracy Miller, The Eleventh-century Daxiongbaodian of Kaihuasi and Architectural Style in Southern Shanxi's Shangdang Region, *Archives of Asian Art* 58, University of Hawai'i Press, 2008.

고려중기 불교조각에 보이는 요의 영향

정 은 우

Ⅰ. 머리말

고려중기는 11세기 중엽경부터 13세기에 이르는 시기에 해당한다. 이 시기의 고려는 중국과의 관계 속에서 새로운 문화가 유입되고 정착되면서 고려후기로 계승되는 점이 특징이다. 요, 금, 북송, 남송과 다양한 경로를 통해 불교미술이 유입되었음은 잘 알려져 있으며, 특히 요와는 서로 200번이 넘는 통상적 왕래를 통해 대장경의 유입 등 불교관계 서적들이 유통되었으며 두 나라 사이에 이루어진 국신물 내역 등도 밝혀졌다.[1]

이에 비해 두 나라 사이의 불교미술에 대한 기록이 많지 않아 이에 대한 연구는 극히 적은 편이다. 이는 잦은 전쟁으로 고려중기의 불교조각이 적게 남아 있고 수도인 개경(개성)에 남아 있는 작품이 극히 희소하기 때문으로 해석된다. 그러나 고려

---

1) 안귀숙, 「고려시대 금속공예의 대중 교섭」, 『고려 미술의 대외교섭』, 예경, 2004, 190-192쪽.

와 요 모두 불교를 숭상하였으며 약 100여년에 이르는 동안 빈번한 왕래와 교류, 거란인의 귀화 등으로 인한 직, 간접적인 영향 또한 지대했을 것으로 짐작된다. 이후 요대의 불상 전통은 금대로 이어졌다. 금 또한 고려와의 활발한 교류가 이루어졌던 점을 고려해 보면 그 영향력은 계속 지속되었을 것이다. 그러나 금대의 불교조각 사례는 많지 않은 편이며, 연구도 거의 없어 정확한 특징은 아직 알 수 없다.

본 논문에서는 남아 있는 고려중기의 작품 가운데 중국과의 교섭 아래 유입되었을 작품을 소개하고자 하며 특히 북방에 위치한 요대 불교조각과의 도상 및 형식적 특징 등을 구체적으로 비교, 분석해 보고자 한다.

Ⅱ. 고려중기 불교조각의 특징과 대중교섭

고려시대의 불교조각은 양식적인 특징에 의해 크게 전기, 중기, 후기의 3기로 분류해 볼 수 있다.[2] 통일신라 양식을 계승한 고려전기와 달리 고려중기는 11세기 이후 요, 금, 송대로부터 들어오는 새로운 요소들을 수용, 혼합하여 형성된 양식이 유행하였다. 시기적으로는 거란과의 전쟁이 끝나고 송과의 국교를 재개하는 11세기 중엽경부터 몽고와의 전쟁이 끝난 후 다시 개성으로 천도하는 1270년경까지이다.

이 시기의 불교조각은 전체적으로 작품이 적게 남아 있어 그 계보를 잡기는 어렵지만 크게 두 유형으로 분류된다. 첫째는 요, 금으로부터 들어오는 새로운 요소가 보이는 불상들이며 이는 주로 육지를 통해 이루어졌다. 둘째는 송과 관련된 경상도지역의 안동이나 봉화, 충청남도 서천, 강진 그리고 수도인 개성 등지에 남아 있는 작품들로서 서, 남해안의 바닷길과 연관되는 점이 특징이다.

고려와 거란과의 관계는 942년 만부교사건이라든지 943년 훈요십조에 등장하

---

2) 정은우, 「고려시대 불교조각의 흐름과 특징」, 『박물관기요』 22, 단국대학교 석주선기념박물관, 2007, 73-105쪽 ; 최성은, 「고려시대 불교조각의 대중관계」, 『고려 미술의 대외교섭』, 예경, 2004, 107-152쪽.

는 "禽獸의 나라"라는 용어들로 미루어 10세기에는 거란과의 관계가 적대적이었음을 알 수 있다. 이는 그 후 993년부터 시작되는 거란의 3차 침략을 불러 오는 요인이 되었다. 그러나 현종대(1009-1031)의 화평 이후부터 1116년 요의 연호를 중지하기까지 약 100년간 두 나라 사이에는 매년 상시적인 사신 왕래와 더불어 문화의 교류가 이루어졌다. 불교조각에서도 강원도지역의 고관을 쓴 석조보살상 및 국립중앙박물관 금동보살좌상, 강원도 고성 출토 석조여래좌상, 석조나한상 등 주로 수도 개경과 가까운 지역에서 발견되는 불상들에서 요 또는 금과 관련된 양식이 보인다. 따라서 요대의 다양한 불상양식이 고려로 유입되고 제작되었음을 추정해 볼 수 있다.

고려중기 대중 불교문화의 교류에서 요와 더불어 주목되는 것은 송과의 관계이다. 고려와 송의 외교관계는 이미 광종대(925-975)부터 있어 왔으나 994년 거란의 칩입으로 송에 원병을 요청하지만 거절하자 단교하게 된다. 그 후 1068년 송이 다시 고려와 국교를 시도하면서 1072년 재개되었다. 이 시기 이후 양국과의 문화교류는 더욱 빈번해졌으며 송대의 조각양식이 고려로 전해지는 촉매 역할을 하였던 것 같다. 1083년 송의 대장경을 開國寺에 두거나, 개경 興王寺의 협저불상은 원풍연간(1078-1085)에 송으로부터 전래된 것이라 하였으며,[3] 1076년 송의 수도인 개봉에 있는 相國寺 벽화를 직접 모사하여 개경 興王寺에 그리기도 하였다. 1118년(예종13) 4월 송의 徽宗이 安和寺에 소조16나한상을 하사했다는 기록도 전한다.[4] 휘종이 安和寺에 관심이 많았던 사실은 이인로의 『파한집』에 "안화사를 창건했다는 소식을 들은 송 황제가 특별히 사인을 파견하여 殿材로서 불상을 설치할 물건을 보내고 어필로 친히 쓴 全額을 써서 蔡京을 시켜 문에 걸게 했다"는 내용에서도 확인된다.[5] 이 사실을 그대로 해석하면 휘종은 안화사에 나한상 외에도 불상과 관련된 또 다른 재물을 보냈을 가능성이 있다. 이외에도 조각장을 구하거나 관음상 등을 중국에서 직접 주문하여 가져오려고 했던 기록도

---

3) 徐兢, 『高麗圖經』 권17, 王城內外諸寺.
4) 『高麗史』 권14, 세가14, 예종 戊戌13년.
5) 李仁老, 『破閑集』 卷上. 비슷한 내용이 徐兢, 『高麗圖經』 권17, 精國安和寺와 『高麗史』 권
   14, 세가14, 예종3 戊戌13년에도 전한다.

남아 있다.[6] 또한 1115년 송에 들어가 1116년 돌아 온 權適이 중국에서 돌아 올 때 관음상 1幀과 법화서탑을 황제로부터 받아 귀국하여 가문의 보배로 삼았다는 기록도 확인된다. 이 관음상은 최자(1188-1270)의 할머니인 딸에게 전해졌고 법화서탑은 둘째아들이 불도가 되어 전했다고 한다.[7]

이상과 같은 다양한 경로를 통한 교류에 따라 불교미술품이 유입되고 북송과 남송의 불상 양식이 고려에 영향을 끼쳤을 것이다. 송과 연관된 대표적인 작품으로는 동국대학교박물관 소장의 금동보살입상,[8] 개성 관음굴 석조보살입상,[9] 1199년에 제작된 경상북도 안동 봉정사 목조보살좌상, 안동 보광사 목조보살좌상, 충청남도 서천군 출토 금동보살좌상 등을 들 수 있다.[10] 남송과의 관계 속에서 성립된 도상과 양식을 보이는 작품으로는 1280년 이전에 제작된 충청남도 해미 개심사 목조여래좌상과 현재 서울 개운사에 있는 1274년 이전 작인 아산 축봉사 목조여래좌상 등을 들 수 있다. 고려중기의 불상들은 재료라든지 기법 그리고 장식기법 등에서 다양하면서도 수준 높은 우수성을 보이는 작품들이 있어 주목된다.[11] 목조불상에서는 새로운 접목조기법의 상들이 제작되며, 삼베와 칠을 이용한 건칠불상, 따로 만들어 끼우는 영락장식을 한 보살상, 감탕기법을 이용한 머리카락이나 영락의 표현 등을 들 수 있다. 즉 고려중기는 중국으로부터 유입된 새로운 재료와 기술, 조형성, 도상 등을 바탕으로 가장 독특하고 신선한 불교조각을 제작하고 창출한 시대라고 할 수 있다.

6) 장동익, 『宋代麗史資料集錄』, 서울대학교출판부, 2000, 393쪽 ; 정은우, 「동국대학교박물관소장 고려중기 금동보살입상」, 『불교미술』18, 동국대학교박물관, 2006, 12쪽.
7) 崔滋, 『補閑集』.
8) 정은우, 위 논문, 2006, 3-20쪽.
9) 정은우, 「개성 관음굴 석조보살상과 송대 외래요소의 수용」, 『시각문화의 전통과 해석』, 예경, 2007, 193-207쪽.
10) 정은우, 앞 논문, 『박물관기요』22, 단국대학교 석주선박물관, 2007, 91-97쪽.
11) 정은우, 「고려중기와 남송의 보살상」, 『미술사 자료와 해석』, 일지사, 2008, 180-212쪽.

Ⅲ. 고려중기의 불교조각과 요

고려중기의 불교조각 가운데 북방에 해당하는 중국 요대의 불상과 연관성을 보이는 작품을 중심으로 특징 및 그 영향 관계 등을 살펴보고자 한다. 불교조각은 여래상과 보살상, 나한상으로 분류하였다.

1. 여래상

고려초기에는 편단우견이라든가 오른쪽 어깨에 편삼을 두르고 대의를 입은 통일신라시대의 도상이나 형식이 계승된 여래상이 유행하였다. 남아있는 여래상의 사례도 많은 편이며 이에 비해 보살상은 적게 남아 있다. 그러나 고려중기의 작품은 여래상이 적고 보살상은 많은 편이어서 이 시기의 여래상 형식을 밝히기는 매우 어렵다. 고려중기 불상 가운데 요나 금대의 불상과 관련되는 정확한 제작연대가 있는 작품은 거의 없으며 추정되는 작품도 몇 예에 불과하다.

이 시기의 여래상은 크게 옷을 입은 방식에 따라 두 가지 유형으로 분류해 볼 수 있다. 첫 번째는 오른쪽 어깨에 편삼을 입은 유형이며 두 번째는 통견식 대의를 입은 방식이다.

먼저 첫 번째 유형의 대표적인 작품으로는 국립중앙박물관 소장 금동여래좌상(덕3091, 덕6177), 프랑스 기메박물관 소장 금동여래좌상,[12] 예산 천방사 금동여래좌상(도 1), 국립중앙박물관 소장의 고성 출토 석조여래좌상(도 2) 등으로 몇 가지 면에서 동일한 양식을 보인다. 즉 얼굴 모습이나 신체 비례는 다소 다르지만 두 손을 무릎 위에 놓은 선정인의 자세에서 동일한 모습이다. 또한 오른쪽 어깨에 편삼을 걸치고 변형통견식의 대의를 걸쳤는데 복견의라고도 부르는 이 형식은 이미 이전부터 있었지만 요대만의 전형적인 형식으로 발전하게 된다. 표현상의 특징은 대의가 왼쪽 팔의 관절 부근에서 깊은 홈을 이루며 주름이 잡혀 있

---

12) 국립문화재연구소편, 『프랑스 국립기메동양박물관소장 한국문화재』, 1999, 186쪽 도 14.

고려와 북방문화

〈도 1-1, 1-2〉 천방사 금동여래좌상, 고려, 충청남도 예산
〈도 2〉 석조여래좌상, 고려, 강원도 고성 출토, 국립중앙박물관
〈도 3-1〉 안정사 금동여래좌상, 고려, 경상남도 통영

는 점과 노출된 가슴의 아래 부분에 수평으로 가로지른 형상의 띠 매듭이 보이는 점이다. 특히 대의는 오른쪽 어깨 위의 대의가 반달형을 이루며 왼쪽 어깨 위로 걸쳐지면서 형성된 왼쪽 팔꿈치의 깊은 홈 주름이 주목된다. 이러한 착의 형식은 중국 요대에 보편적으로 성행하였던 독특한 형식으로 요의 전 지역에 걸쳐 유행하였으며, 캔사스시티 넬슨 갤러리(Nelson Gallery)의 금동아미타여래좌상이나 1038년에 조성된 산서성 대동의 하화엄사 소조삼세불좌상 등과 비교된다.

또 다른 유형의 불상은 통영 안정사 금동여래좌상(도 3-1), 수덕사성보박물관 소장 금동여래좌상(도 4) 등으로 통견식 대의를 걸친 점만 제외하면 위의 유형과 거의 흡사하다. 안정사 금동여래좌상은 몸 안에서 복장물이 발견되었고 바닥면에서 "四十一 惠威燈光佛"이라 쓰여진 묵서가 발견되었다(도 3-2). 고려적인 특징이 농후한 복장물의 내용에서 제작

〈도 3-2〉 안정사 금동여래좌상의 밑면 명문, 고려, 경상남도 통영

〈도 4〉 금동여래좌상, 고려, 충청남도 수덕사성보박물관

〈도 5〉 금동여래좌상, 요, 상경 출토, 파림좌기박물관

시기를 판단할 수 있으며 41번째로 미루어 53불이나 다수의 불상을 제작한 사례로 볼 수 있다. 이 여래좌상들은 얼굴이 크고 어깨와 무릎이 좁은 비례 등에서 거의 비슷한데 이는 상경 출토의 요대 금동여래좌상들과도 비교된다(도 5).

이상 두 유형의 여래상들은 두 손을 무릎 위에 놓은 선정인 자세이거나 혹은 맞잡은 자세를 하고 있는 형식에서 공통된다. 우리나라 여래상 가운데 선정인 여래좌상은 사실 5-6세기 불상에 잠깐 유행했으며 이후 거의 없는 도상이다. 그런데 이 고려시대 여래상에서 갑자기 출현한 점은 매우 흥미롭다. 선정인 자세는 중국의 경우 아미타불의 독특한 수인으로 오랫동안 발전한 형식이다. 사방불의 서방에 위치한 무량수불 또는 독존으로서도 많이 제작되는데 앞에서 살펴 본 착의법을 하고 선정인을 한 여래상은 요대의 불상에서 쉽게 볼 수 있다. 요양백탑의 감실 불상이 같은 형식이며 또한 요대에 유행했던 몸체에 불정존승다라니석당의 신부에 새겨진 사방불 가운데 무량수불에서도 볼 수 있다. 예를 들어 산서성 하화엄사 앞에 있는 壽昌元年명(1095) 석당의 무량수불(도 6), 경도국립박물관소

〈도 6〉 석당 부조여래좌상, 요 1095, 산서성 하화엄사
〈도 7〉 석조여래좌상, 요, 昌圖縣 八面城 鎭遼金 城址 출토, 요녕성박물관

장의 1084년명 多寶千佛石幢의 신부 무량수불 등을 들 수 있다.[13] 이 요대의 여래좌상은 착의법이나 수인, 승각기 처리 등에서 천방사나 안정사 금동여래좌상과 비교된다. 이외에도 중경성지 출토 석조여래좌상이나 요녕성박물관 소장의 昌圖縣 八面城 鎭遼金 城址 출토의 석조여래좌상(도 7)[14]을 보면 두 손을 무릎에 놓고 각기 두 손을 오므렸는데 마치 아미타구품인의 변형처럼 보인다.[15] 같은 형식이 고려시대 높이 8.6cm의 개인소장 소형 금동여래좌상에서도 발견된다.[16] 고려시대에 많이 나오는 이 여래상들을 아미타불로 볼 수 있는지에 대한 확인은 어렵지만 설법인의 새로운 형식으로 만들어졌을 가능성도 생각해 볼 수 있겠다.

이외에 국립중앙박물관에는 함경북도 慶源郡 東原面 林壹洞 출토로 1935년 조

13) 『遼代多寶千佛石幢』, 京都國立博物館, 1973, 12쪽.
14) 경기도박물관편, 『同과異:遼寧省 神奈川縣 京畿道 文物展』, 2002, 49쪽 도 39.
15) 정은우, 「요대 불상조각의 연구(Ⅱ)」, 『미술사연구』 14, 미술사연구회, 2000, 71쪽 도 50 참조.
16) 진홍섭, 『한국의 불상』, 일지사, 1978, 315쪽 도 160.

〈도 8〉 금동여래좌상, 요, 함경북도 慶源郡
東原面 林壹洞 출토, 국립중앙박물관

선총독부 박물관에 입수된 금동여래좌상이 한 구 남아 있다(도 8).[17] 고려의 작품으로 알려진 이 여래상은 손에 경권을 든 독특한 상으로서 출토 지역과 그 특징을 통해 국적 문제를 재검토해 보고자 한다. 이 금동여래좌상은 통견식 대의를 입고 결가부좌로 앉은 불상으로 손에 둥글게 만 경권을 들고 있는 특이한 상이다. 여래상이 경권을 들고 있는 작품은 우리나라에서는 거의 없는 도상인데 같은 형식을 요대의 금동여래입상에서 볼 수 있으며 1022년의 금동보살상과 요녕성박물관 소장의 금동여래입상(도 9)과 금동보살좌상[18] 역시 경권을 들고 있다.[19] 이 금동여래좌상은 경권을 든 도상 뿐만 아니라 낮은 3단 대좌 등에서도 요대만의 특징적인 형식을 따르고 있어 넓게는 요대의 조각으로 분류해 볼 수 있다.

이 불상이 출토된 함경북도 경원군은 현재 러시아와 경계를 이루는 두만강 상류지역으로 원래는 발해의 영토에 해당된다. 거란은 926년 발해를 멸망시키고 이 지역에 東丹國을 설치하여 태조 야율아보기의 장자를 동단국의 왕으로 임명하여 통치하게 하였다. 이후 2대 황제인 태종(야율아보기의 2子, 東丹國 왕의 동생)과 건국초의 투쟁 과정에서 태조 야율아보기의 장자인 동단국왕이 931년 중국 본토

고려와 북방문화

17) 이 여래상은 원래 조선총독부 박물관 소장품이었으며 한번도 전시, 소개된 바 없는 불상으로 국립중앙박물관 허형욱 연구원에 의해 그 존재가 알려졌다. 유물 카드에는 고려로 편년되어 있다.

18) 경기도박물관편, 앞 책, 2002, 48쪽 도 38.

19) 경권을 든 보살상의 경우 문수보살로 해석하며, 대영박물관 소장의 금대의 석조문수보살상 역시 손에 경권을 들고 있다. 그러나 여래상의 경우는 매우 독특하여 정확한 존명을 알기 어렵다.

의 後唐으로 망명하자 동단국을 동경(현재의 요녕성 요양)으로 옮기게 된다. 동단국이 동경으로 이동해 간 후 이 지역은 거란의 직접 지배에서 벗어났다.[20] 따라서 옛 발해지역은 원거주민인 발해인, 여진족이 자립하면서 거란과 혹은 고려와 일정한 관계를 맺은 것으로 이해되고 있다.

만일 이 지역에서 출토된 이 금동여래좌상이 거란의 작품이라면 10세기 초반경으로 볼 수 있다. 고려의 작품으로 볼 경우 그 가능성은 매우 희박하다. 고려는 14세기 중후반 공민왕대에 이르러 함경북도 吉州 일대까지 영역을 확보하는데[21] 경원지역은 여진족의 거주 지역이었다. 따라서 지역적으로 볼 때는 거란이나 고려 보다, 여진의 작품이었을 가능성이 높게 된다. 그러나 상의 특징으로 보면 여진 보다는 거란의 작품일 가능성이 높은데 이 경우 몇 가지 가설을 생각해 볼 수 있다. 첫번째는 여진의 땅에 정착해 살

〈도 9〉 동조여래입상, 요, 요녕성박물관

20) 『遼史』 권38, 地理2, 東京조에는 지금의 연해주 지방이 거란의 영토로 포함되어 있지만 이는 10세기 초반에 해당된다(金渭顯, 「東丹國考」, 『宋遼金元史硏究』, 2000 ; 『거란사회문화사론』, 2004, 재수록 ; 『거란동방경략사연구』, 명지대학교출판부, 2004, 33-61쪽).

21) 『高麗史』 권58, 地理3, 東界, 吉州 ; 『新增東國輿地勝覽』 권50, 咸鏡道 吉城縣 建置沿革, 古跡조 참조. 고려의 영역 범위를 어디까지로 보는가는 12세기초 예종대 정벌 당시 개척한 지역에 새로 설치한 9城 중 가장 북쪽에 설치했다는 公嶮鎭을 어디로 보는가에 따라 논란이 있을 수 있다. 공험진의 위치를 어디로 비정하는가는 『高麗史』와 『東國輿地勝覽』이 편찬되던 15세기에도 논란이 있었으며 근대 한국사학이 시작된 20세기 이래 아직까지 계속되고 있다. 윤관이 설치했다는 9성의 위치는 공험진을 제외하면 북쪽에 설치된 것은 吉州, 雄州, 英州이며 이들 3곳은 모두 조선초에 길주로 편입되었다. 공험진의 위치를 어디로 보든 고려시대에 함경북도 경원지역과 두만강 이북지역의 거주민이 여진족이었다는 것은 사실이다.

던 거란족에 의해 제작되었을 가능성이다. 당시 거란인은 고려로 망명해 와서 정착하는 경우가 적지 않았다. 거란 국가가 존속하던 시기에 거란인들이 국가를 수립하기 전의 여진족 사회로 망명하여 정착하는 경우가 있었는지 기록에서 확인할 수는 없지만, 그 가능성을 고려할 수 있을 것이다. 두번째는 거란으로부터 받은 하사품일 가능성도 생각해 볼 수 있다. 즉 당시 여진족은 요에 조공을 바쳤는데 돌아올 때에는 일상용품이나 자기의 지위를 과시하기 위한 문화적 수준이 높은 물품을 받아 왔을 것으로 추정된다. 특히 거란은 여진족을 통제하는 것이 중요한 일이었으므로 유력한 여진족의 추장에게 선물로 주었을 수도 있었을 것이다.[22] 마지막은 여진이 금을 세운 후 거란의 양식을 계승한 불교조각을 제작했던 점에서 금대에 제작되었을 가능성도 생각해 볼 수 있다. 하지만 이 경우는 현재까지 비슷한 계통의 금대 여래상이 아직 발견되지 않아 그 가능성은 희박하다고 본다.

2. 보살상

고려시대의 보살상 가운데는 머리에 높은 원통형 보관을 쓴 상들을 비롯하여 백의관음, 천수관음 등 다양한 형상의 관음상들이 많아 주목된다.

먼저 원통형 고관을 쓴 보살상은 주로 강원도 명주지방을 중심으로 집중적으로 분포되었으며 탑 앞에 무릎 꿇은 자세의 공양자세를 한 모습이 특이하다. 한송사지 탑과 월정사 탑 앞의 석조보살좌상, 강릉 신복사지 탑 앞에 놓인 석조보살좌상 등이 대표적인 사례로서 특히 높은 원통형 보관 뒤로 두건을 늘어 뜨린 점이 특징이다(도 10, 11). 경기도 시흥에 위치한 소래산 선각마애보살입상은 거대한 암벽에 얕은 선각으로 조각된 상이다(도 12). 이 상 역시 원통형의 높은 고관을 썼는데 보관 안에는 연화당초문을 새겼으며 관대가 양측으로 흩날리는 형상이다. 강원도지역의 이 상들에 대해서는 현재 10세기로 보거나 또는 11세기의 작품으로 편년하는 등 몇 가지 의견들이 개진된 바 있다.[23] 보살이 쓰는 고관 형식은 국

22) 김구진, 「원대 요동지방의 고려군민」, 『이원순화갑기념 사학논총』, 교학사, 1986, 469-486쪽.

〈도 10〉 한송사지 석조보살좌상 부분, 고려, 국립춘천박물관
〈도 11〉 신복사지 석조보살좌상, 고려

립경주박물관에 있는 낭산 출토 석조보살입상에서부터 보이지만 실제적인 유행
시기는 고려시대 부터이다.

　이러한 높은 고관은 원래 당대부터 보이는 특징으로 이르게는 사천성 포강의
보살상들에서부터 시작하여 874년경의 법문사 출토 은제도금보살상을 비롯한 당
말·오대기의 작품들에서도 볼 수 있는 형식이다. 이후 요대로 계승되면서 보편
적이면서 일반화된 특징으로 크게 유행하게 된다. 예를 들어 산서성 하화엄사에
안치된 소조보살상들은 거의 비슷한 원통형의 높은 보관을 쓰고 있으며, 이는 북
경고궁박물원 소장의 하북성 출토 금동보살좌상, 巴林左旗와 巴林右旗를 비롯한
요대의 상경, 서경 등지에 있는 요대의 보살상들에서 쉽게 볼 수 있는 특징이다.
특히 내몽고 파림좌기의 상경남탑에 부조된 불상은 오대산 월정사 공양보살상과

23) 최성은, 「명주지방의 고려시대 석조보살상에 대한 연구」, 『불교미술』 5, 동국대학교박물
　　관, 1980, 56-71쪽 ; 권보경, 「고려전기 강릉일대 석조보살상 연구」, 『사림』 25, 수선사
　　학회, 2006, 114-149쪽.

〈도 12〉 소래산 선각마애보살입상 부분, 고려, 경기도 시흥

고려와 북방문화

〈도 13〉 상경남탑 북면 불상의 얼굴, 요, 내몽고 파림좌기
〈도 14〉 월정사 공양보살상의 얼굴, 고려, 오대산 월정사

〈도 15〉 금동보살좌상, 고려, 국립중앙박물관
〈도 16〉 금동보살좌상, 고려, 소재 미상

높은 보관만이 아니라 긴 얼굴에 살찐 턱 등의 표현까지 닮아 그 영향을 짐작케
한다(도 13, 14).

　다음은 관음상으로 고려시대에는 보관에 화불이 있고 손에 연꽃을 든 상은 물
론 머리에 백의를 쓴 백의관음, 천개의 손을 가진 천수관음 등 독특한 형식의 관
음상이 다양하게 제작되었다. 이는 고려시대에 "觀世音菩薩 滅業障眞言" 같은 우
리나라에만 등장했던 특수한 진언이 유행하는 등 보다 광범위하게 신앙시되었기
때문이다.[24] 특히 관음상은 전란에 대비하거나 병을 낫게 하기 위해 또는 다양한
치유를 위한 신앙으로 유행하게 된다. 실제 고려시대에는 거란의 침입, 몽고족의
침입, 홍건적, 왜구의 침입 등 많은 전란이 있었기 때문에 이로 인한 관음신앙이
유행하였으며 상도 많이 제작되었다.

　먼저 국립중앙박물관 소장의 금동보살좌상은 1915년 3월 박물관에 입수된 작

24) 강호선, 「불교사상과 신앙의 사회화」, 『신앙과 사상으로 본 불교전통의 흐름』, 2007, 국
　　사편찬위원회, 212-215쪽.

품으로 15.6cm 대좌 높이 5.3cm의 소형 보살상이다(도 15). 원통형 보관을 쓰고 보관에는 화불이 있으며 원형 장식이 7개 부착되어 있다. 왼손에는 연봉오리를 들었으며 왼쪽 어깨에 두텁게 천의를 두른 반면 오른쪽 팔에는 옷자락이 없는 착의법이 특징적으로 마치 천의와 대의식을 합쳐 놓은 듯하다. 이러한 옷을 입은 보살상은 그 예가 매우 드문 편인데 북경수도박물관 소장의 요대 금동보살좌상에서 볼 수 있다.[25]

국립중앙박물관 소장의 보살상과 비슷한 상이 이전 세키노 다다시(關野貞) 소장으로 현재는 소재를 알 수 없는 『조선고적도보』에 사진만 남아 있는 금동보살좌상이다(도 16).[26] 이 두 상의 공통점은 원통형의 낮은 보관과 보관 띠에서 시작하여 어깨 부분에서 하나의 작은 매듭을 형성하고 이어서 팔꿈치까지 늘어진 모습과 3단으로 형성된 낮은 팔각대좌 형식 등이다. 대좌의 상대는 이중의 앙련이 활짝 피어 있고 중대와 하대는 원형이나 팔각으로 이루어졌는데 이 형식의 시원은 당대이지만 오대를 거쳐 요대에 크게 유행하였다. 그 중 상해박물관이나 런던 대영박물관 소장의 금동보살좌상과 비교해 보면 보관에서 늘어진 매듭이 있는 관대, 동그란 얼굴에 통통한 빰, 3단으로 이루어진 대좌 형식에서 거의 흡사하다(도 17). 같은 유형의 명문상으로 대좌 뒷면 중대에 "永隆元年奉 新造 金銅像"의 음각명이 있어 939년에 제작되었음을 알 수 있는 동경국립박물관 소장의 금동보살좌상이 있다.[27] 따라서 이러한 보살상은 10

〈도 17〉 금동보살좌상, 요, 상해박물관

25) 北京首都博物館편, 『古代佛像藝術精品展』, 북경출판사, 2006, 22쪽.

26) 이 보살상에 대해서는 정은우, 「고려전기 금동보살상 연구」, 『미술사학연구』 228 · 229, 한국미술사학회, 2001, 21-22쪽.

27) 이 상은 한국에서 출토되었다고 전하여 고려의 불상으로 추측하기도 하지만 영륭이 남중국인 閩(893-945)의 연호인 점과 이 나라의 연호를 고려가 사용하지 않았음을 고려해 보

〈도 18〉 금동백의관음보살입상, 고려, 국립춘천박물관
〈도 19〉 금동백의관음보살입상, 요, 미국 샌프란시스코 아시아박물관

세기 오대와 요대에서 유행했던 형식임을 알 수 있으며 고려에도 전해졌던 것으로 추정되는 것이다.

이외의 특수한 도상으로는 백의관음상을 들 수 있다. 백의관음은 춘천박물관 소장의 홍천 출토 금동관음보살입상과 국립중앙박물관 소장의 금동백의관음보살입상(높이 5.3cm, 덕1728)이 매우 비슷한 사례이다.[28] 10.5cm의 홍천 출토 금동관음보살입상은(도 18)[29] 길쭉한 불신에 머리에는 백의를 두른 모습인데 작은

면 중국의 작품으로 추정된다. 고려는 933년 後唐(923-936)으로부터 책봉을 받은 후 주로 북중국인 後晉(936-947), 後漢(947-950), 後周(951-960)에 조공하고 책봉을 받았기 때문이다.

28) 이외에도 국립진주박물관 소장의 대야 안에 선각으로 새겨진 백의관음도 고려시대의 작품으로 알려져 있다(정은우, 「조선후반기 조각의 대외교섭」, 『조선후반기 대외교섭』, 예경, 2007, 193-199쪽).

29) 춘천박물관 소장의 두 백의관음상의 도판은 『국립춘천박물관』, 통천문화사, 2002, 98-99쪽 참조.

방형의 2단 대좌에 배 앞에 모은 두 손에 연봉오리를 잡은 모습에서 미국 샌프란시스코 아시아박물관 소장의 요대 금동백의관음보살입상이나 묵덴(심양) 출토의 금동관음보살입상과 거의 흡사하다(도 19).[30] 또한 2단으로 이루어진 방형의 대좌도 요대의 입상에서 일반적으로 유행하였던 형식이다.[31]

백의관음은 원래 밀교에서 발달된 듯 주로 밀교 경전에 언급되어 있는데 선무외(637-735)의 『大毘盧遮那成佛神變加持經』이나 불공(705-774)의 『普提所說一字頂輪王經』 권2[32]에 언급되어 있다. 597년에 쓰여진 「觀世音現身施種種願現除一切病陀羅尼」, 『陀羅尼雜集』 권10[33]에도 "用作觀世音像 身著白衣坐蓮花座上一手捉蓮花 一手捉藻瓶 使髮高堅"라 하여 비슷한 내용이 쓰여 있다. 즉 경전에 언급된 백의관음은 흰옷을 입고 연화좌 위에 앉아 한 손에는 연화를, 한 손에는 조병(정병)을 잡고 있는 모습으로 묘사되어 있다. 이러한 경전의 내용은 실제의 작품에서도 그대로 표현되었음을 위에서 살펴 본 고려나 요대의 백의보살상에서 알 수 있다. 즉 자세에서는 좌상과 입상 등 다양한 모습이지만 머리까지 천을 두르고 손에는 연화나 연봉오리를 든 백의관음상인 것이다. 더욱이 요대에는 太宗이 幽州 大悲閣에 있는 백의관음상에 예불하였다는 기록이 있어 백의관음 신앙이 크게 유행하였음을 알 수 있다.[34]

3. 나한상의 제작과 유행

고려시대에는 국가에서 여는 나한제가 26번 개최되었으며 특히 고려중기 천태종과의 관련 속에서 나한신앙이 더욱 성행하였던 것으로 추측된다. 이는 나한의 힘으로 외적의 침입을 막거나 기복을 원하는 등 국가나 개인을 위한 보편적인 신

30) 정은우, 앞 논문, 2000, 81쪽 도 60 참조.
31) 요대 불상의 방형대좌로는 일본 新田氏 소장 금동보살입상, William Rockhill Nelson Gallery of Art 소장 금동보살입상 등 다수가 전한다(唐彩蘭編著, 『遼上京文物擷英』, 遠方出版社, 2005, 30쪽).
32) "畵白衣觀自在 以蓮花髮莊嚴其身"
33) 『陀羅尼雜集』 권10(『新修大藏經』 권21, 1336쪽).
34) 『遼史』 권49, 志18, 禮志1 ; 정은우, 「고려시대의 관음신앙과 도상」, 『불교미술사학』 8, 불교미술사학회, 2009, 113-127쪽.

앙의 형태로 자리 잡았기 때문이다.

나한에 대한 언급은 고려시대에 비교적 이른 시기부터 등장한다. 고려 태조가 개태사를 창건하면서 '나한의 무리'라는 표현을 쓰고 있으며, 16나한이나 500나한 등의 명칭과 재를 올린 기록 등과 더불어 각종 문집에서도 나한신앙과 작품에 대한 많은 글을 남기고 있다.[35] 나한상 제작에 대한 기록도 보인다. 중국의 후량과 송으로부터 나한상이 들어 왔다거나,[36] 송에서 보내 온 16 나한상을 개경 안화사에 모셨다는 기사도 있다. 이외에도 1179년 임춘의 「묘광사 십육성중회상기」라든지 자비령 나한당, 회암사 나한전 등의 기록이 남아 있어 전국적으로 나한전이 지어졌음도 알 수 있다.[37] 이때의 나한전에는 복령사 16나한상 등의 기록으로 볼 때 대체로 16나한상을 제작하였을 것으로 추정되며 500나한상도 만들어졌다. 그러나 현재 남아있는 고려시대의 나한상들은 한, 두 구씩 개별적으로 산재해 있는 정도이다.

현존하는 대표적인 나한상은 경기도 화성 출토로 현재 국립전주박물관

〈도 20〉 개경 영통사 조성 청동빈도로존자상, 고려, 경기도 화성 출토, 국립전주박물관

35) 고려시대의 나한신앙과 나한상에 대해서는 정병삼, 「고려와 조선시대의 나한신앙」, 『구도와 깨달음의 성자 나한』, 국립춘천박물관, 2003, 154-165쪽 ; 최성은, 「우리나라의 나한조각」, 위 책, 국립춘천박물관, 2003, 158-162쪽 ; 정우택, 「나투신 은자의 모습」, 위 책, 국립춘천박물관, 2003, 166-179쪽.
36) 『고려사』 권1, 태조6년, 계미조.
37) 정병삼, 위 논문, 2003, 160-161쪽.

〈도 21〉 석조나한좌상, 고려, 동국대학교박물관
〈도 22〉 석조나한좌상, 고려, 전 인천 강화 출토, 직지사성보박물관

소장인 42cm의 청동빈도로존자상이다(도 20).[38] 대좌 바닥에 쓰여진 "第一賓度
盧尊者 靈通寺依ㅁ僧ㅁ造成"이라는 명문을 통해 개경 영통사에서 제작되었음을
알 수 있으며 16나한 가운데 제1존자인 빈도로임을 알 수 있는 중요한 작품이다.
방형의 대좌에 마르고 기다란 체구, 머리에 쓴 두건 등이 특징이며 손에는 불자를
들고 있다. 1027년 창건된 영통사는 천태종 사찰로서 대각국사 의천이 머물렀던
사찰로 유명하다. 동국대학교박물관 소장의 높이 18cm의 석조나한두상과 높이
49cm의 석조나한좌상(도 21), 傳 인천 강화도 출토로 전하며 현재 직지사성보
박물관 소장의 높이 45cm의 석조나한좌상 등도 중요한 고려시대 나한상들이다
(도 22). 직지사성보박물관 나한좌상은 손에 호랑이를 잡고 있는 모습인데 동국
대학교박물관의 나한좌상과 함께 원래는 서울 돈암동 보문암에 있었던 것으로 전
한다. 두 구 모두 머리에는 두건을 쓰고 웃는 얼굴에 통통한 뺨에서 동일한 모습

38) 국립춘천박물관, 『구도와 깨달음의 성자 나한』, 2003, 도 20.

이다.[39] 현재 원주시립박물관 소장 강원도 원주 용운사터 출토 35cm의 석조나한좌상도 비슷한 두건을 쓰고 있으며 두 귀가 두건속으로 가린 점도 공통적이다.[40] 이상에서 살펴 본 나한상들은 호랑이를 지물로 든 점에서 16나한상으로 제작되었을 가능성이 높으며, 정수리가 둥글고 머리에서 어깨까지 내려오는 두건을 쓴 점과 두건 형식 등에서 매우 유사한 예이다.[41]

〈도 23〉 석조나한좌상, 요, 파림좌기박물관

나한상은 16나한 또는 18나한, 500나한 등으로 분류되며 중국의 오대에서 북송에 이르는 시기에 주로 강남지방을 중심으로 성행하였던 도상으로 알려져 있다. 그러나 강남만이 아니라 중국의 북방지역인 요나 금대에도 나한상은 지속적으로 제작되었다. 하북성 易縣 八佛洼 출토로 전해지는 요대의 삼채나한상들을 비롯하여 중경 북탑 출토의 나한상, 호랑이를 잡고 있는 상경 출토의 석조나한상이 있으며(도 23), 금대에도 계속 나한상들이 출토되고 있어 나한상의 제작과 신앙은 송만이 아니라 북방에서도 꽤 유행하였음을 알 수 있다.

중국의 오대로 추정되는 나한상에서는 두건을 쓴 작품들은 보이지 않는데,[42]

39) 국립춘천박물관, 위 책, 2003, 도 26 · 28 · 29.
40) 국립춘천박물관, 위 책, 2003, 도 86.
41) 정은우, 「남양주 흥국사의 조선전기 목조16나한상」, 『동악미술사학』 10, 동악미술사학회, 2009, 148-149쪽.
42) 오대의 나한상에 대해서는 최성은, 「항주 연하동석굴 18나한상에 대한 연구」, 『미술사학연구』 190 · 191, 한국미술사학회, 1991, 161-192쪽.

〈도 24〉保聖寺 소조나한좌상, 송 1008-1016, 강소성 오현
〈도 25〉조양남탑 출토 나한좌상, 요, 조양시박물관

북송시대의 16나한이나 18나한 가운데는 幞頭衣 나한이라고 부르는 상이 포함되어 주목된다. 몸에 두른 옷으로 머리까지 뒤집어 쓴 마치 달마와 같은 모습의 나한들이다. 이는 고려시대 두건을 쓴 나한상과는 구별되는 특징으로 절강성 항주의 옥류동 18나한상이나,[43] 大中祥符연간(1008-1016)의 강소성 保聖寺 18나한(도 24), 治平3년(1066) 산동성 영암사 나한상 등에서 보이는 오대에서 송대에 걸쳐 나타나는 특징들이다.[44] 이 시기 두건을 쓴 도상은 나한상 보다는 오히려 승려상이나 지장보살상 등에서 보인다. 1013년(대중상부6)에 제작된 소주 호구 운암사탑의 寶幢 안에서 발견된 선정인에 두건을 쓴 조사상이 있으며[45] 오대, 송 초기인 10세기에 사천성, 감숙성 등지에서 제작된 지장보살상이 있다. 그러나 피건형 지장상은 10세기를 지나면서 더 이상 제작되지 않는 점이 특징이다. 같은 형

고려와 북방문화

43) 『飛來峰造像』, 문물출판사, 2002, 86쪽 도 56.
44) 李松主編, 『中國史觀彫塑全集』2, 흑룡강문물출판사, 2005, 30쪽 도 4 · 74쪽 도 21.
45) 蘇州博物館編著, 『蘇州博物館藏 虎丘云岩寺塔 瑞光寺塔文物』, 文物出版社, 2006, 137쪽.

식의 두건은 요대의 나한상에 서도 찾을 수 있다. 조양남탑에서 출토된 나한좌상을(도 25) 비롯하여 승려들이 두건을 쓴 모습을 쉽게 볼 수 있으며 금대의 산서성 출토 석조나한상 역시 머리에 두건을 두른 예이다(도 26).

즉 나한신앙은 오대와 송을 비롯하여 북방지역인 요대까지 보편적으로 유행했던 신앙이었음을 알 수 있다. 나한상의 표현에 있어 송대에는 복

〈도 26〉 산서성 대동 화엄사 나한좌상, 금, 대동시박물관

두의 나한상이 유행했으며, 요대에는 오히려 두건형 나한상이 제작되었다. 따라서 요를 비롯한 북방지역에서의 피건형 나한상과 고려와의 관계에 대해 다음 장에서 좀 더 구체적으로 살펴보고자 한다.

Ⅳ. 요대의 영향과 도상의 공유

이 장에서는 앞에서 살펴 본 불교조각 가운데 북방으로부터 유입되고 공유했던 독특한 도상인 두건을 쓴 형식과 보관에는 화불을, 손에는 연꽃을 든 관음상을 중심으로 유입배경 및 특징을 구체적으로 살펴보고자 한다.

1. 피건상과 요와의 관계

앞 장에서 살펴 본 바와 같이 고려중기의 작품들 가운데는 머리에 두건을 쓴 피건불상들이 많아 주목된다. 강원도 명주지방의 신복사지, 월정사 탑 앞 공양보

살상들과 한송사지 석조보살상들은 두건을 쓰고 그 위에 고관을 쓴 작품들로 우리나라에만 있는 독특한 작품들이다. 나한상들의 경우에도 어깨까지 드리운 두건을 쓰고 있는 상들이 많은데 이 역시 다른 나라에서 볼 수 없는 특이한 표현이다. 불상 이외에도 1024년 서울 승가사 석조승가대사상, 1022년 사자빈신사지삼층석탑의 지권인을 하고 두건을 쓴 상 역시 같은 유형에 해당된다. 고려시대에만 나타나는 이러한 보살상, 나한상들의 원형은 당말, 오대와 송, 그리고 요대에서 찾을 수 있었다.

〈도 27〉 두건, 요, 스위스
Riggisberg Foundation

두건은 머리를 따뜻하게 하거나 바람으로부터 보호하기 위해 쓰는 모자이다. 주로 돈황을 비롯한 사막지역의 상들에서 가장 먼저 보이며 주로 지장보살상의 한 형식으로 발전하게 된다. 가장 이른 작품은 10세기경 돈황석굴에서 조성된 지장보살도이며, 불상으로는 사천성 대족 북산에 있는 오대 후촉의 지장보살상을 비롯하여 대리국의 지장보살상에서도 드물게 제작된다. 즉 두건을 쓴 지장보살상은 중국의 경우 10세기경 잠깐 유행했다가 이후 거의 사라지는 형식임을 알 수 있다.

그런데 요대에는 보살상만이 아니라 일반인들도 동제관을 썼으며 추운 날씨로 인해 두건을 썼던 사례들이 잘 알려져 있다. 황후는 "皇后御絳帴"[46]이라 하여 絳帴 즉 진홍색의 두건을 예복으로 사용하였다.[47] 만일 이 위에 황후의 상징인 동제관

46) 『遼史』권49, 志第18, 禮志1, 祭山 조.
47) 황제도 常服에 折上頭巾을 썼다고 하는데 정확한 모습은 알 수 없지만 위가 꺾인 두건이 아니었을까 생각된다(김위현, 『契丹社會文化史論』, 경인문화사, 2004, 139쪽).

〈도 28〉 분묘벽화 인물상, 요, 경릉 동릉

을 썼다면 강릉 출토의 고려시대 보살상에 가장 가까운 모습이 될 것이다. 일반인
들 역시 방한모로서 두건을 쓴 것을 현재 남아 있는 벽화를 통해 알 수 있다. 실
제 썼던 것으로 추정되는 스위스의 Riggisberg Foundation 소장의 방한모는 양
귀를 덮으면서 띠로 묶고 뒤에는 리본형 장식을 길게 늘어뜨린 요대의 모자이다
(도 27).[48] 경릉 동릉의 벽화에 그려진 남자 인물상 가운데 비슷한 두건을 쓴 남
자인물상을 확인할 수 있으며(도 28), 여인상 가운데도 짧거나 긴 두건을 머리에
두른 여인들을 쉽게 볼 수 있다. 이렇듯 두건은 요대의 사람들이 실제로 사용하고
있었음을 요대 무덤 안에 그려진 벽화를 통해 볼 수 있다. 그리고 앞에서 언급하
였듯이 황제나 황후의 예복으로 사용하는 두건 등 황실에서부터 밑으로는 일반인
에 이르기까지 사용했던 요대의 특징적인 모자 형식이었음을 알 수 있었다. 이러
한 두건형 모자의 유행은 요의 지역적 특징인 추운 날씨와 관련된다고 본다.

　실제 두건을 쓴 요대의 작품으로는 요 상경인 내몽고 파림좌기의 眞寂寺(後昭
廟석굴)진적사 석굴 내의 보살입상(도 29),[49] 상경 내몽고 파림좌기 진적사 석굴
안의 열반상 옆에서 슬퍼하는 인물을 비롯하여,[50] 중경 북탑 출토의 木胎銀棺의
면에 부조된 은제열반상에 부처님의 열반으로 슬픔에 잠긴 제자들이 등장하는데
대부분 어깨에 닿는 두건을 쓰고 있어 주목된다(도 30).[51] 화엄사의 대동시박물

48) Nancy Shatzman Steinhardt, *Dragons of Silk, Flowers of Gold:Liao Textiles at the
　　Abegg-Stiftung*, Orientations, 2007, p.63.

49) 현재 이 불상에 대한 현지에서의 소개서에는 석가, 문수, 보현의 석가삼존불상으로 되어
　　있어 앞으로 존명에 대해서는 검토가 필요하다고 본다.

50) 정은우, 「요대 불교조각의 연구(Ⅰ)」『미술사연구』 13, 미술사연구회, 1999, 88쪽 도1 참조.

〈도 29〉 진적사 석조보살입상, 요, 내몽고 파림좌기
〈도 30〉 木胎銀棺의 면에 부조된 은제열반상과 제자상, 요, 중경 북탑 출토

〈도 31〉 목제흑칠지장보살도 부분,
고려 1307년, 국립중앙박물관

관에 있는 금대의 소조승려좌상(혹은 나한상) 역시 두건을 쓰고 있어 요대의 전통이 금대까지 지속되었음을 알 수 있다.

이는 북쪽에 위치한 요대의 지정학적 위치나 날씨를 고려해 보면 두건이 요대에 유행했던 원인을 추정해 볼 수 있으며 그 유행에는 아마도 서역과 가까운 요의 지리학적 위치에서도 그 원인을 찾을 수 있을 것이다. 요와 서역간의 관계는 1044년 맺은 서하와의 강화조약으로 안정된 교섭을 하였던데 기인할 것이다.[52] 즉 서역을 통해 두건 그리고 두건을 쓴 피건형식의 도상이 요로 유입되었을 것이며 이후 추운 날씨 등이 고려되어 나한, 승려, 여인들의 복식 등으로 확산되

51) 朝陽市北塔博物館編, 『朝陽北塔』, 吉林攝影出版社, 2006, 71-72쪽.
52) 김위현, 「거란의 대서하정책(Ⅰ)」, 『백산학보』 32, 1985, 117-224쪽.

었을 가능성도 생각해 볼 수 있겠다. 그리고 이의 영향을 받은 고려중기에는 신복사지나 한송사지 보살상 그리고 승려나 나한상들의 모자 형태로 확산되며 14세기에는 두건형 지장보살상으로 계승 발전했을 가능성이 있다고 본다. 고려시대에는 지장보살만이 아니라 일반인이나 승려들 역시 두건을 썼는데 이는 1307년에 제작된 국립중앙박물관 소장의 노영이 그린 지장보살도에 두건을 쓴 태조와 노영의 모습에서 확인된다(도 31).

2. 화불과 연꽃을 든 보살상의 유입과 확산

고려시대에는 보관에 화불이 있고 손에는 연꽃을 든 보살상들이 특히 많은 점이 주목된다. 앞 장에서 설명하였던 금동보살좌상을 비롯하여 금동불, 석불 등 다양한 재료에서 보이는 점도 특징이다. 이는 통일신라시대의 보살상에서는 잘 보이지 않는 형식으로 아마도 고려시대에 이르러 중국으로부터 새로운 도상의 전래와 관련이 있었을 것으로 추정된다. 이 보살상들의 존명에 대해서는 관음인가, 미륵인가에 대한 다양한 의견이 제시된 바 있다.

미륵으로 보는 보살상으로는 논산 관촉사 석조보살입상이 가장 유명하다. 손에는 철제연꽃가지를, 현재는 없어졌지만 원래 보관에는 화불이 있었다고 하며 은진미륵으로 불리워졌다. 충주 미륵대원의 여래입상 역시 손에 연꽃송이를 들고 있는 형상에서 특이하고, 부여 대조사 석조보살입상은 현재 보관이 없어져 화불이 있었는지 확인되지 않으며 손에는 현재 윗부분이 없어진 철제 가지만 들고 있지만 연꽃가지였을 가능성이 높다. 이 보살상들은 기록이나 전해오는 명칭 등에서 모두 미륵으로의 해석이 가능한 작품들로서 보관의 화불과 손에 든 연꽃가지가 특징이다. 이외에도 981년 경기도 이천 마애보살좌상, 985년명 고령 개포동 보살좌상, 최근에 발견된 경상북도 의성 생송리 마애보살좌상(도 32) 역시 보관의 화불 그리고 가지와 연봉오리, 활짝핀 연꽃 등이 섬세하게 표현되어 있어 같은 유형의 작품들로 볼 수 있다.[53]

---

53) 정은우, 「고령의 미술과 개포동 마애보살좌상」, 『퇴계학과 한국문화』 46, 경북대학교 퇴계학 연구소, 2010, 189-216쪽.

〈도 32〉 생송리 마애보살좌상, 고려, 경상북도 의성

이 두 지물을 경전의 내용으로 분석해 보면, 화불을 가진 미륵 도상은『佛說觀彌勒菩薩上生兜率天經』에 의거한 것으로 이미 통일신라시대 719년에 제작된 감산사 석조 미륵보살입상에 이미 등장한다.[54] 미륵이 손에 연꽃을 들고 있음은 당대에 번역된『大日經』에 미륵보살이 "오른 손은 연화를 쥐고 있는데 그 위에 병이 안치되어 있다"라고 한데서 연유했을 가능성도 있지만『대일경』이 유입되었던 통일신라기에는 없었던 형식이다(표 1-4).

관음으로 추정되는 작품으로는 국립중앙박물관 소장 금동보살좌상이 있다(도 15). 낮은 원통형 보관과 화불, 손에 든 연꽃이 독특한데 이는 지물이 많지 않은 통일신라기의 보살상과 구별되는 점이다. 이 보살상은 앞서 살펴 본 바와 같이 요대의 보살상과 유사한 점에서 북방으로부터 새롭게 전래된 불상의 유입과 관련된다.

그렇다면 같은 시기 중국 요대 보살상의 미륵과 관음 도상을 이해함으로써 고려시대 보살상의 존명을 재고해 볼 수 있다. 요대에는 미륵의 경우 보관에는 탑을, 손에는 軍持(정병)을 든 도상이 유행하였는데 그림이나 조각으로 그 예가 많이 남아 있다(도 33). 보관의 탑은 특히 인도에서 유행하였던 형식인데(도 34)[55]

고려와 북방문화

54) 정은우, 앞 논문,『박물관기요』22, 단국대학교 석주선기념박물관, 2007, 89쪽.
55) 손영문,「고려시대 용화수인 미륵도상의 연구」,『미술사학연구』252, 한국미술사학회, 2006.

〈도 33〉 팔대보살도, 요, 조양북탑 천궁 출토

손에 든 정병과 더불어 불공 번역의 『八代菩薩曼多羅經』에 기인한 것이다(표 1-5). 『팔대보살만다라경』에 의하면 관음보살은 오른손은 여원인을 짓고 왼손에는 연화를 들며, 미륵은 오른손은 시무외인, 왼손에는 군지를, 관 중간에는 스투파가 있다고 하였다. 보관에 탑이 있는 미륵에 대한 언급은 『大日經』에도 보인다. 이를 따른 요대 미륵보살상의 대표적인 작품이 대영박물관 소장과 天津文物公司 소장의 금동미륵보살좌상으로 보관에는 탑이 있으며 손에는 정병을 들고있다(도 35).

이에 반해 보관에는 화불을, 손에는 연꽃을 든 보살상은 관음상이 된다. 요녕성 조양에 위치한 조양북탑의 경당과 천궁에서 나온 석함에는 대일여래와 팔대보

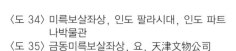

〈도 34〉 미륵보살좌상, 인도 팔라시대, 인도 파트
　　　　나박물관
〈도 35〉 금동미륵보살좌상, 요, 天津文物公司

살이 조각되었고 각각의 존명이 새겨졌는데 여기서도 미륵은 군지(정병)를, 관음
은 여원인에 연화를 들고 있다.[56] 이러한 관음도상의 시원은 오대의 작품에서 부
터 볼 수 있는데, 942년 대영박물관소장의 돈황 17굴 관음보살도에서 원통형 보
관을 쓰고 손에는 연화송이를 들고 있는 관음의 지물을 확인할 수 있다.[57]

　즉 요대의 미륵도상은 『팔대보살만다라경』과 『대일경』에 의거하여 보관에 탑
을 가진 미륵상과 화불에 연꽃을 든 관음상이 정확하게 정립되었음을 알 수 있다.
그리고 이 도상들은 모두 인도 또는 서역에서 유행했던 점도 주목된다. 요대의 불
교조각과 그 도상의 성립에는 돈황을 비롯한 서역지역의 상들과 관련성이 있을
것으로 돈황과 서역지역과의 빈번한 왕래에 따라 요의 수도 상경을 중심으로 새

---

56) 遼寧省文物考古研究所編, 『朝陽北塔 考古發掘與維修工程報告』, 文物出版社, 2007, 90쪽
　　도32.
57) 大英博物館 監修, 『西域美術 1』, 講談社, 1982, fig.78.

로운 도상이 유입된 것으로 보인다.

　이상에서 살펴본 바와 같이 우리나
라 미륵의 형식을 다시 정리해 보면,
통일신라시대 이미 화불이 있는 미륵
보살이 등장하였으며 고려시대에는 화
불과 손에 연화를 든 미륵이 등장하게
된다. 이는 인도나 중국 요대에 보이는
보관에 탑이 있고 손에는 군지(정병)
을 든 미륵보살과는 분명하게 구별되
는 형식으로 특히 고려중기에 집중적
으로 나타나는 형식인 점에서 흥미롭
다. 보관에는 화불이 있고 손에는 연화
나 연봉오리를 들고 있는 형식은 중국
의 경우 오대부터 보이지만 백의관음

<도 36> 금동백의관음좌상, 요, 요녕성박물관

(도 36)이나 연꽃을 든 금동보살좌상처럼 요대 관음보살상의 지물로 크게 유행
하게 된다. 따라서 이 도상은 요를 통해 작은 금동보살상 형식으로 고려에 유입되
었을 것으로 추정된다. 이후 미륵신앙의 유행과 함께 대형석조나 다른 재료로 확
산되는 과정에서 경전에 나오는 용화수의 대체물로써 연화가 미륵의 지물로 등장
하고 이는 고려만의 독자적인 표현으로 정립되었을 것으로 추정된다.

　연꽃을 든 미륵 도상은 고려후기로 계승된다. 고려후기 14세기의 작품으로 추
정되는 국립중앙박물관 소장의 금동보살좌상을 보면 현재 보관은 없어져 알 수
없지만 손에 연꽃을 들고 있으며, 여래상이면서도 손에 연꽃을 든 1344년경의 금
강산 내강리 출토의 금동여래좌상도 남아 있다.[58]

---

58)『북한의 문화재와 문화유적Ⅳ』고려편, 서울대학교출판부, 2000, 238쪽 도 369.

V. 맺음말

이상에서 살펴 본바와 같이 고려중기에는 다양한 도상과 양식들이 존재하며 그 배경에는 송이나 요로부터의 새로운 불상들이 유입되었던데 기인하였음을 알 수 있다.

특히 고려중기에는 요나 금 등 북방으로부터의 새로운 요소들이 유입되면서 불교조각 형성에 큰 영향을 끼쳤다. 여래상에서는 두 손을 배 앞으로 모은 선정인의 자세가 등장하게 되며 오른쪽 어깨에 편삼을 걸치고 변형통견식의 대의를 걸치는 점도 특징적이다. 이러한 수인 및 착의법은 특히 요에서 거의 정착되며 금대 이후까지 유행하게 된다. 보살상의 경우는 더욱 다양한데 특히 관음상에서 더욱 다양한 도상들이 유입되어 유행하게 된다. 고관을 쓰고 머리에는 두건을 어깨 뒤로 늘어 뜨린 형식의 강원도 명주지역을 중심으로 한 보살상 그리고 보관에는 화불을 손에는 연꽃을 든 관음상도 새롭게 등장한다. 또한 백의관음도 제작되는데 정수리에서부터 몸 밑으로 길게 늘어 뜨린 백의를 입고 연꽃이나 가지를 들기도 하며 좌상 또는 입상으로 표현된다. 이러한 도상들 역시 요대의 상들과 관련된다. 이와 같은 관음상의 제작은 외적의 침입, 질병 치료, 개인적인 기복 등 다양한 관음 신앙과 연결되면서 더욱 크게 유행하게 된다.

고려시대에는 머리에 두건을 쓴 나한상이 유난히 많이 제작되는 점도 특징이다. 피건형나한상은 머리부터 몸 까지 길게 늘어뜨리는 마치 달마와 같은 착의법으로 송대에 유행했던 복두의 나한과는 구별된다. 고려시대에는 어깨까지 드리운 짧은 두건을 쓴 나한상을 비롯해서 보살상들이 보이는데 이는 요대의 상들과 관련된다고 생각된다. 요는 북쪽에 위치한 지리적 특성상 보온을 위해 두건 착용이 유행하였으며, 황후의 예복에도 두건이 착용되는 등 관례화되었다.

두건은 원래 10세기 돈황지역을 중심으로 제작된 피건지장보살상에서 처음 보이는데 이러한 형식이 요로 전해졌을 가능성이 높다고 본다. 여기에 요대 황실에서부터 승려, 일반인들까지 폭 넓게 유행했던 두건 착용과 더불어 더욱 유행하면서 요대의 불상 작품에도 반영되었을 것이다. 따라서 고려에서 유행한 두건을 쓴

고려와 북방문화

나한상 도상은 요를 통해 전해졌을 가능성이 높으며, 더욱 발전하여 두건을 쓴 보살상과 나한상, 그리고 고려후기에는 피건형 지장보살상의 유행으로 이어졌을 것으로 생각된다. 다만 나한과 지장상의 두건 방식에서는 다소 차이를 보이는데 나한상을 비롯한 고려중기의 두건은 귀를 덮는데 반해 고려후기 지장상의 경우에는 귀를 밖으로 내보이는 점에서 차이를 보인다.

이와 더불어 보관에 화불이 있으며 손에 연꽃을 든 보살상도 주목되는 도상이다. 손에 연꽃을 든 보살상은 당대부터 있었지만 본격적인 유행은 요대이다. 요대에는 화불과 연꽃을 든 관음상과 보관에 탑이 있으면서 손에 군지(정병)을 든 미륵상이 〈팔대보살만다라경〉에 의거하여 제작되었다. 고려시대에는 화불과 연꽃을 든 관음보살상이 소형의 금동불 형식으로 제작되었으며 대형석불로 이어지면서 고려만의 새로운 미륵도상이 성립되었을 것으로 생각된다.

그 동안 송과의 교류나 불교조각과의 영향 관계에 대해서는 연구가 진행되어 온 반면 요나 금과 같은 북방과의 관련 연구는 매우 소홀하게 다루어 왔다. 요대의 불교조각이 고려중기 불교조각 형성에 큰 영향을 주었으며 고려후기와 조선시대 까지 지속되는 점에서 북방계 조각에 대한 연구는 중요한 가치를 지니고 있다고 하겠다.

연번	경전명	번역시기	역저자(편자)	경전내용
1	미륵하생경	동진379	축법호譯	…미륵보살은 32길상 80종호를 갖추었고 몸은 황금빛으로… 용화라는 큰 나무가 있을 것인데 미륵보살은 그 용화수 아래 앉아서 무상도를 이루느니라… 미륵부처님은 가섭의 가사를 받아 입을 것이다.…(…彌勒菩薩有三十二相八十種好莊嚴其身身黃金色爾時人壽極長無有諸患皆壽八萬四千歲女人年五百歲然後出嫡爾時彌勒在家未經幾時便當出家學道爾時去翅頭城不遠有道樹名曰龍花高一由旬廣五百步時彌勒菩薩坐彼樹下成無上道果當其夜半彌勒出家卽於其夜成無上道時三千大千刹土…)
2	미륵성불경	후진	구마라집譯	…(미륵) 붉은 금빛으로 빛나는 몸에 32길상을 갖추고 태어나 보배연꽃 위에 앉은 모습을 중생들이 바라보고…털구멍마다 한없는 광명이 비치는데…그 키는 석가모니불의 80팔뚝이나 되고 가슴둘레는 25팔뚝이며 얼굴길이는 12팔뚝이며 얼굴길이는 12팔뚝 반, 코는 곧고 우뚝하게 솟았으며, 몸매는 단정하기 짝이 없어 온갖 상호를 갖추었다.…그 눈은 맑고 깨끗해 푸른 동자와 흰자위가 분명하게 아름다우니…금강장엄도량인 용화보리수 아래 앉아 도를 닦으실 것이다. 그 나뭇가지는 갖가지 보배용을 드리우리라. 그 꽃잎들은 칠보의 보배빛을 내고 각각 다른 빛깔의 열매가 열려 중생들을 즐겁게 하는데…
3	미륵상생경	유송	저거경성譯	그 때 미륵보살이 도솔천 칠보대에 있는 마니전의 사자좌에 홀연히 화생하여, 연꽃 위에 가부좌하고 앉을 것이다. 몸이 염부단 사금같이 빛나고, 키가 16유순이며, 32상과 80종호를 다 갖출 것이다. 정수리 위에 세상 사람의 눈으로 볼 수 없는 육계가 있고, 머리털은 검붉은 유리 빛깔이며, 머리에는 온 세상을 두루 비추는 여의주와 백천만억 견숙가 보석으로 만든 하늘 관을 쓰고 있을 것이다. 보배 관에서는 백만억 미묘한 빛이 흘러나오고, 낱낱의 빛깔 속에 무량 백천의 화현불이 계신데, 많은 화현보살들이 화현불을 각각 모시고 있을 것이다. 또 다른 세계에서 온 많은 대보살들은 열 여덟 가지 신통 변화로 마음대로 노닐면서 하늘관 가운데 머무느니라. 또 미륵보살의 두 눈썹 사이에 있는 백호에서 뭇 광명이 뻗쳐 나와서, 백 가지 묘한 보배 빛을 이루며 32상 80종호에서도 각각 5백억 가지 보배 빛을 내고 그 모든 모습

				마다 8만 4천 광명을 일으켜, 찬란하게 빛나느니라. …(…時兜率陁天七寶臺內摩尼殿上師子牀座忽然化生於蓮花上結加趺坐身如閻浮檀金色長十六由旬三十二相八十種好皆悉具足頂上肉髻髮紺琉璃色釋迦毗楞伽摩尼百千萬億甄叔寶以嚴天冠其天寶冠有百萬億色一一色中有無量百千化佛諸化菩薩以爲侍者復有他方諸大菩薩作十八變隨意自在住天冠中彌勒眉間有白毫相光流出衆光作百寶色三十二相一一相中有五百億寶色一一好亦有五百億寶色一一相好豔出八萬四千光明雲與…)
4	대일경	당 725	선무외 譯	…미륵보살…왼손은 손바닥을 가슴부위에서 바깥으로 향하게 하고 오른손은 연화를 쥐고 있는데 연화 위에 병이 안치되어있다. 관 중에는 솔도파가 있다.……(彌勒菩薩…三形率堵婆惑軍持…左手掌當胸向外右手持蓮華上安瓶冠中有率堵婆…)
5	팔대보살만다라경	당	불공 譯	…자씨보살의 몸은 금색(金色身)이고 왼손에는 군지(左手執軍持)를 가지고 오른손으로 시무외인(右手施無畏)을 취한다. 관 중간에는 스투파가 있으며 반가좌로 앉았다.(冠中有率覩婆半跏坐)…(…於觀自在菩薩後想慈氏菩薩金色身左手執軍持右手施無畏冠中有率覩婆半跏坐…)
6	오불정삼매다라니경 제1권 3.일자정황화상법품	당	보리유지 譯	…그 다음엔 부처님의 왼쪽에 미륵보살을 그려야 하는데 가부를 맺고 앉은 모습에 손에는 백불(白拂)을 쥐고 있는 모습이다.…
7	일자불정륜왕경 1권	당	보리유지 譯	…부처님의 왼쪽에는 미륵보살을 그리되, 얼굴과 눈은 기쁜 빛을 띠며 결가부좌하고 손에는 백불을 들고 있다.…
8	보리장소설일자정륜왕경	당	불공 譯	…부처님의 왼쪽에는 자씨보살을 그리는데 손에는 하얀 불자를 들고 있다. 두 보살은 부처님의 몸보다 조금 작게 그려라.…
9	불설대승관상만다라정제악취경 상권	송 1001	법현 譯	…만다라의 동쪽 문에서부터 시작하여 첫 번째 우선 자씨보살이 앉되, 황색의 몸에 불꽃이 치성하고 오른손으로 용화수龍華樹 가지를 잡고 왼손으로 군지軍持를 잡고 연화蓮花月 위에 가부하고 앉는다.…(…誦此眞言時又復觀想出生慈氏等十六大菩薩是菩薩等於曼拏羅四方各安四位從

				初起首於曼拏羅東門第一先安慈氏菩薩身作黃色光熖熾盛右手執龍花樹枝左手執軍持於蓮花月上跏趺而坐…)
10	불설대공작명왕경화상단장의궤	당	불공 譯	…자씨보살은 왼손에 군지를 쥐고 오른손은 손바닥이 밖을 향하게 만들고 시무외인을…(…住定相至西北角第八葉上畫慈氏菩薩左手執軍持右手揚掌向外作施無畏勢又於蓮華葉外內院四方…)
11	불설유가대교왕경 제2권 4.삼마지품	송 1001	법현 譯	…자씨보살을 이루는데 네 개의 팔과 세 개의 얼굴이 있다고 관상한다. 얼굴에는 각기 세 개의 눈이 있고 연꽃 위에 결가부좌하고 있다. 두 손으로 설법인을 결하고 오른쪽 두 번째 손은 시원인을 결하는데 중생을 이롭게 하기 위해서이다. 왼쪽의 두 번째 손은 용화장을 집고 있다.…
12	대방광보살장문수사리근본의궤경 제7권 4.상품정상의칙품	송	천식재 譯	부처님의 오른쪽에는 다시8대보살이 갖가지 장엄을 갖추고 있다. 첫 번째는 자씨보살로 부처님 가장 가까이 앉아 있다. 梵行을 하는 모습이며 머리에는 보관을 쓰고, 몸은 진금색이며 몸에 붉은 옷을 입고 다시 붉은 신선의 옷을 걸쳤다. 몸의 모습은 단엄하며, 세 가지의 標幟를 지녔는데 왼손에는 瓶과 杖을 들고 어깨 위에는 黑鹿皮를 걸쳤으며 오른손에는 數珠(念珠)를 쥐고 있다. 여래께 정례를 올리며 세본을 우러러보고 마음은 선정에 든 것과 같다.…
13	대정신수대장경 도상부1, 祕藏記末, p.12			…동북방의 자씨보살은 흰색의 몸에 오른손에는 연화를 쥐었다. 연화 위에는 군지가 있다.…
14	대정신수대장경 도상부1 諸說不同記卷第2 p.16			…서북방의 자씨보살은 동북 가장자리 연꽃에 있다. 보관 중심에는 탑이 있고 …오른손 허리부 위에서 연화를 쥐었는데 연꽃 위에는 조병이 있다. 왼손은 손바닥이 겨드랑이로 향하게 …
15	대정신수대장경 도상부1 石山七集上本, p.2			왼손은 손바닥이 가슴 바깥을 향하게 두고 오른손은 연꽃을 쥐고 있다. 연꽃 위에는 병이 놓여 있고 보관 가운데는 솔도파가 있다.
16	대정신수대장경 도상부3, 圖像권제5 보살, p.20			태장계만다라에 따르면 왼손은 합장한 상태에서 가슴 바깥을 향하게 하고 오른손은 연꽃을 쥐고 있다. 연꽃 위에는 병이 있고 보관 중앙에는 솔도파가 있다.

※ 이 표는 동아대학교박사과정을 수료한 김지현씨가 작성하였다.

참고문헌

〈연구서〉

경기도박물관편, 『同과異:遼寧省 神奈川縣 京畿道 文物展』, 2002.

국립춘천박물관편, 『구도와 깨달음의 성자 나한』, 2003.

국립문화재연구소편, 『프랑스 국립기메동양박물관소장 한국문화재』, 1999.

『북한의 문화재와 문화유적Ⅳ』 고려편, 서울대학교출판부, 2000.

김위현, 『契丹社會文化史論』, 경인문화사, 2004.

김위현, 『거란동방경략사연구』, 명지대학교출판부, 2004.

장동익, 『宋代麗史資料集錄』, 서울대학교출판부, 2000.

唐彩蘭編著, 『遼上京文物襴英』, 遠方出版社, 2005.

大英博物館 監修, 『西域美術』, 講談社, 1982.

北京首都博物館편, 『古代佛像藝術精品展』, 북경출판사, 2006.

『飛來峰造像』, 문물출판사, 2002.

蘇州博物館編著, 『蘇州博物館藏 虎丘云岩寺塔 瑞光寺塔文物』, 文物出版社, 2006.

遼寧省文物考古研究所編, 『朝陽北塔 考古發掘與維修工程報告』, 文物出版社, 2007.

李松主編, 『中國史觀周塑全集』 2, 흑룡강문물출판사, 2005.

朝陽市北塔博物館編, 『朝陽北塔』, 吉林攝影出版社, 2006.

〈연구 논문〉

강호선, 「불교사상과 신앙의 사회적 확대」, 『신앙과 사상으로 본 불교전통의 흐름』, 국사편찬위원회, 2007.

권보경, 「고려전기 강릉일대 석조보살상 연구」, 『사림』 25, 수선사학회, 2006.

김위현, 「거란의 대서하정책(Ⅰ)」, 『백산학보』 32, 1985.

金渭顯, 「東丹國考」, 『宋遼金元史硏究』, 2000.

정은우, 「요대 불상조각의 연구(Ⅰ)」, 『미술사연구』 13, 1999.

정은우, 「요대 불상조각의 연구(Ⅱ)」, 『미술사연구』 14, 2000.

정은우, 「고려전기 금동보살상 연구」, 『미술사학연구』 228·229, 2001.

정은우, 「동국대학교박물관 소장 고려중기 금동보살입상」, 『불교미술』 18, 2006.

정은우, 「개성 관음굴 석조보살상과 송대 외래요소의 수용」, 『시각문화의 전통과 해석』, 2007.

정은우, 「고려시대 불교조각의 흐름과 특징」, 『박물관기요』 22, 2007.

정은우, 「조선후반기 조각의 대외교섭」, 『조선후반기 대외교섭』, 예경, 2007.

정은우, 「고려중기와 남송의 보살상」, 『미술사 자료와 해석』, 문예출판사, 2007.

정은우, 「남양주 흥국사의 조선전기 목조16나한상」, 『동악미술사학』 10, 2009.

최성은, 「명주지방의 고려시대 석조보살상에 대한 연구」, 『불교미술』 5, 1980.

최성은, 「항주 연하동석굴 18나한상에 대한 연구」, 『미술사학연구』 190·191, 1991.

최성은, 「고려시대 불교조각의 대중관계」, 『고려 미술의 대외교섭』, 예경, 2004.

Nancy Shatzman Steinhardt, *Dragons of Silk, Flowers of Gold:Liao Textles at the Abegg-Stiftung*, Orientations, 2007.

10-12세기 고려와
遼 · 金도자의 교류

장 남 원

Ⅰ. 머리말

고려초 자기요업의 개시와 정착단계에서 중국 남방 월주요의 영향이 지대했음은 잘 알려진 사실로 가마구조, 축요방식, 도자의 조형 등에서 그 관계를 확인할 수 있다.[1] 그러나 기술도입 당시 중국 남방의 영향이 컸던 것과 비교하면 11세기 이후 점차 고려는 중국 북방지역으로부터 번조 기술, 기종과 기형, 장식 기법과 문양 등 새로운 요소들을 부분적으로 수용한다. 즉, 초기청자 제작기부터 작업조건과 공정이 다른 청자와 백자가 竝産된 점, 일부 기종이 중국 남방계와는 다른 조형전통을 보이

[1] 10세기 이후 고려의 초기 요업에서 중국 남방지역 요업의 연관성을 집중적으로 검토한 논고로는 李鍾玟, 「시흥 방산동 초기청자 요지 출토품을 통해 본 중부지역 전축요의 운영시기」, 『美術史學硏究』 228·229, 한국미술사학회, 2001, 65-97쪽 ; 이희관, 「한국 초기청자에 있어서 해무리굽 완 문제의 재검토-한국청자 제작의 개시시기 문제의 해결을 위하여」, 『美術史學硏究』 237, 한국미술사학회, 2003, 5-48쪽 ; 강경숙, 「고려전기 도자의 대중교섭」, 『高麗美術의 對外交涉』, 예경, 2004, 193-248쪽.

고 있는 점, 특히 해무리굽[玉璧底] 완의 제작시기와 변화과정이 그 원류라 할 수 있는 중국의 남방과 다르게 진행된 점, 중국북방 요업에서 발달한 상감기법 및 철화기법이 고려 초기 요업 단계부터 나타나는 점 등에서 그러하다.[2] 따라서 동시대 고려와 거란[遼]·여진[金]과의 관계를 검토하고 10-12세기 고려와 동시대 중국북방의 요업 상황을 비교함으로써 고려자기의 발전과정에서 보여 주는 새로운 기술과 조형요소를 찾아보고자 한다.

　그동안 요·금 도자에 대한 국내 연구는 쉽지 않았다. 그러나 최근 산서·내몽고·하북성 등지의 요·금대 기초 자료들이 알려지기 시작했고, 고분벽화 등 도자기와 공예품의 용도를 추정할 수 있는 2차 자료의 소개도 이루어지고 있다. 이렇듯 고려자기의 기술과 조형에 적지 않은 영향을 미친 북방 요·금의 요업이 도자사적으로 중요한 의미를 가지고 있음에도 불구하고 송·고려·요·금의 관계에 대해서는 광범하게 다루어왔고, 특히 宋과의 관계에 집중되는 경향이 있었다.[3] 따라서 요·금을 중심으로 고려와의 관계를 재검토하고자 한다. 이미 別稿로 다루어진 바 있는 필자의 선행 연구에 대해서는 재고할 부분들을 수정하여 10~12세기 요·금의 요업현황과 고려와의 연관성을 재정리하고자 한다.[4] 그러나 遼와 金, 북송과 金의 요장 및 각각의 요장내 시기별 변화양상을 선명히 구분하기는 쉽지 않으므로 이에 대한 구체적 증거는 향후 중국측 자료의 축적을 기대해야 할 것이다.

---

2) 장남원, 『고려중기 청자 연구』, 혜안, 2006, 58쪽.

3) 정신옥, 「11세기말-12세기전반 고려청자에 보이는 중국도자의 영향」, 『美術史學』 21, 한국미술사교육학회, 2007, 41-85쪽 ; 任眞娥, 「高麗靑磁에 보이는 北宋, 遼代 磁器의 影響」, 홍익대학교대학원 미술사학과 한국미술사전공, 2005, 75-102쪽.

4) 장남원, 「고려전기 해무리굽[옥벽저계] 완의 지속현상에 대한 추론」, 『호서사학』 50, 호서사학회, 2008, 321-353쪽 ; 「고려 初·中期 瓷器 象嵌技法의 연원과 발전」, 『미술사학보』 30집, 미술사연구회, 2008, 159-192쪽. 이 논문들은 2007학진과제를 수행하는 과정에서 작성된 것들이다. 고려도자와 요·금 관계라는 주제가 광범하여 한편의 소논문으로 작성되기에는 어려움이 있었으므로 개별 논고를 통해 주요 문제들을 미리 다루었다. 본고에서는 관련 연구의 주요 내용이 활용되었음을 밝혀 둔다.

II. 고려와 요·금의 관계 및 도자 현황

1. 고려·요의 관계와 요업

10세기 동북아시아에서는 916년 거란, 918년 고려, 960년에 宋이 각각 건국하게 되면서 정치·외교·문화면에서 새로운 관계를 형성했다. 송은 건국과 함께 고려와 국교를 맺기 위해 사신을 교환했으며, 고려는 평균 1년 8개월에 1회 정도 송에 사절을 파견했던 것으로 알려져 있다. 그러나 후삼국을 통일한 고려는 후삼국 통일 후 오대와 교유하며 북방지역을 회복하려는 과정에서 反거란 감정을 가지게 되었으니 이는 942년의 만부교 사건으로 표면화되었다.[5] 이후 고려와 거란은 50여년간 공식적 관계가 단절되었다.

993년 거란은 고려를 침공하였고, 994년부터 조공·책봉관계가 수립되면서 강화를 맺게되면서 고려와 거란은 부정적이든 긍정적이든 가까워졌다. 물론 이 기간 동안 고려는 宋과도 사신교류를 하였으나 적어도 12세기 전반에 이르기까지 고려↔거란의 교류는 고려↔송의 그것보다 빈번했던 것으로 알려져 있다.[6] 더욱이 귀주대첩 이후 고려가 거란에게 사대관계를 회복(1019)하기로 하여 1022년 遼와 화의를 맺게되면서, 宋과는 외교관계가 중단되었지만 遼와의 공식관계는 더 빈번해졌다.[7]

송과 고려의 관계가 주로 무역사행을 비롯한 물자교류 중심으로 수도 汴京[開封]이 아닌 明州[寧波]지역 관할관의 전담 아래 고려에 사신을 파견한 예가 많았던 것에 비하면, 거란과 고려는 중앙 정부간의 교류가 중심이었다. 거란은 건국 후 916년 국호를 遼라 하고 태조를 황제라 칭하였으며, 928년 과거 발해의 上京 지역을 東京이라 개칭하고 遼陽府를 설치하였다. 또 991년 요양부 산하에 내원성을 두어 1117년 여진에게 멸망할 때까지 고려와의 국경 지역인 압록강 일대 保

---

5) 고려가 거란이 발해를 망하게 한 데 분노하여 거란사신이 보낸 낙타 50필을 만부교 아래서 굶어 죽게 하고, 사신 30명을 귀양보낸 일이다(『高麗史』卷2, 太祖 25年 10月).

6) 본 고, 주3)참조.

7) 그러나 송과의 私貿易은 지속되었다. 고려와 송과의 대외관계 단절은 아직 송과 고려간에 조공만 있고 책봉관계가 수립되지 않았으므로 외교관계의 단절이라고 하겠다.

州를 관할게 하였다. 이곳에는 거란으로 통하는 국경 관문인 勾當과[8] 양국의 특산물을 교환 국경 互市인 権場이 설치되어[9] 공공연히 사무역이 이루어졌다.[10] 따라서 10세기말 경부터는 거란과 고려의 문물교류도 본격화되었을 것으로 본다. 한편, 발해를 滅한 거란은 12세기 초까지 약 1세기 동안 요동지역의 가장 강력한 주인이 되었으므로, 주변국들을 통일하고 중국으로 진출하여 중국의 동북지방을 아우르게 된 것이다.[11] 이 때 遼의 對高麗 전담지역은 東京 즉, 遼陽이었다. 고려와의 전쟁에서도 요양에서 서경, 개경에 이르는 가장 가까운 루트가 사용되었으므로[12] 거란의 문물이 요양지역을 통해 고려로 유입될 수 있는 개연성은 매우 높다.

고려가 반거란 감정으로 만부교 사건을 일으킨 이듬해인 943년(태조 26년 4월), 朴述熙를 통해 왕실 후손들에게 내린 〈訓要十條〉를 보면, 10개 항목 가운데 제 4조에서 "우리나라는 사람도 땅도 중국과 다르니 반드시 중국의 제도를 따를 필요가 없다. 거란은 야만의 나라이고 풍속과 언어 또한 다르니 衣冠과 制度를 함부로 본받지 말아라"고 하여[13] 당시 강성했던 거란의 영향력과 고려의 불편한 입장이 잘 드러나 있다. 하지만 이 대목을 정치외교적 입장이 아닌 문화적 관점에서 보면, 〈훈요10조〉를 통해 굳이 의관과 제도를 본받지 말라고 한 것은 달리 해석할 여지도 있다. 즉, 이미 10세기 중반경, 고려에 거란의 의관과 제도가 유입되어 상당히 유포된 상태였을 가능성이 높다는 점이다. 이와 관련하여 1129년(인종7)에 "조정으로부터 民庶에 이르기까지" 거란의 화려한 기풍을 다투고 있는데 대해 탄식하는 조서가 발표되는데 이 또한 흥미롭다. 이 때는 거란이 망하고 고려는 金과의 실질적인 관계 개선에 힘쓰고 있던 시기였으며, 표면상으로도 남송과 우의를 유지하고 있을 시점이었다. 따라서 위와 같은 강령을 명시한 것은 고려초부터 12세기 전반까지 거란의 문물과 제도가 고려에 유입되었고 상당히 만연해있었던

8) 김재만, 『거란·고려관계사연구』, 국학자료원, 1999, 105쪽.
9) 국사편찬위원회, 『한국사』15, 1995, 305쪽.
10) 안주섭 지음, 『고려거란전쟁』, 경인문화사, 2003, 90-93쪽.
11) 김한규, 『요동사』서남동양학술총서, 문학과 지성사, 2004, 450-457쪽.
12) 안주섭 지음, 『고려거란전쟁』, 경인문화사, 2003.
13) 『高麗史』卷2, 太祖 26年 4月.

현실에 대한 반증일 가능성이 높다고 볼 수 있다.[14]

이후 金이 건국하게 되자 고려는 남송에 대해 '中華'로서 흠모한다고 하였지만, 실제로는 金을 의식하고 있었으며, 남송과는 오히려 소원한 관계가 유지되었던 것으로 보인다. 즉, 이미 위축된 宋의 위상 때문에 고려의 책봉국이 될 수 없다고 보았던 것이며, 나아가 금이 건국한 이후 국가적 차원에서 남송과의 교류는 거의 중단되었다.[15] 그러면 위와 같은 국제·외교 정세 아래 요·금의 도자조형 및 기술, 또는 실제 유물의 유입은 어떻게 이루어졌을까.

遼의 건국으로 고려와 요는 공식·비공식적으로 교류가 많아지고, 거란 장인의 귀화를 통한 遼文物과 기술의 流入이 증가했다. 중국 唐末부터 遼代初에 거란이 남하하면서 중국 북방은 인구와 문물의 이동이 있었다. 그 과정에 唐의 공예기술과 전통을 보유한 장인들은 遼의 영역에 속하게 되었고 그 전통이 계승되었다고 알려져 있다. 즉, 936년 燕雲十六州가 遼에 속하게 되면서 많은 거란인이 燕雲(河北, 山西北部)지역에 속하게 되었고, 당대 이래 축적된 공예 기술은 遼의 장인들에게 수용되었던 것이다.

안사의 난 이후 河北에는 번진들과 거란이 할거하였지만 947년 太宗이 后晉을 멸할 때, 汴州[開封] 城內의 각종 手工業에 종사하는 "百工" 등을 전부 遼 上京城內로 이주케 했다고 한다. 따라서 澶淵의 盟(1005) 이후 정치적으로 안정된 상황에서 공예는 더욱 발달할 수 있었을 것이다. 따라서 복속된 漢族의 수공업 기술자들은 거란인 다음 가는 대우를 받으며 遼의 공예를 발전시키는데 중요한 역할을 했을 것이다.[16]

더욱이 遼의 지배시기에 들어서는 하북, 산서, 내몽고 등 거란의 주 활동지역을 중심으로 요업이 더욱 발달하였다. 上京 臨潢府, 中央 大定部, 東京 遼陽府, 西京

---

14) 김순자, 「고려전기의 거란[遼], 여진[金]에 대한 인식」, 『한국중세사연구』 제26호, 한국중세사학회, 2009, 109-150쪽.

15) 김순자, 위 논문. 이 시기는 외교적으로 중화질서와 실질적 관계, 즉 실제와 이념이 괴리된 시기로 보았다.

16) 宿白, 「定州工藝與靜志, 淨衆兩塔地宮文物」, 『文物』, 文物出版社, 1997, 34-47쪽 ; 안귀숙, 「고려시대 金屬工藝의 대외교섭」, 『고려미술의 대외교섭』, 예경, 2004, 153-192쪽 ; 任眞娥, 본 고, 주3).

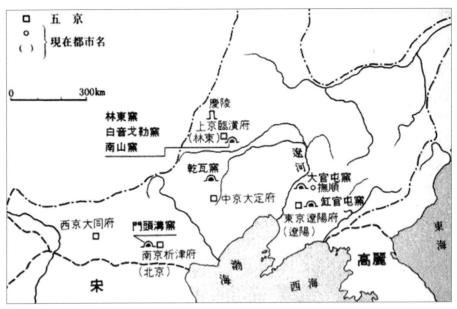

〈도 1〉 요대 가마터 위치 지도

大同府, 南京 析律府 등 五京을 위시하여 많은 州와 縣의 城이 수복되면서 도자기 수요는 증가하였고, 생산량은 물론 종류도 다양해졌다. 초기에는 중원지역으로부터 수입하는 예가 많았지만 차츰 요의 장인에 의한 제작이 증가한다. 內蒙古 赤峰 缸瓦窯, 乾瓦窯, 內蒙古 上京窯[官窯], 上京 臨潢府의 南山窯와 白音 高洛窯, 遼寧省 遼陽市의 江官屯窯, 북경 龍泉務窯 등지가 그곳으로 백자, 흑유, 삼채 등을 주력 생산하였다(도 1).[17)

『고려사』내용에서 중국과 고려의 도자 교류를 설명하는 구체적 내용은 거의 없다. 다만 공식적인 사신 왕래나 사적인 상인교류 등을 통한 교류가 있었을 것으로 짐작할 수 있다. 즉, 遼를 통한 河北·山西등지의 도자 전통이나 북송을 통한 陝西·河南 지역의 도자 전통이 유입되는 것이 동시에 가능했을 것이다. 특히 12세기 전반 徐兢의『高麗圖經』에는 "…듣자니 契丹의 항복한 포로 수 만명 중 공예기술을 가진 사람들이 있는데 그들 중 열에 한 명은 정교한 솜씨를 가진 工匠으

---

17) 三上次男, 「渤海遼金元陶磁器生産の歷史的背景」, 『世界陶磁全集』13, 遼·金·元, 東京 : 小學館, 1981, 131-142쪽 ; 「渤海と遼の陶磁」, 『世界陶磁全集』13, 遼·金·元, 東京: 小學館, 1981, 143-169쪽.

로서 王府에 머물게 하였다. 요즈음 器服이 더욱 공교하여, 부화스럽고 거짓스러운 것이 많아 전날의 순박하고 質朴한 것을 회복할 수 없다…"는 내용이 있어[18] 거란의 공예기술자들이 고려의 왕실 등 중앙 공예에 어느 정도 기여했음을 짐작케 한다. 또 『고려사』 예종 12년(1116) 기록에, "…왕이 南京에 이르자 거란에서 투화하여 근처에 흩어져 사는 자들이 거란의 가무와 각종 유희를 연출하여 행차를 맞이했고, 이에 왕은 수레를 멈추고 구경하였다…"[19]하여 12세

〈도 2〉 청자 皮囊壺, 월주요계,
국립중앙박물관

기초 개경 인근의 남경에는 거란인의 집단촌이 있었음을 알 수 있다.

실제로 太平興國2년(997)의 河北省 定縣 靜志寺 舍利塔 地宮에서 출토된 월주요산 靑瓷盒이나 內蒙古 哲里木盟 奈曼旗에 있는 陳國公主墓(遼 開泰7년, 1018) 출토 월주요산 청자접시 등은 중국 북방 거란지역내 주요 유적에서 남방의 월주요 청자가 발견되는 사례이다. 그 외에 남방의 획화기법을 응용하여 백토 분장한 위에 가는 획선으로 문양을 그리는 장식이 河南省 登封 曲下窯 등지에서도 나타나고 있어 월주요의 제품과 기술이 중국북방의 소비지와 요장으로 전래되었음을 볼 수 있다.[20] 남방에서도 북방적 장식이나 기법이 직접적으로 나타나기도 했는데, 白瓷나 三彩 등으로 즐겨 만들어졌던 遼의 전형적인 皮囊壺가 월주요 지역 요장에서 청자로 번안되어 제작되기도 하였다(도 2).

---

18) "高麗工技至巧, 其絕藝, 悉歸于公. 如幞頭所將作監, 乃其所也. 常服白紵袍皂巾. 唯執役趨事, 則官給紫袍. 亦聞契丹降虜數萬人, 其工技十有一擇其精巧者, 留於王府. 比年器服益工弟浮僞頗多, 不復全日 純質耳"(徐兢, 『高麗圖經』 第19卷, 「民庶」, 〈工技〉).

19) 『高麗史』 卷13, 世家13, 睿宗12年 8月 戊午 ; 최혜숙 지음, 『高麗時代 南京研究』, 景仁文化社, 2004, 107쪽.

20) 劉濤 著, 『宋遼金紀年瓷器』, 北京: 文物出版社, 2004.

2. 고려 · 금의 관계와 요업

한편, 12세기 전반경 중국의 북방에는 여진[金]이 자리잡으면서 중원까지 그 통치영역을 넓혔다. 金은 여진의 왕조(1115-1234)로서, 10세기 초부터 거란 [遼]의 지배아래 있었으나, 12세기 초 북만주 세력이 확장되면서 자립하여 金이 라 하였다. 태조 우야소[烏雅束]는 遼를 격파하여 그 영토를 넓혀나갔으며, 1120 년에는 宋과 동맹을 맺고 요를 공격하면서 만주에서 요를 몰아냈다. 1121년 경부 터 遼의 中京(寧城縣 大名城)을 점령하고, 西京을 함락시켰다. 1125년 太宗(재 위 1123-1135)때 요를 멸망시키고 西夏와 高麗를 대적했다. 1127년 宋의 수 도 하남성 開封을 공격하여 徽宗 · 欽宗 등 3,000명을 사로 잡고 송을 강남으 로 밀어내면서 금은 만주 전역과 內蒙古 · 華北등에 걸친 넓은 영토를 영유하게 되었다.

熙宗(재위 1135-1149)때 淮水에서 陝西省 大散關을 잇는 지역을 국경으로 정

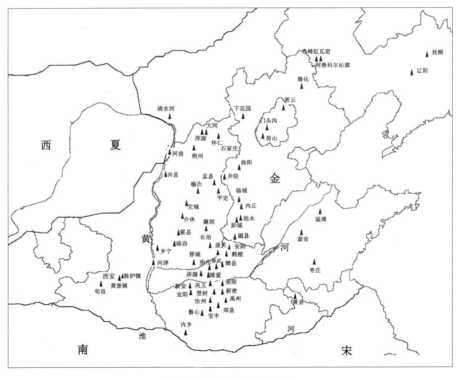

〈도 3〉 금대 가마터 위치 지도

고려와 북방문화

하면서, 남송의 황제는 신하의 예로써 금의 황제를 대하며, 또 銀 25만냥과 絹布 25만 필을 歲幣로 바친다는 조건으로 화의를 체결하였다. 그러나 중원지역으로 들어오면서 금은 정치·경제·문화 등 각 방면에서 宋의 영향을 강하게 받을 수 밖에 없었다. 1153년에는 금의 근거였던 상경 회령부를 버리고 燕京[베이징]으로 들어오면서 여진인들을 화북지방으로 대거 이주시켰다. 이같은 정황 아래 금은 요와 달리, 과거 북송의 영토까지 복속하게 됨으로써 도자 제작의 측면에서 보면, 기왕에 북송대에 융성했던 발달된 요장들과 요업기술을 확보하게 된 셈이다 (도 3). 따라서 요대에 설립되어 발달했던 내몽고 赤峰의 缸瓦窯,[21] 江官屯窯, 上京窯 등도 그 시작은 요대부터였지만, 금대에 이르러 가장 활성화되었다고 알려져 있다.[22] 뿐만아니라 定窯, 藿州窯, 耀州窯, 鈞窯, 磁州窯 등 북송대 이래 융성

했던 요장들은 정강의 변으로 일시적인 타격을 입었지만, 머지 않아 요업이 지속되었고 금의 영역 아래 놓이게 되었다. 정요 일부와 요주요 등은 금대 官窯였을 가능성이 제기되었으며(도 4),[23] 특히 하남성 균요는 제작이 증가하여 시장 수요에 부합하는 새로운 품종을 개발해나가게 되었다.[24]

〈도 4〉 청자양각향로, 金代, 耀州窯博物館

21) 郭治中,「赤峰缸瓦窯遺址出土遼金瓷器擧要」,『中國古陶瓷研究』第11輯, 紫禁城出版社, 2005, 14-34쪽.

22) 長谷部樂爾,「金代の陶瓷」,『世界陶磁全集』13, 遼·金·元, 東京: 小學館, 1981, 170-179쪽.

23) 榮思彬,「金代眞的是耀州窯的衰退期吗?」,『中國耀州窯 國際學術討論會文集』, 三秦出版社, 2005, 30-34쪽 ; 黃節平,「關于耀州窯金代貢瓷」,『中國耀州窯 國際學術討論會文集』, 三秦出版社, 2005, 35-36쪽.

24) 趙靑云,「鈞瓷的興起與鈞窯系的形成」,『中國古陶瓷研究』第11輯, 紫禁城出版社, 2005, 172-178쪽.

최근 하남성 장공항요의 발굴과정에서 청자와 동반 출토된 330점의 동전 가운데 북송시기 것들 외에 소량의 金代 海陵王(1149-1161, 完顔亮) 시기의 유물인 正隆 3년(1158)에 주조한 "正隆元寶"가 발견되었다. 따라서 장공항요의 자기들은 조형이 북송시기 여요에 연원이 있지만 기형과 번법 등에서 북송~금대의 특징도 함께 지니고 있다. 뿐만 아니라 남송대 로호동요의 제작특징과 유사한 점도 있어 그 중심시기를 金代였을 것으로 보기도 한다.[25]

또 북방백자의 대표 요장인 定窯系에서는 井陘窯, 平定窯 등이 요업을 이어가면서 대량 생산으로 전성기를 구가했던 것으로 알려져 있다.[26] 金은 중원까지 지배했지만, 그들의 문화적 정체성은 모호했고, 따라서 전란을 치르고도 여전히 宋의 기술 및 조형 전통 위에서 지속적으로 요업이 발달했던 것이다. 실제로 遼代에 발달했던 특징적인 도자들과 비교하면 金代의 도자들은 오히려 송과 큰 차이를 발견하기 어렵다는 것이 일반적인 견해이다.[27] 그러므로 고려와의 관계에서 금대 도자의 특징을 선명히 가려내기는 쉽지 않다. 하지만 적어도 금이 고려를 복속하는 1125년경 이후부터 금이 상경회령부에 근거하고 있었던 1153년경까지는 거란에 이어 지속적인 교류가 가능했을 것이므로 중국 북방지역 도자의 유입에는 큰 무리가 없었을 것이다.

Ⅲ. 고려 요업의 변화

1. 2차 번조법의 발달

고려에서 자기요업이 개시된 이후 11세기 들어 나타나는 새로운 현상 가운데 하나는 자기제작 과정에서 성형 후 1차로 낮은 온도에서 번조하고 유약을 입혀 2차로 높은 온도에서 번조하는, 이른바 2차번조 방법이 강진을 비롯한 전국의 요

---

25) 唐俊傑, 「汝窯, 張公巷窯與南宋官窯」, 『國際シンポジウム北宋汝窯青磁の謎にせまる』, 大阪市立東洋陶磁美術館, 2010, 64-69쪽.

26) 秦大樹, 「金代 製瓷業의 번성」, 『中國陶磁』, 국립중앙박물관, 2007, 392-393쪽.

27) 秦大樹, 위 글, 390-410쪽. 오히려 요주요나 균요 등 몇 요장에서는 질적으로 뒤지지 않는 제품을 생산했고, 특히 왕실에 납품하는 양질의 자기제작도 눈에 띈다.

지에서 광범하게 나타나기 시작한다는 것이다. 사실, 용인 서리, 시흥 방산동, 배천 원산리, 원당 원흥리, 양주 부곡리 등 五代 이후 중국 월주요계 요업기술과 어느 정도 연관성이 있었던 것으로 알려진 요장에서는 청자와 백자를 제작할 때 1회 번조, 즉 성형 후 유약을 발라 굽는 1차 번조[단벌구이]가 기본이었다. 그러나 강진이 한국식 해무리굽 완을 생산하던 시기가 되면 2차 번조기술이 상당히 증가한다. 한국식 해무리굽 완을 제작하는 단계에서 어느 정도로 2차 번조가 이루어지는지는 물론 아직 명확한 수치로 알려진 바는 없다. 그러나 초기청자 가마터에 비해 강진지역의 해무리굽 완들은 다른 기종에 비해 고급으로 번조되어 포개구운 예가 거의 발견되지 않았으며, 초벌 후 유약을 입히고 1개의 갑발 안에 1개의 기물을 넣어 재임하고 두 번째로 다시 굽는 것이 보편적이었다.[28]

어떤 계기로 국내에서 2차 번조 방법이 시작되었는지, 외부적 요인인지 또는 자체 발전과정 중의 현상인지는 아직까지 초기 관심 단계이다. 다만 그 해석으로서 중국 섬서성 耀州窯 청자요지에서 보이는 일부 초벌편들의 존재를 통해 요주요 관련설이 제기되기된 바 있다.[29] 중국 역시 일반적인 소성작업에서는 대개 1차 번조가 주류를 이룬다. 다만 官窯나 貢窯 등 고급품을 생산했던 일부 요장들에서 여러 번 施釉하여 굽는 것으로 알려져 있다. 이 때 여러번 번조하는 가장 큰 이유는 유약을 두껍게 입힘으로써 유층내에서 산란과 반사가 일어나 깊이 있는 비색 또는 녹색의 유색을 띠게 되기 때문이다. 유약을 입혀 낮은 온도에서 굽고 그 위에 유약을 또다시 입혀 굽는 과정을 2-3차 내지 그 이상 되풀이하면서 유층이 두터워지는 것을 볼 수 있다. 그 결과 깊이 있고 풍부한 유색의 발색이 가능해진 것이다. 남송대 官窯址 가운데 하나로 추정되는 절강성 항주 老虎洞 요지에서는 가마터 발굴 결과 본구이를 위한 가마 시설물 외에 素燒[유약을 입히지 않고 굽는 초벌구이]를 위한 가마가 3기 더 알려졌다. 이는 초벌구이 이후 여러 차례 유약을 입히는 과정[多次施釉]이 행해지면서 나타나는 결과이다.[30] 이와 유사

28) 張起熏, 「窯道具를 통해 본 初期靑磁窯業의 變遷」, 『미술사연구』 16, 미술사연구회, 2002, 229-253쪽.
29) 李喜寬, 「高麗 翡色靑磁의 出現과 초벌구이(素燒)」, 『한·중·일 국제학술대회 對外交涉으로 본 高麗靑磁』, 강진청자자료박물관, 2003, 16-42쪽.
30) 秦大樹·杜正賢 主編, 『南末官窯與哥窯』, 浙江大學出版社, 2003 ; 金志伟·金軍, 「再談

〈도 5〉杭州 출토 청자 多次施釉片,
鴻禧美術館 舒佩琦 촬영

한 시유 및 번조 방법은 항주시내에서 발굴되었던 郊壇 官窯址나 捲煙廠 유적 등 동시대 가마터와 유적지에서 확인되었다. 태토 위에 마치 여러겹으로 지방층이 쌓인 것같이 보이는 파편들이 다량으로 발견되었던 것이다(도 5).[31] 실제로 이들 관요의 영향으로 비슷한 시기에 조업이 이루어졌다고 알려진 절강성 龍泉의 大窯와 溪口瓦窯琲 등지에서도 태토가 얇고 유약이 두터운 이른바 厚釉자기들이 생산되었는데 이 역시 多次施釉를 위해 重複燒成하는 과정에서 나온 결과였다.[32]

따라서 고려에서 2차 번조가 이루어지기 시작하는 11세기 전반경, 남송관요의 조업방식이 우리에게 영향을 주었을 가능성은 시기적으로 불가능하다. 이에 대해 後周가 멸망하는 960년을 전후하여 많은 후주인들이 고려에 投化하면서 오대 후주 영역에 속해 있던 耀州窯의 영향이 고려와의 밀접한 교류속에서 이루어졌을 가능성이 높다고 보는 견해도 있다.[33] 하지만 국내에서 초벌과 재벌을 하는 2차 번조가 시작되는 시점은 강진지역에서 본격적으로 해무리굽 청자완과 동반품들이 제작되기 시작하는 11세기 이후로 추정되기 때문에 그 역시 재고의 여지가 있다.

또, 2차 번조의 전단계에 이루어지는 초벌구이는 아직까지 초기청자 제작 시기

南宋修内司官窯」,『中国古陶瓷研究』第四辑, 紫禁城出版社, 1997, 202-204쪽 ; 李剛, 「修内司官窯质疑」, 『東方博物』第二辑, 浙江省博物館 編, 杭州大学出版社, 1998, 122-128쪽 ; 李辉柄, 「南宋官窯与龙泉青瓷」, 『東方博物』第三辑, 浙江省博物館 編, 杭州大学出版社, 1999, 8-14쪽 ; 陈元甫, 「也谈修内司官窯」, 『東方博物』第四辑, 浙江省博物館 編, 浙江大学出版社, 1999, 59-63쪽.

31) 中國社會科學院考古研究所·浙江省文物考古研究所·杭州市園林文物局 編著, 『南宋官窯』, 中國大白科全書出版社, 1996.

32) 朱伯谦 主编, 『龙泉窯青瓷』, 臺北: 艺術家出版社, 1998 ; 浙江省轻工业厅 編, 『龙泉青瓷研究』, 北京: 文物出版社, 1989.

33) 이희관, 본 고, 주29).

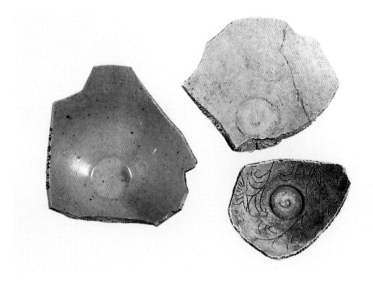

〈도 6〉 강진 용운리10호요지 출토 청자 재벌편과 초벌편, 국립중앙박물관 발굴

중부지방 전축요에서는 거의 확인되지 않았으며 토축요 중심시기로 들어서면서 보편화 된다. 즉, 강진 용운리 9호 · 10-1호, 삼흥리 D지구, 고흥 운대리, 해남 신 덕리 등 한국식 해무리굽 완이 주로 만들어졌던 요장에서 이다. 이들 요지에서는 초벌편들이 재벌편들과 함께 적지 아니 수습되고 있어, 국내의 초벌 공정은 한국 식 해무리굽 완이 제작되기 시작하던 시기 즈음하여 본격적으로 나타났을 가능성 이 높다고 본다(도 6).[34] 따라서 전축요 다음 단계에 발달하는 토축요의 이른 시 기 청자가 전축요 제품의 조형을 기반으로 하고 있음은 분명하지만, 초벌 기술은 직접적으로 월주요의 전통에 기인한다고 보기에는 무리가 있다. 그렇다면, 후주 를 통한 요주요계 영향 외에 10세기 후반부터 11세기 초에 이르는 시기에 고려 가 초벌 번조법을 받아들일 수 있었던 연원과 그 경로는 어디였을까?

　2차 번조의 원천기술은 이미 唐代 三彩器 제작에서 보편화되었다. 화려한 당삼 채를 위해서는 저화도 鉛釉계통의 유약을 입혀 700-800℃에서 번조해야 하는 데, 이 경우 태토는 용융이 미흡하여 기물전체가 연질의 상태에 머물 수 밖에 없 다. 따라서 섬서성이나 하남성 등지에서는 백토로 기물을 만들어 1,000도 이상의

34) 李鍾玟, 「南部地域 初期 青磁의 系統과 特徵」, 『미술사연구』 16, 미술사연구회, 2002, 199-228쪽.

〈도 7〉삼채를 위한 초벌구이[素燒] 기물, 河南省 黃冶窯 출토,
河南省文物考古研究所 발굴

〈도 8〉內蒙古 赤峰 缸瓦窯 수집 三彩片,『遼代陶瓷』, 2003, 도 2-41

고려와 북방문화

고화도에서 1차로 번조하고[素燒] 그 위에 저화도 유약을 입혀 다시 굽게 되었다 (도 7).[35] 당대 중국 북방지역 요장에서 이루어진 이같은 초벌구이 전통은 송대로 이어졌을 것이며, 섬서성 요주요에서는 오대-북송초기에도 일부에서 2차 번조의 공정을 거친다.[36] 그런데 삼채 기법은 섬서, 하남, 하북을 거쳐 내몽고 지역까지 확대되었으며, 발해와 遼에서도 사용되었다. 나아가 11세기 이후 遼와 金의 영역에서도 삼채기법이 유행하여 色釉 및 白釉器 제작을 위한 초벌번조 사례를 볼 수 있다(도 8).[37] 따라서 고려에서 성행했던 2차 번조의 발달시기와 중국 북방의 요업발달에서 보이는 2차 번조는 과정상의 세부적 차이는 있다. 즉, 시기적으로나 기종의 동반관계 등으로 볼 때 오대보다는 遼와의 물적 교류와 장인들의 국내 도래가 본격화되는 10세기말 이후 11세기초 이후 가능성이 더 높아 보인다.

2. 번조받침의 변화

번조받침의 사용에 나타나는 변화는 10세기경 전축요장에서 볼 수 있었던 고리형 번조받침 도구[墊圈]가 토축요 활성화 단계에서는 거의 발견되지 않는다는 점이다. 점권은 시흥시 방산동이나 배천 원산리, 용인 서리 Ⅰ·Ⅱ기층과 같은 전형적인 전축요 단계에서 고급 도자기를 구울 때 굽 안쪽에 받쳐 구웠던 링(ring) 모양의 받침으로 五代 중·후반과 宋시기 남방지역 청자에서 그 흔적을 자주 볼 수 있다(도 9). 그러나 고려의 토축요에서는 기종을 막론하고 대부분 굽 접지면에 내화토를 받쳐 구운 자국이 남아 있다(도 10). 이는 토축요가 보편화되는 단계에 이르러 기존의 중국식 제작방법과 달리 간략한 받침 재료만을 활용하게 됨으로써 토착화된 것으로 이해되기도 한다. 즉 토축요의 청자제작 과정에서

---

35) 河南省文物考古研究所·中國文物研究所·日本奈良文化財研究所 編著, 『黃冶窯考古新發現』, 大象出版社, 2005 ; 河南省鞏義市文物保護管理所 編著, 『黃冶唐三彩窯』, 科學出版社, 2000. 특히 시유전 초벌구이[素燒]단계의 소성온도는 거의 1100-1200℃에 달했던 것으로 알려져 있다.

36) 陝西省考古研究所, 『五代黃堡窯址』, 北京: 文物出版社, 1997, 196-211쪽 ; 陝西省考古研究所·耀州窯博物館, 『宋代耀州窯址』, 北京: 文物出版社, 1998, 466-471쪽.

37) 北京市文物研究所 編, 『北京龍泉務窯發掘報告』, 北京: 文物出版社, 2002, 82-332쪽.

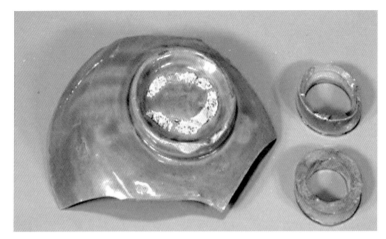

〈도 9〉 경기도 시흥 방산동요지 출토 점권과 점권 흔적, 해강도자미술관 발굴

〈도 10〉 경기도 용인서리요지 출토 완의 내화토받침 흔적, 삼성미술관 리움 발굴

볼 수 있는 단순화, 간략화의 경향이 燔造에서도 나타난 예라고 해석된다.[38]

　　방산동의 墊圈 흔적은 開窯 초기단계에 보이다가 閉窯 시기로 갈수록 비율이 급격히 줄어들며, 또 용인 서리에서도 극소량의 고리형 받침도구는 발견되었으나 실제 그릇 아래 점권을 받친 예는 거의 찾아 보기 어렵다.[39] 즉, 국내에서는 10세 기 중반경 중국으로부터 청자제작 및 번조기술과 함께 전축요를 도입하여 운영하

38) 이종민, 본 고, 주34) 논문 ; 張起熏, 본 고, 주28), 229-253쪽.
39) 湖巖美術館, 『龍仁西里白磁窯 發掘調査報告書 I 』, 1987, 500쪽 ; 湖巖美術館, 『龍仁西里 白磁窯 發掘調査報告書 II 』, 2003, 342쪽.

던 단계에서 점권이 사용되다가 토축요를 주요 설비로 사용하는 단계에 이르면 현격히 그 사용이 줄어든 것이다. 그 대신 희고 검은 모래섞인 내화토를 둥그스름 하게 빚어 받친 경우가 늘어나는데, 이러한 현상은 중국 요대 영역의 대부분 가마 에서 일반적으로 볼 수 있다.[40] 굽 접지면 약 4 곳에 내화토를 받치는 경우, 기물 하나씩 별도로 번조되기도 하지만 포개 굽는 疊燒法도 함께 이루어진다.

그런데 요의 영역 가마터에서 고려처럼 점권을 사용하지 않고 위와 같이 내화 토만 받치는 사례가 나타나는 것은 대체로 접지면이 넓은 중국식 옥벽저계 완이 등장하던 시기와 비슷하다. 본 고의 Ⅳ장에서 살펴보겠지만 시흥 방산동과 용인 서리의 고고학적 퇴적 층위를 기준으로 볼 때, 굽의 접지면이 넓은 옥벽저계 완은 남방 월주요계 청자기술이 이식되고 난 후, 백자가 나타나면서 함께 보이는 요소 이다. 따라서 앞 절에서 살펴본 바 2차 번조 방법의 발달과 점권의 소멸 등은 중 국 북방지역과의 지속적인 교류에서 비롯되었을 가능성이 높아 보인다. 실제로 요대에 개설되어 금대까지 성황을 누렸던 內蒙古 赤峰 缸瓦窯, 乾瓦窯, 常玉窯, 喀左房申店窯 등지에서 수습된 도편의 부착된 거친 모래와 백색내화토를 빚어 받

〈도 11〉 내몽고 赤峰缸瓦窯 출토 완의 내화토받침 흔적, 『遼代陶瓷』, 2003, 도2-11

40) 路菁, 『遼代陶瓷』, 遼寧畫報出版社, 2003.

친 받침은 질과 받침흔적의 갯수, 질, 색깔 등 고려와 매우 흡사한 사례가 많아 주목된다(도 11).[41]

3. 청자와 백자의 竝産

고려의 자기요업 개시와 관련하여 등요식 구조나 벽돌을 사용한 가마축조, 요도구의 형태와 용법, 생산품의 형식 등을 근거로 중국 남방 월주요계 기술이 중요한 기반이 되었을 것이라는 점은 주지하는 바이지만, 중국의 남방과 다른 또 한가지 요업 특징은 같은 요장에서 백자와 청자를 竝産했다는 사실이다. 특히 흥미로운 것은 백자의 경우 고려의 수도 개경과 가까운 요장에서 먼저 나타나는 것으로 추정되며,[42] 또 청자와 함께 백자를 병산하는 가마에서는 백자의 비율이 상대적으로 적지 않았다.[43] 그렇다고 하여 청자와 백자를 함께 생산했던 것이 중부지방 초기요장의 일반적인 현상이라고 단언할 수는 없다. 왜냐하면 경기도의 양주 부곡리 · 원당 원흥리, 황해도 배천 원산리 등지에서는 아직까지 청자와 함께 백자가 생산되었다는 보고는 없기 때문이다. 따라서 초기 청자의 제작 단위별로 제작 계통상 차이가 있었을 가능성도 있다.

우선, 청자와 백자를 함께 생산하던 가마와 청자만을 생산하던 가마간에는 시간적 선후 관계가 있을 수 있다. 왜냐하면 방산동이나 서리요지에서는 초기에 모두 청자를 주로 생산하다가 이어 청자와 백자를 함께 만들고, 그 다음 백자 위주로 이행하는 특징을 보이기 때문이다.그래서 혹시 청자만을 만들었던 가마들이

---

41) 路菁, 위 책.

42) 현재까지 알려진 고려 초기백자의 생산지는 시흥 방산동, 용인 서리, 여주 중암리 등 주로 경기도 일원에 분포하며, 고려 중기 이후 자기제작이 증가하고 전국적으로 제작장이 늘어나면서 여주, 용인 등 기존 백자생산지 외에 제천, 칠곡, 양구 등 지역의 지질특성에 따라 거친 지방백자들이 생산되는 경향이 있다.

43) 시흥 방산동의 백자 비율은 전체의 7%로 많지 않지만, 청자와 백자를 대비시켜 보면, 1기(1:0.055), 2기(1:0.146), 3기(1:0.108)로 시기가 늦은 2, 3기로 가면서 백자의 비율이 증가하였다(해강도자미술관, 『方山大窯』(2000)). 용인 서리에서도 백자 vs 청자의 비율이 Ⅰ층(26.82:72.35), Ⅱ층(87.89:11.15), Ⅲ층(98.66:1.06), Ⅳ층(99.80:0.2)으로 시간이 흐를수록 백자의 비율도 늘어났다(湖巖美術館, 『龍仁西里白磁窯 發掘調査報告書 Ⅱ』, 2003).

시기적으로 앞서는 것이 아닐까 하는 의문을 갖게 된다. 하지만 배천 원산리에서는 '淳化'銘 청자들이 발견됨으로써 그 하한이 10세기 말경으로 추정되며, 또 원흥리나 부곡리 역시 백자를 함께 제작했던 가마들에 비해 시간적으로 더 이르다는 증거는 찾기는 힘들다.

둘째로 기술 원천의 차이를 가정할 수 있다. 즉, 백자를 청자와 함께 제작했던 요장의 경우 청자만을 위주로 생산했던 곳과 달리 백자기술을 가진 장인이 직접 도래 했을 가능성이 있다고 본다. 본질적으로 백자는 청자와 태토 및 유약의 용융점과 번조 요구조건에 차이가 있으므로 같은 요장에서 동시에 번조하는 것은 기술적으로 바람직하지 않다. 하지만 이들 가마에서는 엄연히 청자와는 계통이 다른 태토와 유약을 사용하여 의도적으로 구분하여 백자를 제작하였다(도 12 · 13).[44]

그렇다면 백자가 국내에서 제작될 수 있었던 요인은 무엇일까. 이 대목에서 요

〈도 12〉 시흥 방산동요지 출토 청자 · 백자접시, 해강도자미술관 발굴

44) 용인시 · 용인문화원 · 여주대학, 『용인 서리 고려백자요지 도편분석 연구보고서』, 2004.

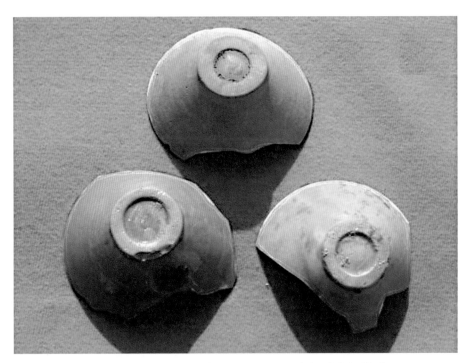
〈도 13〉 용인 서리 상반요지 출토 청자 · 백자완, 기전문화재연구원 발굴

에서 금으로 이어지는 중국 북방 지역과의 연관 가능성을 생각해 볼 수 있다. 특히, 요-금대에 걸쳐 하북성, 하남성, 산서성, 내몽골 자치구 등지에서 광범하게 이루어졌던 백자의 제작기술과 조형 및 실물 제품이 전해지면서 자연스럽게 국내 제작의 동인이 되었을 수 있고,[45] 이 때 북방으로부터 장인의 직접적 도래는 그 실현을 가능케했을 것이다. 당시 중국 북방지역에서 백자를 제작했던 대표적인 요장으로는 하북성의 邢窯와 定窯를 들 수 있다. 형요와 정요의 관계에 대해서는 五代를 전후하여 형요의 요업이 중단되고 그 요업기술의 중심이 定窯로 옮겨 가면서 북방백자의 전통이 계승되었던 것으로 일반적으로 이해되어 왔다. 그러나 형요의 중심지인 邢台지역 송대 무덤과 형요 요정의 金代 층위에서는 기존에 정요산으로 알려져 있던 '官' 또는 '盈'字銘의 치밀질 경질백자들이 출토되면서 형

고려와 북방문화

45) 국내의 고려시대 유적에서 발견되는 중국산 백자는 대체로 오대~금에 이르는 시기 정요계 혹은 경덕진계 백자들이지만, 오대 송초 경덕진 백자들은 정요계 요업기술과 장인의 영향을 받았으므로 결국은 북방적 요소가 강했다고 볼 수 있다.

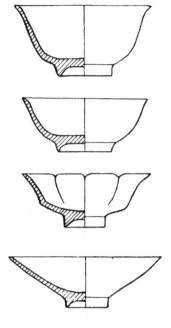

<도 14> 金代 형요백자(楊文山, 「論宋金時期邢窯白瓷的持續生産」, 『邢窯遺址研究』, 邢台市文物官理處·臨城縣文物保管所 編著, 科學出版社, 2007, 335쪽 도 1

요의 하한과 요업활동에 재고의 여지가 생겼다 (도 14). 또 정요 역시 주변지역에 유사품을 제작하는 요장들이 생겨나면서 작업군을 형성하였다. 이처럼 전통적인 북방 대표적 백자 요장들은 10-12세기를 거치면서 遼, 金代 영역내 주변 여러 요장에 그 조형과 기술을 전하고 있었던 것으로 파악되었다.[46] 특히 중국 북방지역을 遼가 통치하게 되는 10세기 이후, 도자 사용에서 백자의 비중이 높아져, 10세기 중후반에서 11세기초에 이르는 遼代 분묘 등에서는 매납품 가운데 백자의 비중이 우위에 있었다.[47] 따라서 遼 영내의 가마들이 백자 생산에 주력하게 되는 10세기 이후, 정요는 물론이고 백자를 위주로 생산하던 형요계 요장들은 다시 활성화되며, 그 기술이 전파되면서 요대 북방백자의 제작이 다양해지고 이 같은 정황이 동시기 고려에도 전이되었을 가능성도 높다고 본다.

Ⅳ. 중국 북방도자 조형 및 장식기법의 유입

10-12세기 중국 북방의 도자기술과 조형이 고려에 전해질 수 있었던 정황은 앞 장에서 살펴보았다. 실제로 고려자기에 나타나는 북방적 요소는 기종과 기형에서 장식기법에 이르기까지 다양하다. 특히 碗, 盤, 발, 접시, 병, 주자, 호, 향로,

46) 楊文山, 「論宋金時期邢窯白瓷的持續生産」, 『邢窯遺址研究』, 邢台市文物官理處·臨城縣文物保管所編著, 科學出版社, 2007, 330-340쪽 ; 河北省文物研究所·臨城縣文物保管所, 「臨城山下金代瓷窯遺址試掘簡報」, 『邢窯研究』, 文物出版社, 2007, 55-63쪽.
47) 路菁, 『遼代陶瓷』, 遼寧畵報出版社, 2003, 337쪽.

잔탁, 합, 문구류 등 다양한 기종 일부에서 북송, 요, 금대 정요, 여요, 자주요, 요주요 등지에서 제작된 기종과 기형의 특징이 유사하게 나타나고 있음은 이미 언급한 바 있다.[48] 본 장에서는 보다 집중적으로 요, 금대를 거치면서 고려의 자기요업에 영향을 주었다고 생각되는 몇 가지 주제를 중심으로 살피고자 한다.

1. 해무리굽[玉璧底] 碗의 재현[49]

10세기 중반 이후 한반도 중서부 일대, 특히 수도 개경을 중심으로 자기요업이 개시되고 활성화되기 시작한 것은 주지의 사실이다. 해당 요장으로는 경기도 시흥 방산동 요지,[50] 경기도 용인시 서리 中德요지,[51] 경기도 용인시 서리 上盤요지,[52] 경기도 여주시 중암리 요지,[53] 경기도 고양시 원흥동 요지,[54] 경기도 양주시 부곡리 요지,[55] 황해남도 배천 원산리 요지,[56] 평안남도 남포시 태성 1호요지,[57] 황해남도 봉천군 봉암리 요지,[58] 경기도 안양시 무내리 요지[59] 등이 그곳이다. 그 후 전남 강진 용운리 10호 요지(도 15),[60] 전남 강진 삼흥리 요지,[61] 전남 고흥 운대

---

48) 정신옥, 임진아, 본 고, 주3).

49) 장남원, 본 고, 주4), 321-353쪽.

50) 해강도자미술관, 본 고, 주43).

51) 湖巖美術館, 본 고, 주39).

52) 기전문화재연구원, 「용인 이동서리상반 고려백자요지 발굴조사 지도위원회자료」, 2001.11.6 ; 畿甸文化財研究院, 「용인 서리상반 고려백자요지 2차발굴조사 지도위원회 자료」, 2003.2 ; 畿甸文化財研究院 「용인서리상반 고려백자요지 3차발굴조사 지도위원회 자료」, 2004.1.27.

53) 京畿道博物館·驪州郡, 『驪州 中岩里 高麗白瓷窯址』, 경기도박물관, 2004.

54) 韓國情神文化研究院, 『한국의 청자요지』, 1992.

55) 全榮京, 「楊州 釜谷里 靑磁碗 硏究」, 弘益大學校大學院 韓國美術史專攻 碩士學位請求論文, 1993.

56) 김영진, 「황해남도 봉천군 원산리 청자기가마터 발굴간략보고」, 『조선고고연구』 2, 사회과학출판사, 1991, 2-9쪽 ; 조선유적유물도감편찬위원회, 「봉천군 원산리 자기가마터」, 『조선유적유물도감』 12, 평양, 1992, 306-321쪽.

57) 김영진, 『도자기가마터발굴보고』, 사회과학출판사, 2002.

58) 김영진, 본 고, 주56), 33-78쪽.

59) 鄭良謨, 『韓國의 陶磁器』, 文藝出版社, 1992, 320-323쪽 ; 시흥군지편찬위원회, 『始興郡誌』, 시흥군, 1988, 55-580쪽.

60) 國立中央博物館, 『康津龍雲里靑磁窯址發掘調査報告書』, 圖版編, 1996 ; 『康津龍雲里靑

〈도 15〉 강진 용운리 10호요지 출토 완, 국립중앙박물관 발굴

리 요지,[62] 전남 해남 신덕리 요지(도 16),[63] 전북 고창 용계리 요지(도 17),[64] 등 전남일대까지 요업 생산지가 확대되었으며, 인천광역시 경서동 요지[65] 등처럼 조질의 청자제작으로까지 다양해졌다.

　위 가마들의 출토품을 보면 제작품의 상당한 비중이 '해무리굽 완'에 있었다. 접지면의 폭이 넓은 이 완들은 퇴적층의 선후관계로 볼 때 玉環底→玉璧底의 순으로 이행하고 있었다. 이는 중국에서 당대 이래 완의 굽깎음 형식이 옥벽저→옥환저로 변화했던 것과 비교하면 반대의 현상이다. 옥벽저형 해무리굽 완의 국내 생산은 시흥 방산동의 2기층, 용인서리 2기층 단계에서 시작되는 것으로 파악되며, 이 시기는 10세기 중·후반경부터로 추정된다.[66]

　磁窯址發掘調査報告書』, 本文編, 1997.

61) 湖南文化財研究院, 『康津 三興里窯址 I』, 2004 ; 國立光州博物館, 『康津 三興里窯址 II』, 2004.

62) 國立光州博物館, 『全南地方陶窯址 調査報告(Ⅲ)-고흥 운대리』, 1991.

63) 國立光州博物館, 『海南 新德里 青磁陶窯址 精密地表調査 報告書』, 2000.

64) 圓光大學校 馬韓百濟文化研究所, 『高敞雅山댐水沒地區發掘調査報告書』, 1985.

65) 정양모 · 김영원 · 구일회, 『仁川 景西洞 綠青磁 窯址』, 國立中央博物館 · 仁川市立博物館, 1990.

66) 이종민, 『고려 초기청자 연구』, 백산자료원, 2004 ; 海剛陶磁美術館, 본 고, 주)43 ; 湖巖

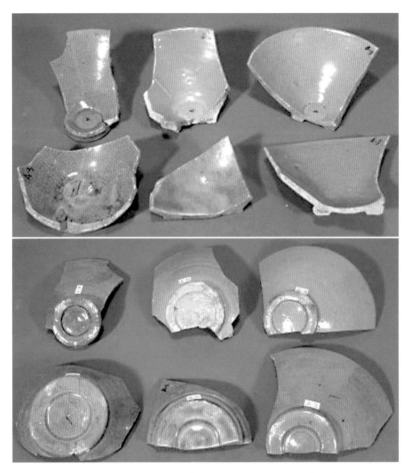

〈도 16〉 해남 신덕리요지 출토 청자완, 국립광주박물관 조사

〈도 17〉 고창 용계리요지 출토 청자완, 원광대학교 박물관 발굴

그런데 굽 접지면이 넓고 굽지름이 큰 중국식 해무리굽[玉璧底] 완들은 청자와 더불어 白瓷를 竝山했거나, 또는 처음부터 백자를 주로 생산했던 요장을 중심으로 발견되는 경향이 강하다. 시흥방산동, 용인 서리, 여주 중암리처럼 일찍부터 청자와 함께 백자가 생산되거나 등이 비슷한 경향으로 나타나는 것이다. 배천 원산리, 양주 부곡리, 원당 원흥동 등 백자의 병산이 확인되지 않았던 요장에서는 접지면이 가는 玉環底系碗들은 나타나지만 해무리굽완 계통은 비율이 낮다.[67] 그렇다면 방산동이나 서리, 중암리 등 백자가 함께 생산되거나 백자요장으로 전환하는 곳에서 해무리굽 완들이 제작되기 시작하는 이유는 무엇일까?

용도면에서는 飮茶 풍조와 연관 지어 해석할 수 있지만, 제작전통에 대해서는 고려의 匠人들이 飮茶器로서 唐代에 유행한 해무리굽 완을 제작하였다고 보는 시각이 있다.[68] 그러나 지속적인 지역간 교류에도 불구하고 100여년 전에 성행했던 唐代 옥벽저 완을 직접 그 재현의 모델로 삼았다고 하기에는 근거가 미약하다. 왜냐하면 10세기 이후 고려 유적에서 발견되는 중국산 청자는 주로 옥환저 완들이고[69] 宋은 이미 중국은 새로운 조형을 향해 변화하고 있었기 때문이다. 게다가 고려에서 제작되었던 옥벽저계 완들은 그릇의 내저에 또렷한 圓刻이 있어 중국 당대의 그것과는 차이가 있다.[70]

그렇다면 같은 시기 중국에서 옥벽저형의 기물을 제작하던 요장들은 어디였을까. 크기와 비례에는 차이가 있지만 이 시기 중국에서 형태가 뚜렷한 옥벽저완들을 제작했던 곳은 바로 요, 금의 요장이 밀집된 지역이다. 이 가운데 10-12세기까지 활동했던 赤峰 缸瓦窯(도 18 · 19)나 上京의 林東窯(도 20) 등지에서는 옥벽저 완들이 제작되었다. 이 가마들은 아직 본격 발굴보고가 이루어지지 않았으나, 1940년대 일본에 의해 지표조사가 시행되고, 1990년대에 중국 측 조사를 통

美術館, 본 고, 주39) ; 李鍾玟, 본 고, 주1).

67) 원흥리나 원산리, 시흥 방산동 등과 함께 초기청자를 생산했던 요장이지만, 백자의 발견 보고가 없고, 주류를 이루는 碗들은 굽접지면이 굽직경이 넓고 접지면은 좁은 옥환저계이며, 내저에 원각이 없는 타입이 중심인 것으로 알려져 있다. 全榮京, 본 고, 주55).

68) 金英美, 「越窯研究」, 北京大學 博士研究生學位論文, 2002.

69) 이종민, 본 고, 주66).

70) 원각은 일부러 조각칼로 깎아 음각선을 그린 경우도 있지만, 이 경우는 기물의 내면을 다듬을 때 목재 등으로 된 칼이나 틀을 사용하여 생긴 각선이다.

〈도 18〉 내몽고 赤峰 缸瓦窯출토 옥벽저 완,
『遼代陶瓷』(2003), 도 2-7

〈도 19〉 내몽고 적봉 항와요 옥벽저
(필자 수습)

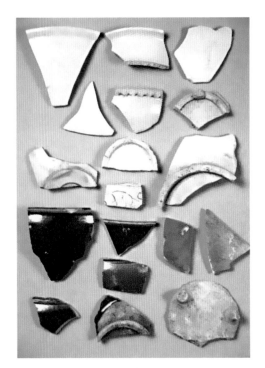

〈도 20〉上京 林東窯 수집 백자완 外,
1944년 고야마후지오 수습

해 제작경향과 생산품의 특징, 존속시기 등이 알려졌다.[71] 소비유적 가운데 그 시기를 추정할 수 있는 곳으로 內蒙古自治區의 요대 왕릉들이 있다. 巴林左旗에 있는 慶陵은[72] 요나라 成宗(971-1031), 興宗(1016-1055), 道宗(1032-1101) 등 3황제의 永慶, 永興, 永福陵으로 추정된다. 각각의 주인공이 명확치 않아 위치에 의거하여 東陵, 中陵, 西陵으로 지칭한다. 東陵[73] 건물지에서는 임동요에서 제작된 것으로 추정되는 백자들 출토되었는데 그 가운데 굽 바닥 접지면이 넓고 평평

고려와 북방문화

71) 路菁, 본 고, 주40) ; 弓場紀知, 「遼上京府林東窯址再檢討」, 『出光美術館硏究紀要』第6號, 出光美術館, 2000, 115-146쪽.

72) 이 능과 주인공에 대한 추정 및 출토품은 田村實造 · 小林行雄, 『慶陵』, 日本 京都大學文學部, 1953.

73) 東陵은 遼 成宗(982-1031재위)의 능으로 추정.

〈도 21〉遼 慶陵 東陵 건물지 출토 도자기,
1944년 고야마후지오 수습

〈도 22〉遼 慶陵 中陵 건물지 출토 도자기,
1944년 고야마후지오 수습

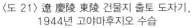

한 것이 일부 보인다(도 21). 또 그보다 더 늦게 조성된 것으로 추정되는 中陵[74] 건물지에서도 북방지역 청자와 함께 옥벽저로 추정되는 백자파편이 발견되어(도 22), 위 가마들의 활동시기를 추정하는데 도움을 준다.

국내에서는 고려와 遼가 강화를 맺고 사신관계를 시작한 10세기 전반 이후부터 북방계 장인이나 도자 조형이 유입될 가능성은 열려 있었다. 그러나 방산동과 서리의 고고학적 퇴적 층위로 보면 남방의 월주요계 청자기술이 이식되어 처음으로 자기제작이 시작되는 10세기 전·중반 이후의 층위에서 청자에 이어 백자가 나타난다. 따라서 처음 자기요업이 개시된 이후 북방계 장인이 합류하게 되면서 백자와 더불어 옥벽저 완이 재현되었을 가능성이 높다고 하겠다.[75] 遼寧省 赤峰市 衛國王 駙馬墓(959)에서 출토된 백자 주자(도 23)의 기형과 방산동 요지에

---

74) 中陵은 遼 興宗(1031-1055재위)의 능으로 추정.

75) 필자는 중서부지방과 남부지방은 조형과 기술에서 선후의 시간차이를 두고 이어지는 것으로 보며, 오히려 중서부 지역 가마들간에 중국 북방백자의 영향을 받은 요장과 그렇지 않은 요장이 있었던 것으로 보는 것이다.

〈도 23〉 시흥 방산동요지 출토 靑瓷有蓋注子, 해강도자미술관 발굴
〈도 24〉 遼寧省 赤峰市 衛國王 駙馬墓(959) 출토 백자주자, 요녕성박물관

서 옥벽저완 외에 함께 나타나는 靑瓷有蓋注子(도 24)의 경우를 비교하면 기종과 세부 형식이 매우 유사하여 그 제작 시기를 비교할 수 있는 자료이다. 접지면 폭이 다시 좁아지고 굽 직경도 작아진 한국식 해무리굽 완이 생산되던 11세기 강진 요지에서 제작된 외반구연의 대형접시, 잔탁, 罐, 油瓶, 반구병, 弧形접시 같은 동반기종들이 중부지방 초기청자를 그 祖形으로 두고 있는 것이 파악되기 때문이다.[76]

11세기말 고려와 송의 외교관계가 회복되고, 고려가 中華의 문물을 공식적으로 받아들이는 12세기 전반경이 되면서 강진을 중심으로 하는 청자 제작에서는 북송 타입의 새로운 기종이 출현하고 규석받침 같은 고급청자 제작을 위한 번조받침도 도입되는 등 조형과 기술의 측면에서 새로운 변화가 일어난다. 이 때까지 10세기 이후 북방으로부터 받아들인 해무리굽 양식의 완은 점진적인 자체 변화 과정을 겪으면서 12세기 초까지도 지속되었을 것으로 추정한다.

2. 상감기법의 시작[77]

중국 북방과의 연관성을 보여 주는 또 다른 조형요소로는 상감기법을 들 수 있

76) 李鍾玫, 본 고, 주1).

다. 고려자기의 象嵌기법은 그동안 12-13세기 청자의 조형을 대표하는 것으로 주목 받아왔지만 발굴조사를 통해 초기청자 요장에서 10세기말-11세기초에 이미 제작되고 있음이 알려지게 되었다.[78] 요업기반이 중국남방에 있었고, 일부 백자와 몇가지 기종에서 북방적 요소가 감지되고 있던 시기에 남방계 요장에서는 나타나지 않았던 상감기법이 확인된 것이다.[79]

요지에서 발견되는 상감기법은 크게 두 종류이다. 첫 번째는 고려시대 청자와 백자에서 보편적으로 사용되었던 방식으로 무늬를 음각 또는 면각한 후 그 부위에 백토나 자토를 감입하여 메꾸고 整面한 것이다. 고려시대에 사용된 상감은 대부분 첫 번째 유형에 해당된다. 지금까지 발견된 예 가운데 가장 빠른 것으로는 시흥 방산동 요지에서 長鼓의 동체에 시도한 것이 있다(도 25). 두 번째는 태토 표면에 赭土를 입히고 자토 입힌 면을 무늬를 따라 긁어내고 그 부위에 백토를 되메우는 방식이다. 용인 서리요지 출토 백자 長鼓片에서 보이는 예이다. 이 경우 자토를 매우 두텁게 입혀 마치 태토가 이중으로 되어 있는 것처럼 보인다. 덧바른 자토층 두께에 차이는 있지만 해남 진산리에도 얇게 자토를 입히고 그 위에 線이나 面으로 문양을 깎아낸 후 붓으로 백토를 덧바른 경우가 있는데, 원리는 비슷하다.[80] 차이가 있다면, 용인서리의 경우 백토를 되메운 후 整面한 것이 특징이다(도 26).

그런데 위 두 유형은 약간의 시차가 있어 첫 번째 유형이 앞서는 것으로 판단되며, 늦어도 10세기 말경에 중부지방 전축

〈도 25〉 시흥 방산동요지 출토 상감 장고편, 10세기, 해강도자미술관 발굴

---

77) 장남원, 「고려 初·中期 瓷器 象嵌技法의 연원과 발전」, 『미술사학보』 30, 미술사연구회, 2008, 159-192쪽.

78) 海剛陶磁美術館, 본 고, 주43) ; 湖巖美術館, 본 고, 주39).

79) 정신옥, 임진아, 본 고, 주3) 논문.

80) 木浦大學校博物館·全羅南道 海南郡, 『海南珍山里綠靑磁窯址』, 1992.

〈도 26〉 용인 서리 중덕요지 출토 상감 장고편, 10세기, 삼성미술관 Leeum 발굴

요계 가마에서 상감이 시작되었을 것으로 추측할 수 있다. 이 시기 중국의 남방에서 상감기법이 실용되고 있었다는 사례는 아직까지 알려진 바 없지만, 이미 唐代 이후 중국 북방의 요지에서는 일부 유사한 예가 있다. 즉, 태토를 파내고 다른 색의 흙을 넣어 메우는 기법은 주로 중국 북방지역 가마에서 확인되고 있어 고려청자의 발달과정이 단순히 남방 월주요와의 연관성에 머물지 않음을 시사한다. 특히 10-11세기 이후 상감기법이 활성화되었던 河北省이나 山西지역 도자와의 연관성이 가능성이 높아 보인다.

중국 북방의 하북성 자주요 등지에서 나타나는 유사 상감기법으로는 白釉花塡白彩, 黑剔花刻塡, 象嵌, 白釉剔花塡黑彩 등이 있으나,[81] 白釉花塡白彩가 가장 고려의 상감과 유사하다. 10세기 후반경에 시작되어 11세기 중엽경 절정에 달하며, 획선 내부를 백토로 메꿔 넣는 방법을 사용했다. 태토위에 획화기법을 사용하고 그 위에 백토로 메꾼다는 점에서 고려의 첫 번째 유형과 비슷하다. 또 黑剔花刻塡

81) 秦大樹, 「宋·金代 북방지역 瓷器의 象嵌工藝와 高麗 象嵌靑瓷의 關係」, 『美術史論壇』 7, 한국미술연구소, 1998, 45-76쪽 ; 任志綠, 「中國早期鑲嵌瓷的考察」, 『文物』, 2007, 文物出版社, 74-90쪽 ; 孟耀虎, 「渾源窯鑲嵌靑瓷」, 『中國古陶瓷硏究』 第12輯, 中國古陶瓷學會, 紫禁城出版社, 2006, 461-471쪽.

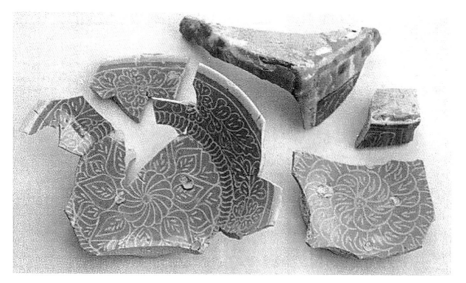

〈도 27〉 산서성 혼원요지 출토 상감청자, 11세기, 중국 산서성고고연구소

은 자주요계에서 크게 발달한 것으로 기물에 화장토를 입히고 다시 자토를 바른 후 문양을 새기고 문양이외 부분을 긁어내는 것으로 바탕의 먼저 입힌 화장토가 드러난다. 또 山西省 渾源界莊窯에서는 틀을 사용하여 문양을 찍고 그 오목(凹)한 틈에 백토 분장을 한 후 다시 긁어내는 방법을 사용하였는데 遼代 무덤에서도 출토된 예가 있다(도 27).[82]

3. 철화기법의 정착[83]

오대말–송초부터 섬서 耀州窯, 하북 磁州窯, 하남의 修武當陽峪窯, 鶴壁集窯, 禹縣 扒村窯, 登封 曲河窯, 山西 介休窯 등 중국 북방의 요지들과, 북방요장의 장인이 남하하여 정착했다고 알려진 남방의 江西 吉州窯[84] 등지에서는 백색 바탕에

---

82) 기존 渾源窯 생산품으로 알려져 온 白釉刻花, ·白釉剔花(馮先銘, 「山西渾源古窯址調査」, 『中國古陶瓷論文集』 香港, 紫禁城出版社·兩木出版社, 1987, 177-183쪽) 외에 "鑲嵌"이 발견된 것으로 알려져 있다 ; 孟耀虎, 위 글, 주81).

83) 장남원, 「고려시대 철화자기의 성립과 전개」, 『美術史論壇』 18, 한국미술연구소, 2004, 41-71쪽.

84) 燁文程 主編·余家棟 著, 『江西 吉州窯』, 嶺南美術出版社, 2002.

검은색 안료로 그림을 그리는 작업이 증가하였다. 특히 자주요에서는 현지에서 산출되는 大靑土의 질이 거칠고 색이 어두워 태토위에 백토로 분장하여 장식하는 방법을 고안하였다. 이 장식방법은 오대, 宋, 遼, 金, 元代를 거치면서 광범하게 영향을 미쳐 중국 북방에서 남방에 이르는 전역에서 白地黑花를 생산하는 요장들이 다수 나타났다.[85] 심지어 광동성의 西村窯[86]나(도 28) 潮州窯,[87] 福建省 德化窯 屈斗宮요지[88]와 磁竈窯[89] 등지에서는 백토분장을 하지 않고 청자 위에 흑화로 그림을 그리는 작업도 많이 이루어졌다. 뿐만 아니라 자주요의 영향권에 있었던 內蒙古自治區, 寧夏回族自治區 등 遼 영내 여러 요지들에서도 같은 장식기법이 사용되었다(도 29).[90] 한편, 전형적인 월주요계 가마인 절강의 寺龍口요지 후기층에서도 철화장고편이 1점 출토되어 그 영향의 범위가 상당히 넓었음을 알 수 있다.[91]

문양은 기종에 따라 구성이 치밀한 것과 소략한 것이 있으나 해남 진산리 지역품은 대개 활달하고 철화시문 비율이 높아 전면을 꽉차게 장식하는 예들이 많고 지방에서 제작되는 예들은 구성이 단순한 초화문이 많으며 문양도 성근 구도를 보이고 있다(도 30·31). 그러나 고려에서 제작되는 철화자기들 가운데는 중국 북방(특히 자주요계)에서 보이는 화면구성과 섬세한 黑地刻花의 모란, 국화 등

---

85) 北京大學考古學系·河北省文物研究所·邯鄲地區文物保管所, 『觀台磁州窯址』, 北京: 文物出版社, 1997 ; 『白と黑の競演』中國磁州窯系陶器の世界展, 大阪市立美術館, 2002 ; 『磁州窯』, 中國の陶磁 7, 平凡社, 1996.

86) 廣州市文物管理委員會·香港中文大學文物館合編, 『廣州西村窯』, 香港中文大學中國考古藝術研究中心, 1987.

87) 廣東省博物館·香港大學馮平山博物館, 『廣東唐宋窯址出土陶瓷』, 香港大學馮平山博物館, 1985.

88) 福建省博物館, 『德化窯』, 文物出版社, 1990.

89) 何振良·林德民, 『磁竈窯瓷』, 福建美術出版社, 2002.

90) 路菁 著, 본 고, 주40).

91) 浙江省文物考古研究所·北京大學考古文博學院·慈溪市文物管理委員會, 『寺龍口越窯址』, 文物出版社, 2002, 284쪽. 물론 중국 남방지역에서 나타나는 철화기법의 사용을 단순하게 북방적 영향이라고만 볼 수는 없다. 이미 위진시대 청자에 철화로 장식한 사례가 있고, 수, 당대에도 장사요를 비롯한 월주요계 청자요장에서 철화를 사용한 경우가 있다. 그러나 10-12세기 남방에서 보이는 철화장식들은 그 기종과 문양구성 등에서 북방과의 친연성을 보여 준다.

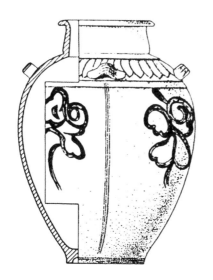

〈도 28〉 중국 廣州 西村窯 出土 鐵畫紋瓷器類

〈도 29〉 내몽고 江官屯窯(上), 缸瓦窯 출토 白地黑花

〈도 30〉 해남 진산리요지 출토 철화장고, 목포대학교 박물관 발굴
〈도 31〉 해남 진산리요지 출토 철화매병, 목포대학교 박물관 발굴

고려와 북방문화

유사성이 보이면서 동시에 중국 남방의 광동 및 복건 지역 가마에서 유행했던 盤 [洗] 등과 기종 및 백토분장 없이 붓으로 활달하게 기면 내부에 문양을 그리는 점에서 유사했다. 따라서 철화기법이 전적으로 어느 지역의 요지에서 유래했는가는 확언하기 어렵다.

다만, 시흥 방산동 요지 최상층인 III기층에서 출토되는 철화 장고의 경우 용인 서리 III기층의 전단계에 해당하여 10세기말에서 11세기초 경에 제작되었을 것으로 볼 수 있다.[92] 용인 서리 중덕요지의 경우도 주로 장고에서 철화가 보이며, III기층 시기에 집중 생산되었음을 알 수 있다. 철화문도 이들 장고 외에 배개 등 특수기종 일부에서 나타나 특수용기에 집중되고 있음을 알 수 있다. 철화문의 75% 이상이 III기층에서 발견된 것이다.[93] 그런데 이 시기는 백자 생산이 더욱 증가함은 물론 한국식 해무리굽 완을 주로 생산했던 서리요장이 가장 활성화되었던 시기에 해당한다. 시간적으로 시흥 방산동과 비교하면 방산동 최후 단계 바로 다음 시기에 해당한다. 따라서 11세기 전·중반이 철화기법의 정착과 발전이 이루어지기 시작하는 시기일 것으로 생각한다.

따라서 세부 기법에서는 차이가 있겠지만, 백토분장을 한 후 철채를 하거나, 백토분장을 한 후 철채하고 그 면을 깎아서 장식을 하거나, 백토분장 후 박지하고 그 바탕에 철채를 하여 문양을 검은색으로 드러나게 하는 것을 자주요계의 일반적 특징이라고 한다면, 국내 제작품 가운데 중국적 시문장식을 취한 것은 용인 서리 중덕 및 상반요지 출토 장고편이 해당된다. 또 해남 진산리 요지에서도 사용되었던 철채 후 剝地하고 바탕에 백토를 덧바르는 철백화 장식 등은 다분히 중국 북방적 기법으로 생각된다. 결국 북방타입과 남방타입의 철화기법은 약간의 시간차를 두고 선후관계가 있었던 것으로 추측되지만 국내요업에서 철화기법의 도입기 단계에는 북방적 요소가 강했던 것으로 추측된다.

---

92) 본 고, 주39) 43) 보고서 참조.
93) 湖巖美術館, 본 고, 주39).

V. 맺음말

지금까지 10-12세기 중국 북방의 遼·金 도자와의 연관 관계를 염두에 두면서 고려도자에 나타나는 변화요소를 살펴보았다. 고려도자사 연구에서 그동안 五代나 宋과의 관계에 초점이 맞추어져 있었으므로 조형은 물론 요업기술 등 여러 부분에서 미결의 과제로 남겨진 부분들이 있었다. 본 고를 통해 요·금의 요업 현황을 바탕으로 주변 정세와 고려와의 소통관계를 주목하면서 요업발달사에서 공백으로 인식되고 있는 부분들에 대해 인식을 환기할 수 있었다. 특히 중국 남방일변도의 시각에서 시야를 넓혀 고려청자의 제작계보와 조형의 전통을 다각적으로 검토할 수 있었다.

우선 제작기술의 변화로서는 초벌번조법의 도입과 번조받침의 변화 등에 주목하였으며, 월주요계 청자요장이 처음 개설되었던 한반도 중서부 지방의 요장이 쇠퇴양상도 함께 고려하였다. 2차 번조의 원천 기술이 이미 唐代 삼채기 제작에서 보편화되었고, 이를 기반으로 섬서, 하남, 하북을 거쳐 내몽고 지역으로 확대되는데 발해와 遼의 삼채 제작에서 일반적으로 사용되는 2차 번조와 고려에서 나타나는 2차 번조의 성행은 중국 남방계 보다는 북방계 요업과 연관선상에서 관련성이 있다고 보았다. 특히 그 시작이 해무리굽 완의 제작 시기와 일치한다는 점에서 주목하였다. 굽 접지면에 약 4개 내외의 내화토를 받쳐 포개 굽는 방법도 기존의 월주요계의 특징은 아니며, 더더욱 특정한 계기없이 이 세 가지 현상이 동시에 나타난다는 점에서 중국 북방지역과의 지속적인 교류에서 비롯된 것일 가능성이 높을 것으로 보았다.

기술도입에 따라 새로운 기술과 조형도 나타났다. 중국백자의 국내유입과 청자와의 竝産이 그것이다. 백자와 청자는 재료, 번조기술 등에서 공정에 차이가 있으므로 청자제작 기술 아래서 백자를 생산하는 것은 무리가 있다. 그러나 개경을 중심으로 하는 고려의 도읍과 주변요장에서 가장 먼저 발달하여 경기도 시흥 방산동과 용인 서리요장에서는 청자와 함께 상당 비율로 백자가 생산된다. 이와 관련하여 10-11세기를 거치면서 金代까지 북방의 여러 요장에서 그 조형과 기술을 이어가고 있었던 현황에 주목하였다. 중국 북방지역을 遼가 통치하게 되고, 도자 사용에서 백자의 비중이 높아져 영내의 가마들이 백자생산에 주력하게 되면서, 정요는 물론이지만 해무리굽 완의 전통이 강한 형요계 기술이 전파되어 요대 북방 백자의 제작이 다양해졌을 가능성이 높다고 본 것이다. 흥미로운 점은 唐代에 유행했던 옥벽저를 고려가 재현한 점이었다. 그런데 같은 시기 중국에서는 크기와 비례에는 차이가 있지만 형태가 뚜렷한 옥벽저완들이 적지 아니 발견되는 점에 주목하였다. 바로 요, 금의 요장이 밀집한 지역이다. 이 가운데 11세기 전후로 융성했던 赤峰 缸瓦窯나 上京의 林東窯등지에서는 옥벽저 완들이 제작되었다. 백자에 옥벽저라는 조합은 바로 10세기후반 이후 중국북방과 고려에서 공통적으로 볼 수 있는 특이한 현상이다.

한편, 10세기 말경에 중부지반 전축요계 가마에서는 상감기법이 시작되었다. 그러나 고려 전성기때 보여주었던 상감과는 기법상 약간 차이가 있는 중국 자주요식 방법이 함께 도입되었다. 또 상감기법은 주로 청자가 아닌 백자에서 먼저 시도되었다. 따라서 중국 북방으로부터 백자제작 기술과 함께 유입되었을 가능성이 있다고 본다. 그렇다면 당대 이후 거론되었던 섬서성의 황보요보다는 10-11세기 이후 상감기법이 활성화되었던 하북성이나 산서지역 도자의 영향이 유력하다. 그밖에 자주요계 철화기법의 직간접적인 국내 확산도 주목하였다. 특히 11세기 중부지방 요장에서 먼저 나타나는 것과 문양의 장식내용, 이어 남부지방으로 확산되는 점 등에서 고려초 요업의 전반적인 흐름과 궤를 같이하는 것으로 파악되었다.

고려는 자기요업의 시작 단계에서 중국남방의 영향이 매우 컸으나 이후 북방지역 왕조들과 외교 및 인적교류가 활성화되면서 그 기술과 조형이 광범하게 나타난다. 특히 고려와 오래 동안 교류했던 요·금은 단순히 고려에게 영향을 주었을 뿐만 아니라 고려의 다른 장점들도 받아들였을 것이다. 본 고에서는 중국 북방으로부터의 새로운 기술 및 조형요소들에 주목하였다. 고려로부터 받은 영향이나 당시 동북아 도자의 수용에서의 위상에 대해서도 보다 입체적인 관점에서 파악해야 하므로 과제로 남기고자 한다.

참고문헌

〈자료〉

『고려사』,『선화봉사고려도경』

〈연구서〉

京畿道博物館 · 驪州郡,『驪州 中岩里 高麗白磁窯址』, 2004.

國立光州博物館,『康津 三興里窯址 Ⅱ』, 2004.

國立中央博物館,『康津龍雲里靑磁窯址 發掘調査報告書-圖版編-』, 1996.

國立中央博物館,『康津龍雲里靑磁窯址 發掘調査報告書-本文編-』, 1997.

木浦大學校博物館,『海南의 靑磁窯址』, 2002.

三星美術文化財團 · 湖巖美術館,『龍仁西里 高麗白磁窯 發掘調査報告書 Ⅰ』,
　　　1987.

海剛陶磁美術館,『벽돌가마와 초기청자』, 2000.

(財)湖南文化財研究院 · 農業基盤公社 康津莞島支社,『康津 三興里窯址 Ⅱ』, 2004.

湖巖美術館,『龍仁西里高麗白磁窯 Ⅱ』, 2003.

邯鄲市博物館 · 磁縣縣博物館 合編,『磁州窯古瓷』, 陝西人民美術出版社, 2004.

龜井明德,「唐代玉璧高台の出現と消滅時期考察」,『貿易陶磁研究』13, 1993.

國立故宮博物院 定窯白瓷特別展圖錄『定窯』, 台北, 1987.

內蒙古自治區文物考古研究所 · 哲里木盟博物館,『遼陳國公主墓』, 北京: 文物出版
　　　社, 1993.

大阪市立美術館 特別展,「白と黑の競演」中國磁州窯系陶器の世界展, 2002.

穆青 編著,『定瓷藝術』, 河北敎育出版社, 2002.

陝西省考古研究所,『五代黃堡窯址』, 北京: 文物出版社, 1997.

陝西省考古研究所,『宋代黃堡窯址』, 北京: 文物出版社, 1998.

陳文增 著,『定窯研究』, 華文出版社, 2003.

冯先铭,「山西浑源古窑址调查」,『中国古陶瓷论文集』, 香港: 紫禁城出版社 · 两木

出版社, 1987.

河南省文物考古研究所·中國文物研究所·日本奈良文化財研究所 編著, 『黃冶窯考古新發現』, 大象出版社, 2005.

河南省鞏義市文物保護管理所 編著, 『黃冶唐三彩窯』, 科學出版社, 2000.

河北省邢台市文物管理處, 『邢台隋代邢窯』, 2006.

河北省文化局文物工作隊, 「河北曲陽縣澗磁村定窯遺址調查與試掘」, 『考古』, 1965-8.

河北省臨城縣邢瓷硏制小組, 「唐代邢窯遺址調查報告」, 『文物』, 1981-9.

河北省文物硏究所, 『宣化遼墓壁畵』, 北京: 文物硏究所, 2001.

〈연구논문〉

김영진, 「봉천군 원산리가마터」, 『조선유적유물도감 12-고려편』, 조선유적유물도감편찬위원회, 1992.

金載悅, 「高麗白磁의 發生과 編年」, 『考古美術』177, 韓國美術史學會, 1988.

金載悅, 「高麗陶磁의 象嵌技法 發生에 관한 一考察-'原(proto)象嵌文'의 존재를 중심으로」, 『湖巖美術館 硏究論文集』2, 湖巖美術館, 1997.

尹龍二, 「高麗靑瓷의 起源과 發展」, 『韓國美術史의 現況』, 藝耕, 1992.

李龍範, 「高麗와 契丹과의 관계」, 『東洋學』7, 1977.

李鍾玫, 「發掘窯蹟을 통해 본 塼築窯의 運營時期 考察-始興 芳山洞과 龍仁 西里 窯蹟을 中心으로」, 『용인 서리 고려백자요지의 재조명』, 용인시·용인문화원·용인시사편찬위원회, 2001.

李喜寬, 「韓國初期靑磁에 있어서 해무리굽碗의 再檢討-韓國 靑磁 製作의 開始時期 問題의 解決을 위하여」, 『美術史學硏究』237, 韓國美術史學會, 2003.

任眞娥, 「高麗靑瓷에 보이는 北宋·遼代 磁器의 影響」, 홍익대학교대학원 미술사학과 석사논문, 2005.

禚振西, 「耀州窯와 高麗靑瓷의 관계에 대하여」, 『美術史論壇』7, 한국미술연구소, 1998.

張南原, 「高麗時代 鐵畵瓷器의 成立과 展開」, 『美術史論壇』18, 한국미술연구소,

2004.

張南原, 「고려시대 경기지역 요업의 성격」, 『古文化』63, 韓國大學博物館協會, 2004.

장남원, 「고려전기 해무리굽[옥벽저계] 완의 지속현상에 대한 추론」, 『호서사학』 50집, 2008. 9.

장남원, 「고려 初·中期 瓷器 象嵌技法의 연원과 발전」, 『미술사학보』30집, 2008. 6.

장남원, 「漕運과 도자생산, 그리고 유통--해저인양 고려도자를 중심으로」, 『미술사연구』22, 미술사연구회, 2008.

張東哲, 「高麗時代 花形磁器 研究」, 『미술사연구』12, 미술사연구회, 1998.

全榮京, 「楊州 釜谷里 靑磁碗 研究」, 弘益大學校 碩士學位論文, 1994.

鄭信玉, 「高麗前半期 瓷器에 나타난 中國 北方陶瓷의 影響」, 이화여자대학교대학원 미술사학과 석사논문, 2005

秦大樹, 「宋·金代 북방지역 瓷器의 象嵌工藝와 高麗 象嵌靑瓷의 關係」, 『美術史論壇』7, 한국미술연구소, 1998.

秦大樹, 「金代 製瓷業의 번성」, 『中國陶磁』, 국립중앙박물관, 2007.

고려 금속공예에 보이는 遼文化의 영향

안 귀 숙

Ⅰ. 머리말

고려는 거란의 3차 침입이후 화평정책으로 형성된 정치적, 사회적 안정을 기반으로 문종~인종시기에 이르는 약 1세기동안 가장 고려적인 공예문화를 꽃피웠다. 사실적 경향의 통일신라 공예에 비해 자연주의적이면서 장식주의적 경향을 보이는 귀족적 아취의 우아하고 독창적인 문화를 형성했으며, 11~12세기가 그 전성기이다.

이 시기에 제작된 금속공예품은 한국 금속공예사상 가장 우수한 기법으로 조형성과 실용성, 장식성을 모두 갖춘 최고의 공예미를 보이고 있다. 그 근저에는 고려인들의 탁월한 조형능력과 美意識이 있었음은 물론이지만, 11세기에 진행된 요와의 공식적인 교류관계 및 거란인의 귀화정책을 통한 북방문화의 유입과 토착화 또한 중요한 요인이다. 즉 고려는 중국의 五代·宋·遼·金의 官民이 來投해 올 때마다 技藝가 있는 사람을 우대하였는데, 거란의 침입이 있었던 1010년 전후에는 거란족 귀화인이 속출했으므로 그들 중 고려의 공예산업에 기여할 수 있는 자들도 상당수 있었을 것이다. 대외적으로도 11세기에 현종시기부터 약 50년간 북송과는 私貿易 위주였고, 요와는 그들의 년호를 쓰면서 공식적인 교류가 있었다. 公式 使行의 경우에는 반드시 朝服이나 은기를 비롯한 國信物이 오갔는데, 국신물이란 최고의 기예를 보유한 관장들이 만든 것이어서 당연히 이를 통한 공예교섭이 이루어졌을 것이다.

수렵과 어로, 水草를 따라 목축생활을 하는 거란족은 河北의 중원 漢文化를 수용한 후 특유의 초원문화를 결합시켜 遼文化를 형성하였다. 서긍의 『고려도경』, 民庶, 工技 조에 의하면 冶金기술을 비롯한 상당한 공예기술을 가진 거란계 귀화 장인들이 왕부에서 관장으로 활동하였으므로 고려 공예는 더욱 발전할 수 있었다.

고려 금속공예는 조형면에서 정병, 병향로 같은 불교공예, 쌍룡문경과 장도를 비롯한 일반공예에 요문화적 요소가 보인다. 가장 두드러지는 부분은 문양인데, 쌍룡문과 태극화염보주문, 포류수금문, 범자문, 연판꽃술문, 天蓋文 같은 불교계 문양과 모란문, 죽문, 죽학문 같은 일반문양을 들 수 있다. 기법면에서는 多重釘을 이용한 촘촘한 어자문기법을 바탕으로 주문양을 高肉刻한 타출기법이 대표적인데, 이는 통일신라시대의 전통을 바탕으로 거란계 기술을 수용하여 이 시기에 절정을 이룬 것이다.

이 글에서는 한국 금속공예의 정수를 볼 수 있는 11-12세기의 공예품에 투영된 북방 요문화적 요소를 다각적으로 분석해 고려공예에 미친 영향 및 공예교섭 사적 의의를 규명하고자 한다.[1]

Ⅱ. 遼文化의 특징과 대 고려 교섭

거란족의 종교는 본래 원시적인 샤만교로 天神과 地神을 신봉하였으나 발해와 당 이민들에 의해 유입된 불교와 도교도 성행해 요 왕조 내내 샤만교, 불교, 도교

---

1) 요를 포함한 고려의 대중 금속공예 교섭에 관해서는 안귀숙, 「高麗時代 金屬工藝의 對中 交涉」, 『高麗 美術의 對外交涉』, 예경출판사, 2004, 153~192쪽 참조.

세 종류가 사회를 지배한 사상이었다. 요 황제 중 불교를 가장 신봉한 道宗 耶律洪基는 『화엄경』에 능통했었고, 승려를 총애하여 많은 민중들이 僧尼가 되었다.[2] 때문에 공예에도 기형이나 문양에 종교적인 경향이 보이며, 요문화적 요소로서 고려에도 전파되었다. 목축이 주생활이었던 거란족은 산업기반이 없었으나 점차 정착생활을 하면서 강제로 이주시킨 漢族과 발해인 들로부터 얻은 공예생산능력을 향상시켰다.

1. 사회적 배경

1) 인구의 이동과 공예산업기반의 형성

당말~요대 초에 정치적이거나 생활적인 연유로 인한 漢族의 北上과 거란족의 남하에 따른 하북 지방의 인구이동이 요가 당의 공예전통을 계승하게 된 중요한 요인이 되었다. 여기에 고유한 초원적 경향을 결합하여 遼文化를 형성한 것이다. 즉, 後唐의 河東節度使 石敬瑭은 황위를 찬탈하기 위해 거란의 耶律德光과 함께 후당을 멸망시키고(936), 정식으로 遼朝에 燕雲十六州를 헌납해서 많은 거란인이 지속적으로 燕雲地區(하북, 산서북부)에 들어와 장기간 거주했으며, 전란으로 인해 대규모의 한족인구가 북상하였다. 요는 오대에 내침하여 南京(北京)을 거점 삼아 河北과 中原을 控制하고, 농민과 수공업자를 중심으로 한 대규모의 인구들을 잡아갔다. 예컨대, 921년과 923년을 비롯해 이 후에도 여러 차례 하북성 定州를 침공해 많은 사람을 끌고 갔으며, 會同 9年(946)에는 後晋의 卞州(開封)를 점령해 후진 조정의 수 천 명을 北으로 끌고 갔다. 947년, 태종이 후진을 멸할 때, 변주 성내의 각종 수공업에 종사하는 "百工"들을 전부 요 上京으로 이주케 했다.[3] 이렇듯 요나라가 정주를 집중 공략한 까닭은 첫째, 유목민족이라 정착생활에 필요한 산품을 생산할 능력이 없었기 때문이며, 둘째는 정주 자체가 원래 銅鐵이 풍부해 금속공예가 발달했을 뿐 아니라 定窯 자기와 직물의 산지인데다 교통

---

2) 黃鳳岐,「遼代契丹族宗敎略述」,『社會科學輯刊』1994, 95-100쪽.

3) "大同元年三月壬寅 晉諸司僚吏 嬪御 宦寺 方技 百工 圖籍 歷象 石經 銅人 明堂刻漏 太常 樂譜 諸宮縣 鹵簿 法物及鎧仗 悉送上京"(『遼史』권4, 본기4, 태종 하).

상 중원과 북방 來往의 중요 지역이어서 전국시대 中山王國부터 북송 때까지 오랜 세월동안 북방 공예산품의 중심지였기 때문이다.[4] 끌려간 한족 수공업자들은 거란족 다음의 대우를 받으며 요대 공예산업의 근간을 형성하였기 때문에 자연히 하북의 공예전통이 移植되어 금속공예품의 형태와 문양이 당 공예품과 유사하게 되었던 것이다. 더욱이 중원의 장기적인 혼란 중에 정치, 군사투쟁의 失利者가 部衆(한족)을 이끌고 북상, 요 정권의 비호를 요청하였고, 북상한 한족 숫자는 대체로 약 7,80만 명 정도이다.[5] 발해인 47만 명도 遼東, 遼西, 赤峰으로 이주하기 시작했으며 주로 태조, 태종, 성종대에 많았다. 발해인은 상경도, 동경도, 중경도 지역에 광범위하게 분포했다. 즉 93574戶(약 467870인)가 이주했는데, 태조 때 상경도에 이주한 28868戶를 비롯해 동경도에 9218호, 중경도에 2974호였고, 태종 때는 동경도에 46500호가 이주했다.[6]

거란에서 7년간 거주했다가 953년에 중원으로 돌아온 胡嶠가 大同 원년(946)에 상경에서 본 당시의 정황을 "綾錦諸工作같은 手工業專門作坊이 있으며, 한인 專門工匠이 많다"고 했으므로 이미 공예산업 기반이 한족들에 의해 형성되었음을 말하는 것이다.[7] 이렇듯 인구가 이동함에 따라 공예기술은 물론 한족과 발해인 사이에 널리 신봉되었던 불교도 자연스레 요 전역에 전파되었다.

---

4) 安史亂 이후 하북에는 群藩이 할거하고 거란의 침입도 있었지만 澶淵의 盟(1005)이후에 정치가 안정되어 정주공예는 끊이지 않고 정밀하고 섬세하게 발전했다. 북송 때의 정주공예는 製瓷, 絲織, 金工 부문에 최전성기를 맞는데, 북방의 광대한 지구에 있는 遼墓나 遼塔의 天宮과 地宮에 內藏된 수많은 定瓷는 이를 잘 증명해주고 있다. 특히 정주는 하북 絲織의 중심이었으며, 그중 정교한 기술로 짠 緙絲(타피스트리)는 사방으로 팔려나갔다. 靖康之變(1126)이후, 金에 함락되자 점차 匠人들이 흩어지기 시작해 정주공예는 쇠퇴한다(宿白, 「定州工藝與靜志, 淨衆兩塔地宮文物」, 『文物』, 1997, 36-47쪽).

5) 遼 太祖 元年(907), 平州刺司劉守奇는 劉守光의 타격을 받고 "率其衆數千人"해 北上, 遼朝에 투항함.
太祖 9年(915), 幽州軍校 齊行本이 가족과 部谷을 이끌고 "三千人請降"함.
神册 2年(917), 晉北 割據 세력 중 新城神將 盧文進, 節度使를 죽이고 部衆 15만명과 來降함.
神册 6年(921), 晉王 李存勗이 휘하의 神州防禦使 王郁, 山北兵馬와 함께 투항함.

6) 요대 발해인 遷徙에 관해서는 蔣金玲, 「遼代渤海移民的治理和歸屬研究」, 길림대학석사학위논문, 2004, 8-20쪽.

7) "周廣順中 胡嶠《記》曰：上京西樓 有邑屋市肆 交易無錢而用布 有綾錦諸工作 宦者 翰林 技術 教坊 角觝 儒 僧尼 道士 中國人並 汾 幽 薊為多"(『遼史』권37, 지리지1, 상경도).

2) 불교의 성행

본래 거란족은 조상과 천신, 지신 및 목엽산신에게 제사하였는데, 불교 유입이후에는 관음보살에게도 제사를 지내게 되었다. 특히 관음숭배의 연원은 태종 때 상경도의 목엽산 정상에 興王寺를 세우고 보살당을 건립해 그 안에 幽州(북경지대)로부터 移安한 백의관음상을 家神으로 모시고 매년 봄가을 목엽산에 제사할 때 백의관음에도 배알하였던 풍습에서 유래한다.[8] 상술한 바와 같이 요대 왕들의 숭불 및 사회적 영향은 한족과 발해인의 불교를 받은 것이다. 태조는 902년에 龍化州에 開敎寺를 창건한 후 912년에 天雄寺를 세운다. 937년에 태종은 後晉에 출병했다가 潞州(山西 長治)로부터 북으로 돌아오던 중 유주의 대비각에 가서 백의관음상을 본 후 목엽산으로 옮겨 흥왕사를 세워 봉안한 것이다. 이후 역대로 요 境內에 탑과 사찰을 세우고 불상을 조성하는 일이 끝이 없었다. 성종이후에는 요조가 불교의 전성기로 진입해 성종, 흥종, 도종 모두 불교활동을 지지하고, 사찰에 幸하는 것을 즐겨했으므로 각종 공덕도 많았는데, 飯僧, 방생, 보시 등이 빈번했다.[9] 예컨대 『遼史』에 의하면 태종 때 황후를 위해 한꺼번에 5만명이나 되는 대대적인 반승의식도 있었다.[10] 요 왕실에 있어 불교는 일상이 되어 사찰을 家廟처럼 여겨 淸寧8년(1062)에 세운 대동 화엄사에 모든 왕의 석상과 동상을 봉안했다. 『거란장』을 만들어 고려에 보낸 일이나 어려서부터 佛典에 통달한 도종이 화엄교리에 밝아 『華嚴經贊』을 지은 일은 주지의 사실이다.[11] 많은 거란인의 이름 또한 불교와 관련 있어 세종의 딸은 관음, 경종의 딸은 관음녀, 성종의 어릴 때 이름은 문수노였다.[12]

이렇듯 왕실에서부터 귀족, 민간에 이르기까지 불교가 성행했으므로 중원의 북

---

8) "興王寺 有白衣觀音像 太宗援石晉主中國 自潞州回 入幽州 幸大悲閣 指此 像曰 我夢神人 令送石郎爲中國帝 卽此也 因移木葉山 建廟 春秋告賽 尊爲家神"(『遼史』 권37, 지리지1, 상경도).

9) 張國慶·朴忠國, 『遼代契丹習俗史』, 遼寧民族出版社, 1997, 284-286쪽.

10) "會同五年(942)五月丁丑 聞皇太后不豫 上馳入侍 湯藥改親嘗 仍告太祖廟 幸菩薩堂 飯僧 五萬人"(『遼史』 권4, 본기4, 태종 하).

11) 王月汦, 「遼朝皇帝的崇佛及其社會影响」, 『中國古代史(二)』, 中國人民大學書報資料中心, 1994, 33-42쪽.

12) 劉浦江, 「遼金的佛敎政策及其社會影向」, 『佛學硏究』, 1996, 231-238쪽.

송과는 다른 양상으로 불교공예 및 문양이 전개되었으며, 고려와 잦은 교류가 있었던 11세기에 고려에 유입, 이후의 고려공예에도 쌍룡문과 雙龍戲火焰文, 태극화염보주문, 천개문 같은 요문화적 요소가 나타난 것이다.

2. 한문화의 계승과 초원문화의 형성

북송은 문화 중심국으로서 주변국과의 使行때 국신물로 文思院에서 관장들이 제작한 공예품을 보냈으므로 그 形制가 요, 금, 고려, 서하, 대리 등으로 전파되었고, 이는 곧 模本으로 간주되었다. 원래 유목생활을 한 민족이라 공예산업 기반이 없었던 요는 하북을 점유함으로써 당–오대 하북을 비롯한 북방지역의 금속공예 전통을 계승하였고, 거기에 형태와 기법, 문양제재 면에서 거란족 특유의 초원적 요소를 혼합해 이른바 초원문화를 형성했다. 게다가 진국공주묘에서 출토한 절견형유리병이나 호박으로 만든 장신구처럼 이슬람계 유물이 보이는 점은 이슬람과의 교역이 빈번했음을 시사해주는 것이다. 요 초기 왕실 묘인 내몽고 적봉시 보산2호묘 벽화는 당대 벽화양식을 계승한 대표적인 경우인데, 석실 남벽에 그려진 寄琴圖에 보이는 인물들의 얼굴이나 의습 표현은 당대 양식을 보이고 있으며 배경에는 파초와 대나무, 버드나무가 교대로 배치되어있다(도 1).[13] 이 나무들은 거

〈도 1〉 寄琴圖 벽화, 보산2호 요묘 석실 남벽, 요 10세기전반, 중국 내몽고 적봉시
〈도 2〉 청동은입사정병(流缺失)의 파초와 대나무, 고려 11세기, 국립중앙박물관

---

13) 內蒙古文物考古研究所 外, 「內蒙古赤峰寶山遼壁畵墓發掘簡報」, 『文物』, 1998, 73-95쪽.
 2호묘의 석실내부 서벽에는 모란도, 북벽에는 대나무를 배경으로 頌經圖가 그려져 있다.

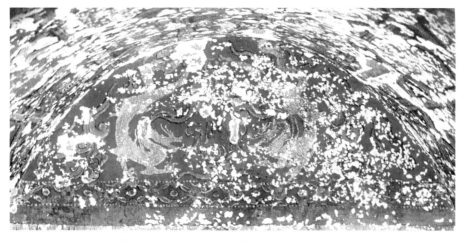

〈도 3〉 쌍룡문과 태극화염보주문, 동경릉 천정, 요 11세기, 중국 내몽고 파림우기

〈도 4〉 동경릉 벽화 사계도 중의 춘도, 요 11세기, 중국 내몽고 파림우기

란인들이 좋아했던 제재로 요대 벽화나 공예에 자주 등장하며, 고려 11세기에 제작된 청동은입사정병(流 결실)에도 똑같은 문양포치법으로 공예의장화 된 것을 볼 수 있다(도 2).[14] 또한 한족의 전통적인 문양인 용문양도 요대에는 太極火焰寶珠文과 결합된 雙龍文으로 발전시켰으며, 이 같은 경향은 고려에 전해져 고려 공예에도 흔히 보인다(도 3).

　『遼史』, 영위지를 보면 "거란인은 車馬를 집삼아 수시로 수초를 따라 이동하며 목축한다"는 내용이 실려 있다.[15] 바로 그런 정경은 내몽고 적봉시 喀喇沁旗1호 묘 서벽에 유목생활도로 그려져 있어 수초를 따라 이동하는 거란인의 모습을 생생하게 보여주고 있다. 대부분의 요대 분묘에는 당의 묘실벽화 전통을 계승해 벽화가 그려졌는데, 山水樹木과 花鳥禽獸는 거란인이 생성한 초원문화의 경향을 파악할 수 있는 좋은 자료가 된다. 특히 내몽고 파림우기의 慶陵에 그려진 사계도 중 春景은 강 언덕에 시냇물과 杏花(야살구꽃), 水禽이 주제이고, 夏景은 모란과 群鹿, 산언덕, 작은 시냇물이 흐르며 강가에는 楊柳가 있다. 庫侖旗 M1 요묘에도 모란과 나비, 蒲草, 대나무가 그려져 있으며(도 14), 하북성 선화의 장세경 묘의 경우에는 문 위에는 용, 쌍룡, 쌍봉이 있고 벽에는 모란이 그려져 있다.[16] 이처럼 거란족은 모란과 野芍藥을 가장 애용했는데, 모란은 동북과 하북 지구의 정원에 심어진 것이며, 白芍藥은 동북의 산야에서 흔히 볼 수 있는 것이기 때문에 요 귀족 묘에는 거의 모두 모란괴석도가 그려져 있다.

　그 외에도 卷草, 水波, 流雲, 물고기, 나비, 포도, 草花 등이 있다. 즉 거란인이 좋아하던 소재인 행화나 양류, 야작약, 나비, 수초 등은 모두 주변의 야산이나 초원생활에서 늘 함께 한 것들이어서 자연스레 미술에 반영된 것이다.

　요대 벽화와 마찬가지로 금속공예 역시 당대 하북을 비롯한 북방계통을 계승하고 고유의 초원문화를 혼합시킨 적이어서 두 가지 경향을 보인다. 형식이나 문양

---

14) 內蒙古文物考古研究所 外, 「內蒙古赤峰寶山遼壁畫墓發掘簡報」, 『文物』, 1998, 73-95쪽.

15) "大漠之間 多寒多風 畜牧畋漁以食 皮毛以衣 轉徙隨時 車馬為家" 및 "秋冬違寒 春夏避暑 隨水草就畋漁歲以為常"(『遼史』 권33, 영위지 중, 행영) ; "兵多者三千 少者千餘 順寒暑 逐水草畜牧"(同 권34, 병위지 상) ; "上京 太祖創業之地 負山抱海 天險足以為固 地沃宜 耕植 水草便畜牧"(지리지, 상경도).

16) 鄭紹宗, 「遼代繪畫藝術和遼墓壁畫的發現與研究」, 『文物春秋』, 1995, 46-48쪽.

은 대부분 한족들이 만든 중원산품과 근사한데, 예를 들어 杯, 盤의 양식이나 당초문, 운룡문 등은 晚唐-北宋代 산품과 기본적으로 같다. 반면에 馬具나 鷄冠壺, 銀絲로 망을 짠 壽衣 및 은사장갑, 그리고 野鹿銜花文과 獵犬搏鹿文 같은 문양은 중원에서는 볼 수 없는 것이다. 陳國公主墓나 附馬衛國王墓, 張文澡墓 등지에서 출토한 도금은완, 금동장식품, 마구, 은제배, 은제완, 銀匜, 은관, 투조은대구, 은사장갑, 동경 등이 그 좋은 예이다.

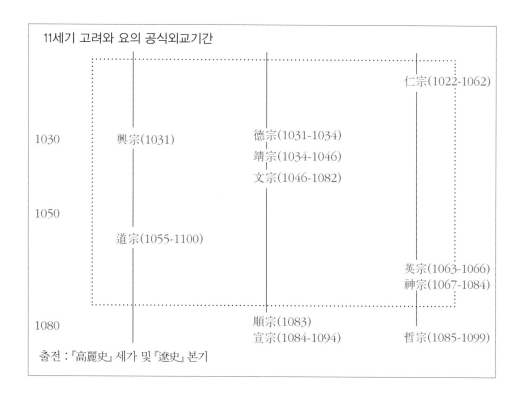

3. 고려와의 공예교섭

　전연의 맹(1013) 이후 국제적인 안정기에 든 고려 현종 1022년부터 50년간은 요의 년호를 쓰면서 북송과는 문종 말년까지 공식외교를 할 수 없었다. 이 기간에 고려에서 요에 보낸 공식사신의 횟수는 총 142회가 되며 숙종, 예종 때 각각 36회로 가장 많았고, 문종 때 24회, 정종 때 22회 순이었다. 정종은 문종보다 재위 기간이 훨씬 짧았던 점을 고려하면 빈번한 편이다. 반면에 요는 북송을 견제하기

11세기 고려와 요의 공식외교기간

		仁宗(1022-1062)
1030 興宗(1031)	德宗(1031-1034) 靖宗(1034-1046) 文宗(1046-1082)	
1050 道宗(1055-1100)		英宗(1063-1066) 神宗(1067-1084)
1080	順宗(1083) 宣宗(1084-1094)	哲宗(1085-1099)

출전 : 『高麗史』 세가 및 『遼史』 본기

위해 더욱 적극적이었는데 고려에 사신을 보낸 횟수가 180회로 문종 때 65회로 가장 많고, 현종 때 30회, 예종 때 29회였다.

고려에 온 요의 사신들이 머물렀던 관사에 대해서는 『고려도경』에 다음과 같이 기록되어 있다.

> 순천관 뒤에는 10여간 되는 작은 관사가 있어, 심부름 보내고 소식을 전달시키고 하는 사람들을 접대한다. 迎恩館은 南大街의 興國寺 남쪽에 있다. 仁恩館은 영은관과 나란히 있는데 전에는 仙賓이라고 하였으나, 지금은 이 이름으로 고쳤다. 이것들은 다 이전에 契丹의 사신을 접대하던 곳이다.[17]

고려와 요가 긴밀했던 50년 동안 제작된 금속공예품에는 그들의 연호가 그대로 반영되어 있어 당시의 정치적 상황을 대변해주고 있다(표 1). 문종 말년 북송과의 공식적인 교류가 재개되었어도 요의 연호는 줄곧 쓰고 있었다.

한편, 『高麗史』, 세가 편에는 공식사행을 통한 고려의 進奉과 요의 사례 때 오

〈표 1〉 고려전기 금속공예에 보이는 북송, 요의 연호

번호	명칭	국가	연호 및 연대
1	波上宮鍾	후주	顯德 3년 (956)
2	照蓮寺鍾	북송	峻豊 4년 (963)
3	天興寺鍾	요	統和28년 (1010)
4	天倫寺鍾	고려	辛亥 4月 (1011)
5	正祐寺鍾	북송	天禧 3년 (1019)
6	惠日寺鍾	요	太平 6년 (1026)
7	勝樂寺鍾	요	太平 6년 (1026)
8	鶴滿寺鍾	요	太平10년 (1030)
9	園城寺鍾	요	太平12년 (1032)
10	淸寧四年銘鍾	요	淸寧 4년 (1058)
15	奉業寺香垸	요	大康 7년 (1081)
16	大康十年銘金鼓	요	大康10년 (1084)

17) 서긍, 『고려도경』 권27, 관사, 객관.

17	泰安元年銘鍾	요	泰安원년 (1085)
18	동아대大安元年銘金鼓	요	大安원년 (1085)
19	長生寺鍾	요	太安 2년 (1086)
20	內院寺金鼓	요	大安 7년 (1091)
21	리움乾統三年銘金鼓	요	乾統 3년 (1103)
22	觀世音寺鍾	요	乾統 7년 (1107)
23	국립경주박물관乾統四年銘 금고	요	乾統 4년 (1109)

가는 국신물이 상세히 기록되어 있는데, 양적으로는 직물이 가장 많지만 최우선적인 것은 관복과 금은기였다(표 2). 국신물 내용에서 볼 수 있듯이 요가 고려에 보낸 것은 전통적인 마구류와 錦綺羅綾, 은기 등이었고, 고려가 요에 보낸 것은 보검, 금과 은으로 된 병 등이었다. 즉 요의 관장이 만든 국신물이 고려에 소개됨으로서 요대 은기나 말안장의 형태 및 제작기법이 고려 금속공예에 영향을 주었을 것이다.

거란인은 현종7년(1016)부터 『고려사』에 "來投", "來奔"이라는 용어로만 기록되어 있으나 귀화인으로 보는 것이 타당하며 기록보다 훨씬 많은 사람들이 고려에 들어와 정착했던 것이 틀림없다.[18] 그들 중 기예가 특출한 자는 관장으로 활동할 기회가 주어졌으며 그들로 인해 고려의 공예가 1146년에 고려에 온 서긍의 눈에는 다음과 같이 공교로우나 부화스럽게 보였던 모양이다.

　　고려는 공장이의 기술이 지극히 정교하여, 그 뛰어난 재주를 가진 이는 다 官衙에 귀속되는데, 이를 테면 僕頭所·將作監이 그 곳이다. 이들의 常服은 흰 모시 도포에 검은 건이다. 다만 시역을 맡아 일을 할 때에는 관에서 紅袍를 내린다. 또 들자니, 契丹의 항복한 포로 수만 중에 공장이가 열 중에 하나는 있는데, 그 정교한 솜씨를 가진 王府에 머물게 하여, 요즈음 器服이 더욱 공교하게 되었으나, 다만 부화스럽고 거짓스러운 것이 많아 전날의 순박하고 質朴한 것을 회복할 수 없다.[19]

---

18) 朴玉杰, 『高麗時代의 歸化人 研究』, 國學資料院, 1996, 41-57쪽.
19) 서긍, 『고려도경』권19, 民庶, 工技.

<표 2>『高麗史』에 보이는 고려와 요의 국신물

연대		주체	내용	전거
고려	요			
궁예 (915)	태조 9	고려	十月戊申 高麗(泰封)遣使進寶劍	『遼史』권1, 본기 제1 태조상
현종13년 (1022)	성종 2	요	夏四月契丹遣御史大夫上將軍蕭懷禮等 來册王開府儀同三司守尙書令上柱國高 麗國王食邑一萬戶食實封一千戶仍賜車 服儀物自是復行契丹年號	권4, 세가 권제4
정종4년 (1038)	흥종 7	고려	甲寅金元冲還自契丹 … 又詔曰:省所上表 謝恩令朝貢幷進捧金吸瓶銀藥瓶㡏頭紗 紵布貢平布腦原茶大紙細墨龍鬚蓉席等 事具悉	권6, 세가 권제6
문종3년 (1049)	흥종18	요	五月乙巳 十二日 契丹遣蕭惟德王守道來 册王詔曰:…今差千牛衛上將軍蕭惟德 使副御史大夫王守道持節備禮册命幷賜 車服冠劍印綬及衣帶匹緞鞍馬諸物具如 別錄到可祗受	권7, 세가 권제7
문종11년 (1057)	도종 淸寧 3	요	三月乙酉契丹遣蕭繼從王守拙來册王詔 曰:…今差天德軍節度使蕭繼從左千牛衛 大將軍王守拙等充封册使副幷賜卿冠服 車輅銀器匹緞鞍馬弓箭等具如別錄至可 領也. … 契丹又遣蕭素柴德滋來册王太子詔曰:… 今差利州管內觀察使蕭素司農卿柴德滋 充封册使副幷賜卿冠服車輅銀器匹緞鞍 馬弓箭等具如別錄至可領也.	권7, 세가 권제7
문종19년 (1065)	도종 咸雍 1	요	夏四月癸巳契丹遣耶律寧丁文通來册王 詔曰:…今差寧遠軍節度使耶律寧益州管 內觀察使丁文通充封册使副幷賜卿冠服 車輅銀器匹緞鞍馬弓箭酒等具如別錄至 可領也. … 又遣耶律迪痲晏如册王太子詔曰:… 今差 利州管內觀察使耶律迪衛尉卿痲晏如等 充封册使副賜卿冠服車輅銀器匹緞鞍馬 弓箭酒等具如別錄至可領也.	권7, 세가 권제7
문종30년 (1076)	도종 太康 2	요	十一月庚午十八日 遼遣崇祿卿石宗回來 致大行皇后遺留衣服綵緞銀器.	권9, 세가 권제9
문종32년 (1096)	도종 壽昌 2	요	二月甲子遣謝恩兼告奏使禹元齡如遼表 云: 去年十一月泰州管內觀察使劉直至奉 傳詔書別錄各一道以前王生日特賜衣對 銀器匹緞弓箭鞍馬等因前王有疾令臣代 受者.	권11, 세가 권제11

밑줄 필자

즉 관장으로 활동할 수 있을 만큼 상당한 공예기술을 가지고 있었으므로 이들을 받아들여 공예산업에 종사토록 했을 것으로 생각된다. 순수한 거란인은 수렵과 어로가 주생활이었고 농업에 비해 야금공예방면에 기술을 가진 자가 많았을 것이다.[20] 때문에 장식적, 기교적으로 발전한 것을 서긍은 부화스럽다고 한 것이고, 이런 경향은 그가 북송에서 보지 못했기 때문일 것이다.

Ⅲ. 고려 금속공예에 반영된 요문화적 요소

『高麗史』의 백관지에 의하면 왕실에서 사용하는 장식품을 제작하는 供造署에는 소목장, 조각장, 나전장, 칠장, 花匠 등이 소속되어 있었고 금속세공을 맡은 掌冶署에는 은장, 和匠, 백동장, 적동장, 경장, 금박장, 생철장 등이 소속되어 있었다. 이들 중 은을 주로 다루는 장인들은 은장과 和匠이다. 식화지에는 은장은 모두 3명으로 掌冶署에 指諭 1명, 行首校尉 2명이 있었다. 그들의 녹봉은 은장 지유와 금은띠를 만드는 화장 지유에게는 米十石을 주었고, 은장 행수교위 2명과 화장 행수교위 2명에게는 米七石을 주었다. 또한 백동장 행수부위 1명과 적동장 부위 1명, 경장 행수교위 1명은 米六石을, 금박장 행수교위 1명과 행수대장 1명, 생철장 좌우 행수대장 각 1명에게는 稻十二石을 주었다.[21] 따라서 녹봉으로 볼 때 은장과 화장은 銅匠보다 지위도 높을 뿐 아니라 그에 따른 녹봉도 많이 받았음을 알 수 있다. 원래 은장은 민간수공업의 은장으로부터 온 것이며, 과대를 만드는 화장은 민간수공업의 은장에서 새로 분리되어 관장이 된 것이다.[22]

이렇듯 고려의 금속공예 장인들은 재료별로 전문화되어 기법면에서 진전된 기량을 보이고자 노력했을 것이며 아마도 12세기의 괄목할 만한 금속공예 기법인 타출기법이나 은입사기법, 어자문기법을 정교하게 구사한 것으로 생각된다. 서긍이 "거짓스럽고 부화스럽다"고 한 경향은 요대 금속공예의 특징이기도 한 高坧刻

---

20) 金渭顯, 『遼金史研究』, 裕豊出版社, 1985, 183쪽.
21) "諸衙門工匠別賜"(『高麗史』 권80, 식화지3, 녹봉).
22) 홍희유, 『조선중세수공업사연구』, 지양사, 1989, 117쪽.

의 타출기법이나 촘촘한 어자문기법으로 제작해 장식성이 돋보이는 점을 말하는 것으로 보이는데, 사회적으로 문제가 있었던지 몇 년 후인 인종 7년(1129) 5월 갑진일에 왕이 조서를 내려 "거란풍을 따라 나라 안의 사치스러운 풍조"를 고치고자 다음과 같은 조서를 내렸다.

옛날 임금이 제정한 법은 형명을 바로잡고 신분을 명백히 하여 중대하고 세밀한 절차가 갖추어져서 일체 의관 제도에 상하의 구별이 있고 높고 낮은 것이 같지 않았기 때문에 귀한 자가 박절하게 하지 않고도 천한 자가 참월한 노릇을 하지 못하고 인심이 안정되었더니 덕화가 강쇠되자 법령이 시속과 함께 해이해져 의복에는 등급이 없어지고 사람들은 절약할 줄 모르고 있다. 우리 태조께서 건국할 때에 검박한 덕을 닦아 원대한 장래를 염려하였으며 중국의 문화를 본받고 거란의 풍속을 엄금하였는데 지금에 와서는 정부의 상급으로부터 민간 하층에 이르기까지 저마다 부화한 치레를 일삼고 거란의 풍속을 본받아 고치지 않고 있으니 매우 한심할 만한 일이다. 이제 내가 솔선하여 쇠퇴한 풍속을 개혁하려 하노니 나의 수레, 의복 등등에 전부 사치한 것을 버리고 소박하게 할 것인바 대소 관원들은 나의 뜻을 체득하여 이대로 시행할지어다.[23]

이 장에서는 고려 금속공예에 반영된 요문화적 요소를 기형, 문양, 기법으로 나누어 고찰해 보겠다.

1. 기형의 특징

1) 불교공예

삼보에 供奉하는 공양구는 경전마다 차이도 있으나 대략 三具足, 五具足, 六種供養으로 행해졌다. 『陀羅尼集經』에 기재된 21종의 공양구중 최소한의 오구족은 향수, 잡화, 燒香, 음식, 연등의 5종을 말하며, 『無量壽經』에서는 현증, 연등, 산

23) 『高麗史』 권16, 세가16, 5월 갑진.

화, 소향의 4종이 기재되었다. 일반적으로 삼구족은 화병, 향로, 촛대를 말하며, 『大日經』에서는 육종공양 즉 육바라밀을 상징하는 물, 향, 꽃, 소향, 음식, 등명을 말한다. 결국 내용적으로 본다면 향, 등, 꽃, 물은 가장 핵심적인 공양물이어서 당대 돈황벽화나 고려 사경에는 불전에 향로를 중심으로 좌우에 수병을 놓은 "一香爐二淨瓶"이 그려져 있다.

(1) 정병

고려시대에 매우 성행한 정병은 불전에 정수를 공양하는 공양구이자 대승비구 十八物의 하나인 승구이다. 정병에 담긴 정수는 감로수 또는 법수로서 중생의 모든 병과 고통을 치유해주는 약수적인 의미를 갖고 있다. 서긍은 고려의 정병을 "존귀한 사람과 나라의 관원과 道觀, 사찰, 민가에서 다 쓰며, 높이는 1척 2촌, 배지름은 4촌, 용량은 3승이다"이라 소개했다.[24] 서긍이 본 정병은 우리가 익히 알고 있는 형태인 簪筆처럼 높은 첨대와 流(귀때), 광견형 신부를 한 軍持 I 式이다. 이 유형은 당대에 유행해 북송, 요대에도 중국 북방지역에서만 사용되었는데, 북송 10세기 유물인 정주 정중원 사리탑과 정지사 사리탑에서 출토한 정요산 백자 정병들과 요 11세기 유물들인 북경 밀운현 출토 녹유첩화정병이나 심양 신민현 빈탑 출토 금동정병, 녕성 중경성박물관 소장 백자정병 등이 대표적이다. 고려에서는 은입사기법으로 포류수금문을 시문해 『請觀世音經』에서 설한 楊枝淨水法을 상징하였다. 양지정수법은 병자에게 버드나무가지로 깨끗한 물을 뿌려 병을 고치는 방법으로 西晉 혜제(290-306) 말에 중국에 온 인도 전법승 耆域이 처음 행했던 치병수단이다. 동진 때 『청관세음경』(419)이 한역되자 정병과 버드나무는 도상적으로 관음보살의 지물이 되었다. 고려에서 청자로도 양산된 이 유형은 13세기 이후 신부가 세장해지고 문양도 은입사 되지 않는다. 流가 없는 軍持 II 式은 소위 吉字瓶이라 하며, 당대에 출현해 오대 이후 중국 전역에서 주로 도자제로 생산된 것이다. 요대에는 군지 I 식과 함께 군지 II 식도 만들어졌는데, 북경 순의현

---

24) "淨瓶之狀 長頸脩腹 旁有一流 中爲兩節 仍有轆轤蓋頸中開有隔 隔之上復有小頸 象簪筆形 貴人國官觀寺民舍皆用之 惟可貯水 高一尺二寸 腹徑四寸量容三升"(『高麗圖經』 권31, 기명2).

〈도 6〉 포류수금문 나전칠기함, 고려 11세기, 국립중앙박물관

〈도 5〉 청동포류수금문은입사정병,
고려 11세기, 국립중앙박물관

의 沙門 혜정의 부도(1013)에서 출토한 백자사리병과 정병,[25] 왕택 묘(1053) 출토 백자정병[26] 등이 알려져 있다. 고려에서는 주로 12-13세기에 유행했으며, 물이 잘 저장되도록 어깨에 水孔이 있고, 어깨에 띠를 세운 점, 문양과 대좌가 없는 점이 중국정병과 다른 고려적인 특징이다. 군지 I 식인 청동은입사포류수금문정병은 버드나무가 늘어진 강가에서 물오리가 헤엄치며 노는 한가로운 정경을 銀絲로 상감한 것이어서 현존하는 청동은입사정병 중 가장 아름다울 뿐 아니라 고려 전기의 회화를 가늠해 볼 수 있다(도 5). 은입사기법으로 포류수금문을 비롯해 구름과 파초를 시문한 이 정병의 몸체에는 두 그루의 늘어진 수양버들이 있는 언덕과 갈대가 우거진 언덕을 배경으로 헤엄치는 오리나 날아오르는 물새들, 낚시 하는 사람, 조각배를 젓고 있는 사공 모습, 그리고 멀리 나무가 있는 산들과 새떼들이 날아가고 있는 서정적인 정경이 묘사되었다. 이 포류수금문은 고려시대에만 보이는 문양으로 요 경릉의 사계도 중 춘도와 연관이 있다(도 4). 11세기 작으로 비정된 나전칠기함(도 6)에도 포류수금문이 매우 사실적으로 표현되어 있어 11세기 고려와 요에서 유행했던 것으로 생각된다. 더욱이 고려인들이 정병에 버드나무를 은상감하거나 관음이 정병과 함께 버드나무가지를 들고 있거나 관음 옆에 버드나무가지가 꽂힌 정병을 즐겨 그린 점은 결국 치병이나 팔난극복 · 기복 · 아들 등

---

25) 北京市文物工作隊, 「順義縣遼淨光舍利塔基淸理簡報」, 『文物』 1964, 49-53쪽.

26) 北京市文物管理處, 「近年來北京發現的幾座遼墓」, 『考古』, 1972, 35-40쪽.

〈도 7〉 정병, 수월관음도, 1323년, 일본 대덕사
〈도 8〉 청동정병, 파림우기 북탑 출토, 요 11세
　기, 중국 내몽고 상경성박물관
〈도 9〉 誦經圖 중의 정병, 내몽고 포루산 요묘,
　요 11세기

소원성취를 염원하는 것이었다(도 7).
심양 신민현 빈탑 출토 금동정병이나
파림좌기 북탑의 천궁 출토 청동정병
(도 8)도 같은 형태일뿐더러 내몽고 炮
樓山 요묘 벽화 중 誦經圖에는 승려가
자신의 僧物을 벽에 걸어 놓았는데 정
병은 군지 I 식으로 묘사되어 있다(도 9).[27] 따라서 11-12세기에 중원에서는 거
의 생산되지 않는 군지 I 식 정병이 요와 고려에서는 성행하였음이 분명하다.

　(2) 蓮枝形柄香爐

　향은 인도에서 신체의 악취를 없애던 방법으로 피웠던 것으로 불교에서는 번뇌
망상을 없애준다는 의미로 사용되었다. "燒香拜佛"은 부처를 향한 공양임과 동시

27) 陳文彦 主編,『遼都神韻』, 내몽고인민출판사, 2003, 90쪽 도 2.

〈도 10〉 청동연지형병향로, 고려 1077년, 국립중앙박물관
〈도 11〉 은제도금병향로, 요 11세기, 중국 내몽고문물고고연구소

에 佛徒 자신의 공덕을 쌓고 염원을 비는 행위이므로 향을 피우는 용기 또한 정성스럽게 제작했을 것이다. 국립중앙박물관 소장 청동제연지형병향로(1077)는 일부가 파손되었지만, 경전과 불화에서 그 원형을 찾아 볼 수 있다(도 10). 즉 통일신라시대의 鵲尾形柄香爐나 獅子鎭柄香爐와 달리 爐身과 향합이 한 줄기의 연화가지에 함께 있는 모양으로 손잡이인 줄기에 만개한 커다란 연화송이로 된 로신, 위로 살짝 들린 큰 연잎 받침, 작은 연화인 향합으로 구성된 형태이다. 경전에는 『金剛界九會大曼茶羅』중 理趣會에 나오는 時雨菩薩과 微細會의 金剛燒香菩薩이 이러한 향로를 들고 있다. 고려 불화 중 1309년 작인 일본 上杉神社 소장 아미타삼존도중 관음보살상이나 14세기 작인 대덕사 수월관음도의 하단에 그려진 용왕이나 석가삼존십육나한도의 나한이 들고 있기도 한 이 향로는 요대 석탑부조상이나 도금은제병향로에서 그 완형을 찾아 볼 수 있다(도 11). 내몽고문물고고

고려와 북방문화

〈도 12〉 연지형병향로를 든 보살상, 요 1043년, 요녕성 조양 북탑
〈도 13〉 備經圖 중의 병향로, 하북성 선화 요묘M2묘 동남 벽화, 요
〈도 14〉 연지형병향로를 든 보살상, 금 1153년 하한, 중국 산서성 삭현 숭복사 미타전
〈도 15-1〉 파련문, 천녕사탑 기단부 부조, 요 11세기, 중국 북경
〈도 15-2〉 요주요 자기의 파련문, 북송

연구소 소장 연지형병향로[28]나 조양 북탑 탑신에 부조된 보살상이 든 병향로(도 12), 선화 요묘 M2 묘실 동남벽화인 備經圖 중 탁자 위의 경함 옆에 놓인 병향로 (도 13),[29] 하한년대가 1153년로 알려진 금대 초기벽화인 산서성 숭복사 미타전 동벽 中鋪 남측 협시보살상이 왼손에 든 연지형병향로도 모두 같은 유형이다(도 14).[30]

이러한 연지형병향로는 11-12세기에 북방에서 유행했던 것이다. 이 형태는 연화가지와 연꽃, 연잎을 끈으로 한데 묶어 놓은 모양을 형상화 시킨 것으로서 북경의 요대 전탑인 천녕사탑 기단부의 파련문 부조(도 15-1)나 북송 중-만기의 요 주요 자기에 시문된 연화문 중 把蓮文(도 15-2)이 이와 똑같은 문양임을 볼 때 자연스럽게 묶인 연화꽃다발을 불교향로로 형상화시킨 것이라 생각된다.[31]

(3) 금동열반도판

고려 초에 제작된 용인대 소장 열반도는 국내 유일한 예로 『대반열반경』에 의해 조성된 것이다.[32] 오각형판에 선조로 臥榻위에 열반한 석가의 주위에 제자들이 둘러서서 슬퍼하는 모습을 표현한 것인데, 금속 釘만으로 인물들의 표정을 실감나게 묘사한 수법은 뛰어나다. 이렇게 석가의 열반장면을 탑 지궁 벽화나 사리관에 묘사한 예는 10-11세기에 조성된 북송과 요의 탑 지궁에서 자주 발견된다. 예컨대 하북성 정주 정중원 지궁(995) 북벽의 열반도나 하남성 정주 복승사탑 지궁(1032) 발견 금제사리관, 그리고 요 중희년간(1032-1054)에 건립된 조양 북탑 천궁 발견 木胎銀棺에 새겨진 열반도 등을 들 수 있겠다. 그 중 조양 북탑의 열반도가 금동열반도판과 가장 유사한데 사천왕이 배치된 점만 다르다.[33]

28) 上海博物館, 『草原瑰寶』, 上海書畵出版社, 2000, 171-172쪽.
29) 河北省文物研究所, 『宣化遼墓』下冊, 文物出版社, 2001, 도 81.
30) 山西省古建築保護研究所, 『朔州崇福寺』, 1996, 301쪽 도 209. 崇福寺 彌陀殿은 金 皇統 3년(1143)에 짓기 시작해 貞元 元年(1153)에 완성된 건물이다.
31) 趙雅莉, 「耀瓷歷代蓮紋裝飾」, 『中國耀州窯國際學術討論會文集』, 三秦出版社, 2005, 64쪽 도 5.
32) 배진달, 「羅末麗初 金銅線刻涅槃變相板 연구」, 『丹豪文化研究』3, 1998, 7-47쪽.
33) 朝陽北塔考古勘察隊, 「遼寧朝陽北塔天宮地宮淸理簡報」, 『文物』1992, 1-28쪽 및 紀兵 · 王晶辰 主編, 『佛敎遺宝』, 遼寧人民出版社, 2005, 43쪽 참조.

〈도 16〉 청동석당, 평북 피현군 성동리 출토, 고려 11세기, 높이 31cm
〈도 17〉 다라니석당, 평북 피현군 성동리, 고려 1027년

(4) 청동석당

11세기 작으로 알려진 평북 피현군 출토 청동당(도 16)은 피현군 성동리 석당(도 17), 황해도 해주 다라니석당과 같은 석조물을 금속으로 제작한 것이다. 요대에는 석당의 건립이 성행했으며 이 청동석당은 전형적인 요대 石幢의 형태를 따른 것으로 산서성 대동 하화엄사 薄伽敎藏殿 앞 요대 다라니석당(1095)이나 일본 교또국립박물관 소장 요대 다보천불석당(1084)과 좋은 비교가 된다.[34]

이 외에도 사방화염보주는 봉업사지출토 향완이나 청도 운문사 동호의 뚜껑의 보주는 2개의 판을 십자로 끼워서 사방화염보주를 표현한 것이다. 이 같은 형태는 요 상경성 백탑에도 보이는 것으로 친연성이 엿보인다.

---

34) 山西雲崗石窟文物保管所, 『華嚴寺』, 文物出版社, 1980, 도 21.

2) 일반공예

(1) 동경

전형적인 遼鏡인 錢文鏡, 용문경, 쌍룡문경, 거란문경, 송록정금문동경 등이 고려 고분에서 여러 점 출토되었다. 동경은 직수입되거나 고려에서 再鑄된 것도 있으므로 생산지의 판단이 어렵지만 출토 유물이 많은 것은 당시의 대중들이 선호했기 때문이다. 요대 동경에는 화염보주가 특징인데, 화염의 형태가 원형이거나 渦形, 이중원형, 태극형 그리고 태극에서 운기 같은 화염이 피어나는 것이 있다. 쌍룡과 태극화염보주가 조합된 문양을 중국학자들은 雙龍戲火焰珠文이라고도 한다. 요 11세기에 제작된 오한기박물관 소장 松鹿亭琴文銅鏡에는 내, 외구에 와형

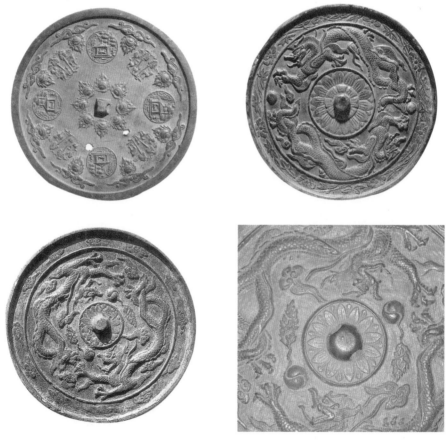

<도 18> 송록정금문동경, 요 11세기, 내몽고 오한기박물관
<도 19> 쌍룡문동경, 고려 11~12세기, 국립청주박물관
<도 20> 쌍룡문동경(태극화염보주), 개성 판문군 전제리 출토, 고려 11세기
<도 21> 쌍룡문동경의 태극화염보주, 광주 원효사 출토, 고려 11~12세기, 국립광주박물관

고려와 북방문화

화염보주가 8개씩 있다.[35) 보주 아래 좌우에는 구름을 대칭으로 묶어 마치 화염보주가 운문좌 위에 있는듯한 도안은 동경뿐 아니라 요대 공예에 흔히 보이므로 이 도안은 거란인이 창안한 것으로 생각된다(도 18). 개성 부근 고려고분에서 출토한 국립중앙박물관의 四團人物文鏡들(덕342, 덕4036, 덕2208)이 이와 같은 유형인데 단지 외구의 와형화염보주만 4개뿐이어서 이 거울들은 고려에서 모방, 재주된 것이 분명하다. 고려 11-12세기에 제작된 국립청주박물관 소장 쌍룡문동경(도 19)에는 단순한 태극화염보주가 있다. 이와 거의 같으나 화염이 피어나는 태극화염보주가 중앙의 뉴를 중심으로 좌우에 배치된 동경으로는 11세기 작인 희천시 서문동유적 출토 쌍룡문동경이나 개성 판문군 출토 쌍룡문동경(도 20), 광주 원효사 출토 쌍룡문동경(도 21)을 들 수 있겠다. 이 외에도 국립중앙박물관 소장 魚龍文方鏡(덕5073, 덕3214, 덕6452), 귀갑문동경(덕1820)같은 거울들 역시 전형적인 遼鏡系에 속한다.

(2) 잔탁

국립중앙박물관 소장 도금은제타출문잔탁과 같은 기형은 고려, 송, 요에서 공통적으로 쓴 것이지만 고려와 요의 잔탁들은 북송과 달리 타출기법으로 고부조의 연판문을 시문한 것이 특징이다. 12세기에 제작된 디아모레뮤지움 소장 도금은

〈도 22〉 도금은제잔탁, 고려 12세기, 디아모레뮤지움
〈도 23〉 은제탁(逆), 요령성 창무 조양구 2호묘 출토, 요 11세기, 중국 요녕성박물관

---

35) 『敖漢文物精華』, 내몽고문화출판사, 2004, 168-169쪽.

제잔탁은 11세기 작으로 보이는 요녕성 彰武 朝陽區 2호 요묘 출토 은제탁과 타출된 연판문의 형태가 매우 유사하다(도 22). 요묘 출토 은제탁은 빈틈없는 어자문바탕의 도금은제장식편, 녹유계관호 등과 공반 출토한 전형적인 요계 유물이다(도 23).[36]

또한 대개의 托은 잔 받침이 오므라든 형태인데 비해, 청주 사뇌사지에서 출토한 청동탁은 나팔처럼 벌어진 형태여서 주목된다. 흔치 않은 이 유형의 탁은 절강성 임안시의 오대 묘인 康陵(939)에서 출토된 월요산 비색자가 있으며,[37] 영파시 은현의 오대-북송시기 월요지인 郭家峙窯址나, 여요현 인근에 위치한 자계시 寺龍口越窯址 북송 말기 층에서도 출토된 바 있다.[38] 금속제로는 내몽고 적봉시 요 위국왕묘(959)에서 출토한 은제탁이 있으며 아직 북송지역에서는 금속제가 발견되지 않고 있다.

(3) 주자

12세기에 조형적, 기법적으로 절정을 보이는 고려주자가 바로 미국 보스턴 박물관 소장 은제주자이다. 전체적으로 鎬文으로 주름잡은 몸체에 竹節形 注口가 달렸고, 뚜껑은 연판을 타출기법으로 한 잎씩 도드라지게 만든 사실적인 연화가 2단으로 장식되었으며, 그 위에는 봉황이 서 있다(도 24-1, 24-2). 연판을 타출시킨 형태는 상술한 요대 연지형병향로의 연화와도 같은 수법이다. 巴林右旗 文物館 소장 요대 팔능형은제주자 역시 화판으로 邊飾하고 각 면마다 절지모란문을 조금한 형태인데, 죽절형 주구와 승반을 갖추어서 같은 계열이다(도 25-1, 25-2). 특히 죽절형 주구나 손잡이 표현은 요와 고려 주자의 공통된 특징일 뿐 아니라 내몽고 고륜1호 요묘 천정의 죽학도와 고려 상감청자에도 흔히 볼 수 있는 것이어서 11-12세기에 고려와 요에서 유행했던 제재이다.

---

36) 李宇峰 外, 「彰武朝陽區遼代墓地」, 『遼寧考古文集』, 瀋陽: 遼寧民族出版社, 2003, 83-111쪽.

37) 浙江省博物館 編, 『浙江紀年瓷』, 文物出版社, 2000, 도 180.

38) 任士民, 『青瓷與越窯』, 上海古籍出版社, 1999, 202-213쪽 ; 寺龍口越窯址의 北宋 末期 層은 神宗 元豊년간부터 欽宗시기인 1078-1127년에 해당된다(浙江省文物考古研究所 外, 「寺龍口越窯址」, 文物出版社, 2002, 168-170쪽 및 351쪽).

〈도 24-1〉 도금은제주자, 고려 12세기, 미국 보스톤뮤지움
〈도 24-2〉 도금은제주자의 죽절형 주구

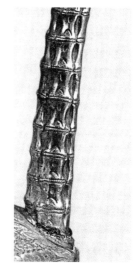

〈도 25-1〉 팔릉형은제주자, 요 11세기, 중국 내몽고 파림우기박물관
〈도 25-2〉 팔릉형은제주자의 죽절형주구

(4) 죽절형젓가락

고려고분에서 출토된 젓가락은 모두 손잡이 부분이 죽절형으로 조각되었는데, 법고현 엽무대 7호 요묘에서 출토한 包銀竹節式漆箸 역시 같은 모양이다.

(5) 장도

진국공주묘에서 출토한 장도나 요대 벽화속의 종복들이 허리띠에 연결해 왼쪽으로 늘어뜨린 장도[匕首]는 남녀 모두 패용했던 것이다(도 26). 고구려 고분벽화나 백제 무령왕릉에서 출토한 예는 있지만 통일신라 유물이 없는 상태에서 고려시대에 갑자기 성행하므로 요와 친연성이 엿보인다. 특히 고려 장도는 타출기법으로 만들어서 화려한 느낌이다(도 27). 『고려사』에 의하면 10세기부터 자신있게 생산했던지 국신물이나 팔관회같은 행사 때 송과의 교역물로 금은장도가 꼽혔다.[39]

〈도 26〉 은장도, 요 1세기, 중국 내몽고박물관
〈도 27〉 도금은제장도, 고려 12세기, 국립중앙박물관

(6) 마구

요의 마구는 송인 太平老人이 지은 『袖中錦』의 천하제일 조에 契丹鞍, 고려비색, 정요자기, 사천비단 등과 함께 꼽히는 명품이었다.[40] 이런 마구들 특히 관장

고려와 북방문화

---

39) 金渭顯, 『遼金史硏究』, 裕豊出版社, 1985, 219쪽.

40) "監書 內酒 端硯 洛陽花 建州茶 蜀錦 定瓷 浙漆 吳紙 晋銅 西馬 東絹 契丹鞍 西夏劍 高麗秘色 … 皆爲天下第一 他處雖效之終不及"(太平老人, 『袖中錦』, 天下第一).

이 만든 최상품이 고려에 보내는 국신물에 반드시 포함되었고 고려 금속공예에 기법 면에서 뿐 아니라 형태에도 영향을 주었다. 『고려도경』에도 거란의 마구에 대해 다음과 같은 언급이 있다.

> 안장의 제도는 오직 왕이 타는 것만이 붉은 비단에 수놓은 안장에다 금옥 장식을 더한 것이고, 대신들은 보라색 비단에 수놓은 안장에다 은으로 장식을 하였다. 나머지는 거란의 풍속과 같이 또한 등급이 없다.[41]

고려고분에서 출토한 국립중앙박물관 소장 금동운룡문말안장에도 요대 마구처럼 쌍룡문이 시문되어 있고 용인박물관 소장 금동제운봉문瓔罩은 내몽고 적봉 출토 요대 영조와 어자문만 시문하지 않았을 뿐 유사한 형태이다.[42]

2. 문양의 공유

요대 문양은 중원의 전통적인 한문화계와 초원계문화가 혼합되어 형성되었다. 대표적인 중원계는 용문양과 화염보주문, 모란문이 있고 초원계는 강가의 갯버들과 수초와 수금, 杏花 등이 있다. 요대 묘장에는 거의 벽화가 있어서 회화를 통해 공예문양을 유추해 볼 수 있다. 고려 11세기-13세기의 청동은입사향완이나 정병, 동경 등의 금공품과 청자에 시문된 문양들 중 포류수금문, 파초문, 죽문, 죽학문, 매죽문, 운학문, 절지모란문, 쌍룡문, 쌍어문은 중국 하북성, 내몽고, 요녕성의 묘실 벽화나 동경 등에 흔히 보이는 북방계 문양이다.

1) 불교계 문양
(1) 용과 화염보주문
용은 중국인들의 상징문양일 뿐 아니라 불교나 도교의 主尊을 의미한다. 거란족도 용을 특별히 애호해서 요대의 관식, 복식, 석조미술과 공예에는 화염보주와

---

41) 『高麗圖經』 권15, 거마, 사절마.
42) 『조선고적도보』 9, 1262쪽 도 4294.

〈도 28〉 혜소국사비의 화염보주문, 고려 1060년, 안성 칠장사
〈도 29〉 지광국사현묘탑비의 화염보주문, 고려 1085년, 원주 법천사지

결합된 용문양이 다양하게 전개되었다. 單龍 또는 쌍룡인 용문양은 신체가 원형으로 도안된 것, 앞다리만 세워 앉아있는 용, 그리고 역동적으로 움직이고 있는 용으로 나누어진다.[43] 용 대신에 봉황과 결합된 화염보주도 요대의 특징이다. 화염보주는 북제시기에 유행해서 북향당산석굴 기둥이나 서현수묘 벽화에도 보이고, 당대 대진경교유행중국비의 이수에는 쌍룡이 발로 보주를 받쳐들고 있다. 그러나 당대까지는 단순한 원형화염보주였지만 요대에는 다양하게 전개되었는데, 화염의 형태가 원형이거나 渦形, 二重圓形, 太極形 그리고 태극에서 雲氣같은 화염이 피어나는 것이 있다. 중국학자들은 쌍룡과 화염보주가 조합된 문양을 雙龍戲火焰珠文이라고도 부르는데, 중앙의 화염보주를 두고 좌우에 역동적인 두 마리의 용이 배치된 문양이다.

요와 공식적인 외교관계에 있었던 고려 11세기에 제작된 현화사 탑비(1022), 칠장사 혜소국사탑비(1060), 지광국사현묘탑비(1085)의 측면에는 쌍룡이 조각되어 있는데, 혜소국사비나 지광국사현묘탑비에는 쌍룡희화염보주문이어서 주목된다(도 28, 29). 더욱이 지광국사현묘탑비의 상단 궁륭부의 중앙 보리수를 중심

43) 許曉東, 「佛教對遼代工藝的影响」, 『故宮博物院院刊』 94, 2001, 45쪽.

으로 좌우에 배치된 비천상이 손에 연지형병향로를 들고 供香하고 있다는 점은 요와의 관련성을 한층 더 뒷받침해 주고 있다. 또한 북한산 삼천사지 대지국사탑비의 이수에도 화염보주를 중심으로 좌우에 쌍룡이 있어 11세기에 제작된 국사비는 요의 영향이 크다고 볼 수 있다.

태극은 도교의 상징문양인데, 요 11세기에 유행한 태극화염보주문이 고려 12세기에 주로 보이는 점은 요나 고려 모두 국초부터 도교도 숭상했으므로 고려인들에도 쉽게 수용되었을 것이다. 요 진국공주묘 출토 금관의 중앙에 장식된 태극화염보주문(도 30-1, 30-2)이나 내몽고 상경성 개화사지 출토 석조기단부의 화염태극보주문(도 31), 내몽고 경주 백탑에 부조된 태극화염보주문(도 32)은 모두 태극이 세로로 된 모양이다. 반면 증위국왕부마묘(959)출토 도금은제말안장 마구에는 와형화염보주문으로 시문되었다(도 33).

태극문양은 고려 흥왕사향완에도 처음 보이이는데 화염은 없고 은단순한 태극만 여러 개가 입사되었다(도 34). 이 향완은 전면에 용과 태극보주문이 있고 뒷면에는 봉황문이 배치되어서 내몽고 상경성박물관에 소장된 한덕위묘 출토 석관개석의 문양과 일치한다(도 35-1). 요의 귀족이었던 한덕위 묘 출토한 석관개석에는 태극보주문과 결합된 쌍봉문과 쌍룡문이 한 세트로 된 意匠이 부조된 것이

〈도 30-1〉 금제관식, 요 1018년, 진국공주묘 출토, 중국 내몽고박물관
〈도 30-2〉 금제관식의 태극화염보주문

〈도 31〉 석조기단부의 태극화염보주문, 상경성 개화사지 출토, 요 11세기, 중국 내몽고 상경성 박물관

〈도 32〉 태극화염보주문, 경주백탑, 요 1049년, 중국 내몽고 파림우기
〈도 33〉 도금은제말안장의 와형화염보주문, 증위국왕부마묘출토, 요 959년, 중국 내몽고 적봉시 박물관

다(도 35-2, 35-3). 주목할 점은 흥왕사향완에 시문된 단순한 태극보주문은 요 성종의 비인 인덕왕후의 애책석(1081)에 보이는 구름이 피어나는 태극보주와 매우 유사하고(도 36), 이 같은 문양이 표충사향완에서는 진전된 형태로 시문된 것이다(도 37). 따라서 흥왕사향완의 제작년대는 1169년보다 이를 수 있다고 생각한다.

이 외에도 법천사지 지광국사현묘탑에는 이중원형화염문으로 조각되었고(도 38), 경릉이나 요 귀족묘, 천진 계현 독락사탑 상층 탑실 출토 유물인 鍍金銀飾片(사리장엄구)에의 양측면의 운룡문, 정면에는 문이 있고 문 위에 영지형 구름을 묶은 운문좌에 태극화염보주가 있다.[44] 즉 요대 11세기에 성행했던 태극화염보주문은 고려에도 유입되어 12세기의 공예품에 반영되어 있음을 알 수 있다.

44) 天津市歷史博物館考古隊 外, 「天津薊縣獨樂寺塔」, 『考古學報』, 1999, 104쪽.

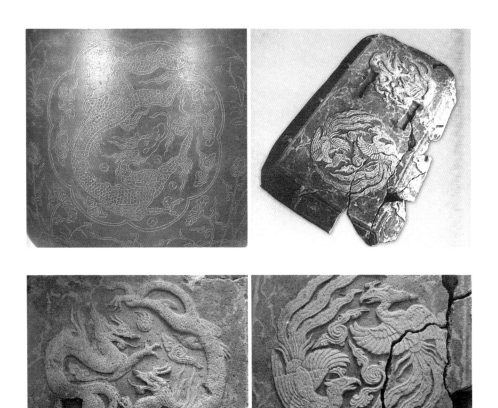

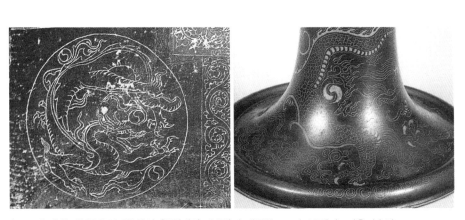

〈도 34〉 흥왕사청동은입사향완의 용문(배면 : 봉문)과 태극문, 고려 12세기, 리움미술관
〈도 35-1〉 용봉석관개석, 요 11세기, 한덕위묘 출토, 중국 내몽고 상경성박물관
〈도 35-2〉 용봉석관개석의 쌍용문
〈도 35-3〉 용봉석관개석의 쌍봉문
〈도 36〉 용문(태극화염보주), 인덕왕후 애책석, 요 1081년, 중국 요녕성박물관
〈도 37〉 용문(태극화염보주), 표충사 청동은입사향완, 고려 1177년, 표충사

(2) 포류수금문

버드나무가 있는 물가에서 오리가 노니는 장면을 문양화한 포류수금문은 오직 고려시대에만 유행했으며, 포류와 정병은 『청관세음보살소복독해다라니주경』에 명시된 것처럼 정수를 양지로 뿌려 모든 재해를 물리친다는 양지정수법을 상징하는 것으로 불교적 의미와 봄을 상징하는 문양으로 정형화시킨 것이다. 혜영의 『白衣解』에는 "양지를 꺾어 물을 적셔 청소하거나 병자에게 뿌려 몸의 독을 제거하며, 漢土北人들이 단오일에 盆에 물을 채우고 양지를 치거나 문 위에 놓아 독을 막는다"고 한다. 즉 양지는 북방에서 좋아했으며, 포류수금문은 요 11세기 경릉 벽화 사계도중 춘도인 갯버들과 수금이 노니는 장면과 관련이 있고 고려에서 불교적 의미와 봄을 상징하는 문양으로 정형화시킨 것으로 생각된다.

(3) 파초문

11세기에 제작된 청동은입사파초문정병에 보이는 파초문 역시 고려시대에 유행했던 문양이다. 이 정병에는 파초와 대나무, 버드나무가 교대로 배치되었는데, 상술한 바와 같이 10세기 작인 내몽고 적봉 보산2호 요묘 벽화에도 이와 똑같이 배열되어 있다. 파초는 선화 하팔리 2지구 요묘 벽화나 내몽고 임서현에서 출토한 목판화에도 그려져 있다(도 39).[45] 또한 12세기에 금대 자주요인 관대요지 출토 도침에도 죽학문과 함께 장식되었을 뿐만 아니라 금·원대 동경에는 2마리, 4마리, 또는 7마리의 학과 어우러진 문양으로 배치되었다. 고려 개성부근에서 출토한 쌍학파초문경(덕 2584)이 대표적이며, 최근 알려진 유천리 요지 출토 청자

〈도 38〉 천개문과 화염보주문, 지광국사현묘탑, 고려 1070~1085년

〈도 39〉 파초도, 목판, 임서현 출토, 요 11세기, 중국 내몽고 임서현박물관
〈도 40〉 청자상감파초문매병편, 고려 12세기 후반~13세기 전반, 유천리요지 출토

상감파초문매병에도 파초문이 전면에 시문되어 있어 고려에서도 파초문이 유행했던 문양으로 생각된다(도 40).

(4) 천개문

요녕성 조양북탑과 중경성 백탑, 내몽고 경주백탑 등 요대 탑에 부조된 불보살

〈도 41〉 천개문, 경주백탑, 요 1049년, 중국 내몽고 파림우기
〈도 42〉 천개문, 천륜사동종, 고려 1011년

45) 劉海文 主編, 『宣化下八里 II 區遼壁畵墓考古發掘報告』, 文物出版社, 2008.

고려 금속공예에 보이는 遼文化의 영향

상의 천개는 당대 돈황 벽화에 보이는 천개와는 다르게 마치 짧게 주름을 잡은 듯한 천이 가지런히 늘어진 모양이다(도 41). 이 문양은 11세기 고려 천륜사동종이나 지광국사현묘탑에서도 확인되며 북방 요문화적 요소이다(도 42).

(5) 범자문

『불정존승다라니경』과 불공의 『불정존승다라니염송의궤법』에 의한 불정도량(존승법회, 불정소재도량 포함)은 37회나 있었다. 선종-원종까지 특히 숙종 3회, 예종 5회, 인종 때와 명종 때 각 8회, 고종 6회였다.[46] 국가적 차원의 재난(가뭄에 따른 기우, 전염병, 병충해, 내란방지, 여진과의 전쟁 침입)구조와 복을 비는 것이다. 표충사향완을 비롯한 12-13세기의 고려 은입사향완의 로신이나 전에 원문범자로 은입사 되었고 안수사종에도 범자문이 시문되어 있다. 요대에는 다라니석당이 유행했고 송과 고려에도 다라니가 유행했으나 송대 유물에는 다라니가 장식문양으로 시문된 예는 없어서 오히려 요와의 관련이 엿보인다.

2) 일반 문양
(1) 모란문

경릉벽화 사계도중 하계도에도 보이듯이 여름을 상징하는 모란은 요나라의 국화와 같은 존재여서 요 귀족사회에서는 활짝 핀 모란을 감상하는 풍습이 유행했었다. 『遼史』, 성종본기에는 성종이 모란을 감상한 기록이 남아있으며,[47] 생전의 풍습을 벽화로 그린 요 귀족묘에서는 모란화나 모란괴석도를 쉽게 찾아볼 수 있다. 折枝牧丹은 12세기 금대 자주요에서도 중요문양으로 시문했으며, 고려에서는 11세기에 제작된 철회청자매병이나 12세기의 청자와당, 상감청자항에도 장식되었다.

---

46) 金秀妍, 「高麗時代 佛頂道場 研究」, 이화여자대학교 석사학위논문, 2004, 17쪽.

47) "統和五年(987)三月癸亥朔 行長春宮 賞花釣魚 以牧丹徧賜近臣 歡宴累日"(『遼史』卷12, 本紀12, 聖宗3) ; "統和十二年(994)三月壬申 如長春宮 觀牧丹"(『遼史』卷13, 本紀 13, 聖宗 4).

〈도 43〉 수초도, 남탑향 하만자5호묘 벽화, 요 11세기, 중국 내몽고 오한기박물관
〈도 44〉 청동포류수금문향완의 수초문, 고려, 리움

  (2) 수초문

  수초를 따라 이동하며 목축생활을 하는 거란족에게는 수초가 매우 친숙하여 벽
화에도 그려져 있다. 敖漢旗 南塔鄕 下灣子 5호묘 묘실서북벽에는 물가에 荷葉과
蘆葦등 수초가 풍성하게 자라 물가풍경을 보여주고 있다(도 43).[48] 이 문양 역시
중원의 공예품에는 보이지 않으며, 고려공예품에 즐겨 시문되었는데, 흥왕사청동
은입사향완(도 34)이나 리움소장 청동포류수금문향완(도 44)에도 수초가 입사
되어 있고, 삼천사지 출토 청자상감편에는 학과 수초가 함께 있다.

  (3) 죽학문

  12세기 작인 청동죽학문정병에 은입사된 죽학문은 하북성 선화 張文藻墓나 내
몽고 고륜 1호묘 천정 벽화에 보이는 바와 같이 등 11세기에 요 경내에서 성행했
던 문양인데,[49] 고려에서는 11세기에 제작된 국립박물관 소장 나전칠기경함이나
12세기 작인 청자상감매병에 시문되었다. 특기할 만한 점은 요와 고려에서 희용
된 죽학문의 죽엽은 일반적인 細長한 모양이 아니라 마치 싸리잎처럼 타원형이라
는 점이다. 이 죽학문은 절지모란문과 함께 고려-요간에 공식적인 국교가 있었던

---

48) 『敖漢文物精華』, 내몽고문화출판사, 2004, 261쪽.
49) 河北省文物考古硏究所, 『宣化遼墓壁畵』, 文物出版社, 2001, 도 31 ; 王健群·陳相偉, 『庫
    倫遼代壁畵墓』, 文物出版社, 1989, 21쪽.

11세기에 유입되어 12세기에 성행했던 것으로 생각된다.

3. 기법적 특징

고려의 금속기는 은과 동을 주조하거나 단조로 성형한 후, 장식기법으로 조금, 은입사, 打出이나 魚子文 기법을 병행하였다. 그 위에 수은아말감기법으로 전체 도금을 하거나 부분도금을 했으므로 일상기명이나 불구들은 화려함과 양감, 정교함이 돋보인다. 청동에 은입사한 정병이나 향완이 잘 알려져 있으나 타출기법과 어자문기법이 고려시대에 더 크게 성행한 기법이다. 은제도금타출표형병에서 볼 수 있듯이 凹凸이 극한대로 표현되어 은장의 기술이 최고조에 달했음을 전해주고 있으며, 그 배경에는 거란 장인의 역할이 있었다.

1) 타출기법

은의 탄성을 이용한 타출기법은 은기를 발전시켰던 사산조 페르시아의 은기 조금법이 당대의 금은기에 반영된 것으로서 문사원에서 제작한 법문사 지궁 출토 유물(874)들에서 이러한 高肉刻技法을 찾아 볼 수 있다. 이 기법은 송, 요에 이어

〈도 45〉 도금은제관(타출기법), 요 11세기, 중국 요녕성박물관

〈도 46-1〉 도금은제타출조문표형병, 고려 12세기, 국립청주박물관
〈도 46-2〉 도금은제타출조문표형병의 타출수법

〈도 47-1〉 금제거란여신상, 통료시 내만기출토, 요 11세기, 중국 내몽고 奈曼旗王府박물관
〈도 47-2〉 금제거란여신상의 타출기법, 요 11세기

〈도 48〉 금동과대의 어자문기법, 고려 12세기, 서울역사박물관

〈도 49〉 어자문기법(다중정 사용), 고려 12세기, 용인대 우학문화재단

져 전통적으로 마구를 잘 만드는 거란족에 의해 볼륨감 있게 발전해 고려에 전파
된 것으로 판단된다. 즉 거란족은 당대 금은기 제작기법을 계승해 어자문기법과
함께 타출기법을 발달시켰고, 고려는 요의 영향으로 타출기법의 전성을 보였던
것이다. 요대 묘장에서 출토된 모든 금은제관식, 금은제과대, 금은기와 마구 등에
는 타출기법으로 문양이 새겨져 있다(도 45).

타출기법을 할 때 필요한 감탕은 진흙과 송진에 들기름을 섞어 쓰는 것으로 알려져 있지만, 전통적인 방법은 진흙대신 황밀을 쓰고, 참기름, 들기름, 송진을 반죽해 불에 데워서 얇은 송판에 깔고 그 위에 금속판재를 붙여 쓴다. 이 기법은 잔탁, 완의 중심부, 표형병을 비롯하여 팔찌, 과대에 시문한 금공기법으로 12세기에 절정을 이루었다. 일례로 요 진국공주묘(1018)에서 출토한 금제과대에 용문을 부조한 수법을 보면,[50] 고려 도금은제타출표형병(도 46-1, 46-2)이나 은제도금타출팔찌, 은제도금장도집에 구사된 오메가형 高刻刻 단면과 같은 수법임을 느낄 수 있다.[51] 특히 도금은제타출표형병에 방사선 모양으로 음각선을 넣어 고부조한 화판문 표현 수법은 내몽고 통료시 내만기에서 출토한 요대 금제거란여신상의 화판을 만든 수법과 똑같다(도 47-1, 47-2).

우학문화재단 소장 금동쌍봉문향로뚜껑은 연화문·봉황과 영지형 구름이 타출되어 있는데, 문양을 刻刻하기 위해 가장자리를 단번에 線彫했기 때문에 표면에는 드러나지 않으나 뒷면을 보면 문양선이 일정한 두께의 고른 선으로 돌출되어 있다. 이같은 수법은 요대 마구장식인 금은제纓罩에서도 찾아 볼 수 있다.[52]

2) 어자문기법

어자문기법은 한대에 중국에 유입된 후 단독 원문으로 출발해 점차 연주문에서 기물의 地文으로 발전한 것이다. 남북조시대에는 불상에도 수용되는데 주로 광배 주변의 연주문이나 대좌부분에서 찾아 볼 수 있다. 당대 어자문은 8세기에 지문으로써 모든 기물을 뒤덮었고, 9세기에는 타출과 함께 성행하며, 10세기 이후에는 요나라가 이 기법을 그대로 계승해서 타출기법과 함께 더욱 진전시킨다. 우리나라에는 계미명금동삼존불입상(563)에 등장한 후, 통일신라 사리기나 안압지출토 가위, 건물장식 등과 발해유물들에서 찾아 볼 수 있는데, 당대의 수법과 비교하면 훨씬 듬성듬성 하다. 어자문의 본격적인 발전은 고려시대였음이 11세기에 제작된 북한 중앙역사박물관 소장 은제합을 비롯하여 고려시대의 금은제 또는 금

50) 內蒙古自治州文物考古研究所 外, 『遼陳國公主墓』, 문물출판사, 1993, 79쪽 및 도 20.
51) 김은애, 「고려시대 타출공예품 연구」, 홍익대학교 석사학위논문, 2003.
52) 于建設 主編, 『赤峰金銀器』, 遠方出版社, 2006, 104쪽.

동제과대에서 확인된다(도 48). 서울역사박물관 소장 금동과대나 쾰른박물관 소장 금동과대가 대표적이다. 특히 용인대 우학문화재단 소장 청동장식물에는 地文으로 쓰인 경우로 현미경으로 보면 원이 여러 개 잇대어져 있는데, 다음 원과 옆의 원들을 비교해 보면 방울정 4개를 붙인 4중방울정에 의해 메꾸어 진 것을 알 수 있다(도 49).[53] 이 4중방울정 뿐 아니라 다른 부분에서는 5중방울정도 확인되며, 이런 多重釘은 단독 방울정과 동시에 쓰였다. 단독 방울정을 써서 지문으로 바탕 전체에 시문할 경우 많은 시간이 걸리므로 자연히 장인의 손놀림이 빨라져서 힘을 주는 곳만 찍히고 약한 곳은 덜 찍혀 완전한 원이 되지 않았다. 또 원과 원을 잇대어서 정연한 어자문을 만들지 못하고 우학문화재단 소장 금동환형향합의 경우처럼 한번 찍은 원에 겹쳐서 또 찍게 되므로 원들이 엉켜져 보인다. 이 외에도 어자문은 조금 큰 단독 방울정으로 동물의 신체 일부분에 연주식으로 시문되거나 동물의 신체에 비늘정으로 찍는 것보다 입체감을 주기 위해 겹쳐서 찍기도 했다.

이러한 어자문은 통일신라 기술을 바탕으로 요대 어자문기법의 영향을 받아 완성한 것이며 같은 시기 중국 송 지역에서는 찾아볼 수 없다. 서 긍도 신기한 것으로 보았던지 『高麗圖經』에서 분명하게 요대 기술의 유입에 대해 전해주고 있다.[54]

Ⅳ. 맺음말

고려 11-12세기에 제작된 금속공예품은 한국 금속공예사상 가장 우수한 기법으로 조형성과 실용성, 장식성을 갖춘 최고의 공예미를 보이고 있다. 그 근저에는 고려인들의 탁월한 조형능력과 미의식이 있었음은 물론이지만, 11세기에 진행된

---

53) 香取正彦, 『金工の傳統技法』, 理學社 , 1986, 4-24쪽.

54) "高麗 工技至巧 其絶藝 悉歸于公 如幞頭所 將作監 乃其所也 … 亦聞契丹降虜數萬人 其工伎十有一擇 其精巧者 留於王府 比年器服益工 第浮僞頗多 …"(『高麗圖經』 권19, 民庶, 工技).

요와의 공식적인 교류관계 및 거란인의 귀화정책을 통한 북방문화의 유입과 토착화 또한 중요한 요인이다.

수렵과 어로, 수초를 따라 목축생활을 하는 거란족은 하북성, 산서성, 요녕성의 당문화를 계승, 한족이 형성한 한문화를 토착화 시키고 거란 고유의 기형과 기술력을 더해 10-11세기에 북방 초원문화를 형성했다.『고려도경』에 의하면 冶金기술을 비롯한 상당한 공예기술을 가진 귀화한 장인들이 관장으로 활동하였으므로 고려 공예는 더욱 발전할 수 있었다.

고려 금속공예에 보이는 요문화적 요소는 조형적으로는 군지형정병, 연지형향로, 다라니당 같은 불교공예, 쌍룡문경 등 거란계 동경, 장도를 비롯한 일반공예가 있다. 가장 두드러지는 부분인 문양은 쌍룡문과 태극화염보주문, 포류수금문, 범자문, 천개문 같은 불교계문양과 모란문, 죽문, 죽학문 같은 일반문양을 들 수 있다. 기법면에서는 다중정을 이용한 촘촘한 어자문기법을 바탕으로 주문양을 고육각한 타출기법이 대표적인데, 이는 통일신라시대의 전통을 바탕으로 거란계 기술을 수용하여 이 시기에 절정을 이룬 것이다.

이 글에서는 한국 금속공예의 정수를 볼 수 있는 11-12세기의 공예품에 투영된 북방 요문화적 요소를 다각적으로 분석해 고려공예에 미친 영향을 규명해 보았다.

참고문헌

〈자료〉

『高麗圖經』,『高麗史』,『遼史』,『朝鮮古蹟圖譜』

〈연구서〉

김위현,『遼金史研究』, 裕豊出版社, 1985.

박옥걸,『高麗時代의 歸化人 研究』, 國學資料院, 1996.

홍희유,『조선중세수공업사연구』, 지양사, 1989.

紀兵 · 王晶辰 主編,『佛教遺宝』, 瀋陽: 遼寧人民出版社, 2005.

內蒙古自治州文物考古研究所 外,『遼陳國公主墓』, 北京: 문물출판사, 1993.

山西省古建築保護研究所,『朔州崇福寺』, 北京: 文物出版社, 1996.

山西雲崗石窟文物保管所,『華嚴寺』, 北京: 文物出版社, 1980.

上海博物館,『草原瑰寶』, 上海: 上海書畵出版社, 2000.

『敖漢文物精華』, 呼倫貝爾: 내몽고문화출판사, 2004.

王健群 · 陳相偉,『庫倫遼代壁畵墓』, 北京: 文物出版社, 1989.

于建設 主編,『赤峰金銀器』, 呼和浩特: 遠方出版社, 2006.

劉海文 主編,『宣化下八里Ⅱ區遼壁畵墓考古發掘報告』, 북경: 文物出版社, 2008.

任士民,『靑瓷與越窯』, 上海: 上海古籍出版社, 1999.

張國慶 · 朴忠國,『遼代契丹習俗史』, 瀋陽: 遼寧民族出版社, 1997.

浙江省文物考古研究所 外,『寺龍口越窯址』, 北京: 文物出版社, 2002.

浙江省博物館 編,『浙江紀年瓷』, 北京: 文物出版社, 2000.

陳文彦 主編,『遼都神韻』, 呼和浩特: 내몽고인민출판사, 2003,

河北省文物考古研究所,『宣化遼墓壁畵』, 北京: 文物出版社, 2001.

河北省文物研究所,『宣化遼墓』下册, 北京: 文物出版社, 2001.

香取正彦,『金工の傳統技法』, 東京: 理學社, 1986.

〈연구 논문〉

김수연, 「高麗時代 佛頂道場 研究」, 이화여자대학교 석사학위논문, 2004.

김은애, 「고려시대 타출공예품 연구」, 홍익대학교 석사학위논문, 2003.

배진달, 「羅末麗初 金銅線刻涅槃變相板 연구」, 『丹豪文化研究』 3, 1998.

안귀숙, 「高麗時代 金屬工藝의 對中交涉」, 『高麗 美術의 對外交涉』, 예경출판사,
　　　2004.

內蒙古文物考古研究所 外, 「內蒙古赤峰寶山遼壁畫墓發掘簡報」, 『文物』, 1998.

孟古托力, 「遼代人口的若干問題探討」, 『北方文物』, 1997.

宿白, 「定州工藝與靜志, 淨衆兩塔地宮文物」, 『文物』, 1997.

王月涎, 「遼朝皇帝的崇佛及其社會影响」, 『中國古代史(二)』, 北京: 中國人民大學書
　　　報資料中心, 1994.

李宇峰 外, 「彰武朝陽區遼代墓地」, 『遼寧考古文集』, 瀋陽: 遼寧民族出版社, 2003.

蔣金玲, 「遼代渤海移民的治理和歸屬研究」, 長春: 길림대학 석사학위논문, 2004.

鄭紹宗, 「遼代繪畫藝術和遼墓壁畫的發現與研究」, 『文物春秋』, 1995.

趙雅莉, 「耀瓷歷代蓮紋裝飾」, 『中國耀州窯國際學術討論會文集』, 西安: 三秦出版社,
　　　2005.

朝陽北塔考古勘察隊, 「遼寧朝陽北塔天宮地宮淸理簡報」, 『文物』, 1992.

天津市歷史博物館考古隊 外, 「天津薊縣獨樂寺塔」, 『考古學報』, 1999.

韓光輝, 「遼代中國北方人口的遷移及其社會影響」, 『北方文物』, 1989.

許曉東, 「佛敎對遼代工藝的影响」, 『故宮博物院院刊』 94, 2001.

찾아보기

고
려
와
북
방
문
화

ㅅ

고
려
와
북
방
문
화

大

Conception on the Kitan Liao and Jin Dynasty during the 10th–12th century of Goryeo Dynasty

Kim Soonja

This is a study on people's conception on the Kitan Liao and Jin dynasty during the early Goryeo dynasty. All terminologies on the Kitan Liao, Jin dynasty, Kitai tribes and Jurchens were gathered and analyzed in their meaning. Kitai tribes had built the Kitan Liao in 907, Jurchens had built Jin dynasty in 1115.

At the beginning of the founding country, Goryeo had conception that the Kitan and Jurchen tribes are barbaric and culturally declasse. Sung dynasty by Hans was the real China in their Conception. But the two dynasties had been powerful in 'Chinese World'. Goryeo dynasty had to establish diplomatic relations with the Kitan Liao after intrusion of the Kitan in 993, and with Jin in 1126. In this period, Goryeo was a tributary, and the Kitan Liao and Jin were investitures. Was it possible that they regarded two investiture nations as a savage?

Instead of being hostile to the Kitan and Jurchen, ordinary people including the king and ruling party of Goryeo allowed two nations as a investiture. But Some still considered Jin as a savage just as Myochung. Goryeo was impressed with the Kitan's brilliant and elaborate culture, so that it became popular regardless of a prohibition order. Their previous recognition on the Kitan Liao and Jin had changed.

However they never represented the two dynasties as China[中國, 中華], that is the center of Sinocentrism. Despite of a break of diplomatic relations with Sung, Goryeo considered it as the real China.

A Study of the Terms Used to Refer to the King's Women during the Goryeo Dynasty from the Perspective of Comparative History

—With the focus on the association between the country's system with those of Liao China and Jin China—

Kwon Soonhyung

This study attempts to shed light on the influence of countries to the north of Goryeo on the terms used to denote the king's women ("naejik" or "naemyeongbu") during the dynasty, with the focus on the origins and features of the relevant system of the dynasty. As Goryeo adopted multilateral diplomacy, maintaining close relations with Liao and Jin as well as Song, it must have fallen under their influence to a considerable extent. These countries kept a tradition of a man having multiple wives, and it is assumed that their system of terms for the king's women might have been suitable for the situation in Goryeo.

Chapter 1 reviews the formation and development of the system of terms used to refer to the king's women as adopted by countries in East Asia an ditsinfluence on the country's ancient kingdoms. The system, which originated in the Western Zhou Period, reached maturity by the Sui and T ang Periods. Despite the close relations between Goryeo and

China, t he country's ancient kingdoms did not adopt a system similar to that adopted by kingdoms in Chin aproper. The term used to refer to the wives of the kings of Silla and Baekje was "wives." During the Goguryeo Dynasty, the king's wife and concubines were referred to as the "the queen" and "wives, " respectively, thus distinguishing the king's legitimate wife from his concubines. However, the three kingdoms had on e thing in common: no term other than "wives" was used to refer to concubines. Besides ,the husbands o f princesses(both those born of the queen and those born of concubines and the Crown Prince's daughters) called their wives "wives(mydear)," i.e. quite unlike customary practice in China.

Chapter 2 reviews the names used to refer to the king's wife and concubines during the early Goryeo Dynasty (i.e. between the reign of King Taejo and that of King Mokjong). The system adopted earlier was maintained throughout this period (i.e. "the queen" and "wives"). The well-established system for referring to the king's women required making a distinction between the legitimate wife and the other women, and the strong patriarchal system. During the Goryeo Dynasty, it was impossible to rank the king's concubines as they were mostly drawn from noble households, which wielded considerable influence, although the dynasty did a lot to reform the political system.

Chapter 3 reviews the reformation of the system of terms denoting the king's women by King Hyeonjong and his successors, and the influence of Liao and Jin on that process. During this period, the terms used to refer to the king's women were replaced by "bi (妃)" as in China, but there are no records concerning the terms used to refer to the king's concubines lower than "bi." The queen-concubine ("bi") system was also found in Liao. It appears that this was because the tradition of a man having multiple wives in Goryeo and Liao blocked the development of a system similar to that of the kingdoms in China proper. King Injong and his successors had to be approved by Jin. Thus, the system in Goryeo came to be influenced by that adopted by Jin, which had many ranks of concubines below bi(妃) and used the name wonbi(元妃) to distinguish the queen from the concubines. Records show that Goryeo used such terms as wonbi(元妃/queen) and chabi(次妃/the second wife). As such, the system of terms for the king's women in Goryeo appears to have been associated more deeply with those of the northern Chinese kingdoms, such as Liao and Jin, than those of the kingdoms in China proper.

The Interchange of Buddhism between Goryeo and Liao

−In the case of *Shi Moheyan lun*(釋摩訶衍論)−

Kim Youngmi

This paper examines the interchange of Buddhism between Goryeo(高麗) and Liao(遼) through the text of the *Shi Moheyan lun* (Treatise Explicating the Mahāyāna; 釋摩訶衍論). The *Shi Moheyan lun* is known as Nāgārjuna's commentary of the Awakening of Faith(大乘起信論). The treatise was included, for the first time, in the Liao Tripiṭaka, and highly valued in the Liao Buddhist society. The Emperor Dao(道宗) and other monk-scholars studied the text. Upon the text's transmitting to Japan, it immediately brought up the controversies of its authenticity, one of which argued for the authorship of Shilla monk, Wolchung. The Treatise was, however, not mentioned by the Shilla exegetes who studied the Awakening of Faith. Although the Chinese scholar-monks, Chengguan(澄觀 738~839) and Zongmi(宗密 780~841), apparently had mentioned of this text intermittently, Yanshou(延壽)'s several references of the texts in *Zongjing lu*(宗鏡錄) were considered to be exceptional.

Daegak Ŭichon(大覺 義天), the National Preceptor of Goryeo, included the *Shi Moheyan lun* and the exegeses of Liao monk-scholars', such as Fawu(法悟), Zhifu(志福), Shouzhen(守臻), in the Newly Edited Total Catalogue of All Buddhist Schools(新編諸宗敎藏總錄), and he also transmitted these texts to Sung and Japan. Ŭichon's compilation, especially in the time of the political situation which prohibited book exportations between Liao and Sung, paved the way that the *Shi Moheyan lun* was reevaluated and studied in East Asian Buddhist fields. And the Emperor Dao(道宗) argued that the *Shi Moheyan lun* is a both 'the final(終教)' and 'the Immediate(頓教)' teaching in the various divisions of doctrine and the claim provoked polemics, which was resolved by Ŭichon's text. In this regard, the interchange of Buddhism between two countries, reflecting their diplomatic situation, flourished to the extent of scholastic collaboration as well as texts exchange.

Northern Influence on Buddhist Pagodas of the Eleventh and Twelfth Centuries in Goryeo Dynasty

Kang Byunghee

Two most important factors found in the eleventh and twelfth century Goryeo stone pagoda are founding of pagodas with inscriptions with the contents of praying the national security during the reign of King Hyeonjong, and the appearance of pagodas with additional underpinning on each story of the lowermost part of the main body.

Four pagodas with inscriptions erected during the King Hyeonjong's reign testify that Khitan's invasion in 1010 and 1018 stimulated the founding of Buddhist pagodas of that time. The flower patterns (*Hwadoomoon* 花頭文) decorated the connected arc shape frame(*Ansang* 眼象) in the lower footstone of the five-storied pagoda in the site of Jeongdusa temple are closely related to the decorations found in the Liao Dharani column. This fact is considered as influence of Liao culture when Dharani colums were widely popular.

The additional underpinning in Buddhist pagoda first appeared during the late Unified Silla period when the idea of separate underpinning was indicated in the first story of stone pagoda, dais of sculpture, and funerary pagoda for monk. They and the additional underpinning on each story of the lowermost part of the main body in Goryo pagoda

고려와 북방문화

was originated from the storied-frame(*pingzuo* 平坐) of the wooden architecture whose early examples can be found in the wall painting of Amitāyur-dyana-sūtra(觀無量壽經變) in cave 217 at Dunhuang, and *Dabo* pagoda at Bulguksa temple.

In China during the Five Dynasties, Song, Liao, and Jin, multi-storied mason and stone pagodas with pavilion-type became very popular. The style of Liao mason pagoda with pavilion-type is different from those erected in the Southern Song, and the stylistic difference can also be found in wooden architecture. The type of storied-frame which called a hidden story(暗層形 平坐) of Liao which is an independent tier separated from the upper and lower stories correspondents with the additional underpinning on each story of the lowermost part of the main body of pagoda in its concept and structure.

The stylistic difference found in the pagodas of Liao and Song was originated from the fact that the Liao inherited the tradition of Tang culture whereas the Song found her cultural identity in the Five Dynasties where the Southern regional characteristics was strongly reflected in the cultural tradition. During the Six-dynasties period, Southern and Northern dynasties built multi-storied wooden pagoda in different structural methods which lasted after the unification of China in the Sui and Tang.

The structure of storied-frame in Korean wooden pagoda until the early Goryeo adopted the Southern dynasty style exemplified in the five-storied pagoda at Horyu-ji temple. Also, in the early-Goryeo, wooden pagoda form was emphasized again in building Buddhist pagodas. This period was the heyday of Liao which Khitan established. Liao's cultural influence was not less than Song which the Han race established.

The style of additional underpinning on each story of the lowermost part of the main body began with the close contact with the northern

Chinese culture and the reappearance of wooden pagoda style. Therefore, it can be concluded that the building of stone pagoda with the inscription in the King Hyeonjong's reign, and the addition of underpinning on each story of the lowermost part of the main body during the Goryeo were derived from the influence of Liao architectural style.

Buddhist Sculpture of Mid-Goryeo reflecting northern tradition

Jeong Eunwoo

Buddhist sculptures from the mid-Goryeo period widely reflect reflect foreign influences,particularly from the Chinese of Liao and Song. Popular stylistic details and themes in Korean Buddhist sculptures such as the thin sheer silk robe worm by Buddha, the style of dressing in which the robe drapes down from the right shoulder, leaving the left shoulder bare, dhyana mudra assumed by seated Buddhas. Guanyin Bodhisattva(Avaloktesvara) surmounted by a jewel crown sculpted with a transformation Buddha(nirmanabuddha) and holding a blossomed lotus stem in one hand. Guanyin Bodhisattva clad in a white robe and Arhats wearing a head scarf, were all introduced during this pwriod. These characteristics are closely related to the northern tradition of Buddhist sculpture, developed in the Liao and Jin Dynasties.

Of these new features and themes, the head scarf and Bodhisattva wearing a jewel crown with a transformation of Buddha and holding a lotus blossom are of particular interest, insofar as they recur in many different combinations. In Goryeo, there was a large production of Arhat sculptures in which the Arhat wears a head scarf. The bronze Pindola Arhat, bearing the inscription "Jeil Bindoro jonja Yeongtongsa (Pindola, the first of the sixteen Arhats, Yeongtongsa Temple)," a stone Arhat discovered in Ganghwa and the stone Arhat in the collection of Dongguk

University Museum are some of the examples in which an Arhat wears a short head scarf whose bottom edge touches the shoulders. Head scarves are not seen only in Arhat statues, but also in some Bodhisattva sculptures. Bodhisattva statues in Gangwon-do temples such as Hansongsa, Sinboksa and Woljeongsa, for example, also don a head scarf, worn under the jewel crown and reaching down to the shoulders. These tall bejeweled head pieces are signature features associated with Liao-dynasty Bodhisattvas. The head scarf, meanwhile, is the telltale feature of both Arhat statues and Bodhisattvas from the Shangjing area, of the Liao dynasty. Wearing a head scarf was common among people of the Liao, a dynasty based in the northern region, due to climactic reasons. Even formal outfits for the empress customarily included a head scarf.

The head scarf made its first appearance in a Buddhist sculpture with Ksitigarbha Bodhisattva statues, produced around the 10th century, in the Dunhuang region. The popularity of the head scarf in Liao-dynasty Buddhist sculpture could very well have been an influence from this region. The existing custom of wearing a head scarf, prevalent in all segments of its society, from members of the imperial house to Buddhist monks and ordinary people, also probably contributed to its integration into Buddhist sculptures. Hence, it is more than likely that head-scarved Arhat statues of Goryeo were produced under the influence of Liao-dynasty Buddhist sculpture.

As for statues of Bodhisattva wearing a jewel crown with a trans-formation Buddha and holding a lotus blossom, whilst Bodhisattva sculptures of this type date back to the Tang Dynasty, they became widely popular only once into the Liao Dynasty. During the Liao Dynasty, statues of Avalokitesvara surmounted with a jewel crown

고려와 북방문화

with a transformation Buddha, holding a lotus blossom in one hand, were popularly produced, along with Maitreya carrying a kundika, in accordance with information on these deities found in the Mandala Sutra of the Eight Great Bodhisattvas (*Paldaebosal Mandaragyeong*). In Goryeo, sculptures of Avalokitesvara with a transformation Buddha on the head piece and a lotus blossom in one hand were mostly small gilt-bronze statues, although a few of them were larger stone statues. The stone standing Bodhisattava of Gwanchoksa Temple, known also as Eunjin Maitreya, with a transformation Buddha mounted on the head piece and a lotus blossom clutched in one hand, and the stone standing Buddha housed in the Jungwon Maitreya Prayer Retreat, only carrying a lotus blossom without a headdress, are some of examples dating from the Goryeo Dynasty. These Buddhist sculptures are identified as representations of Maitreya Buddha due to their large size and name. The earliest example of a Maitreya statue wearing a crown mounted with a transformation Buddha if the stone Maitreya Bodhisattva of Gamsansa Temple from the Unified Silla period, created in 719. These Maitreya statues gradually merger, over time, with statues holding a lotus blossom, to eventually shape an image of Maitreya unique to Goryeo.

The Relations of Ceramics between the Liao(遼)·Jin(金) and the Goryeo Dynasty in 10th–12th century

Jang Namwon

This study is looked at the exchange of the ceramics products and product techniques between Goryeo and Khitan Liao(遼)·Jurchen Jin(金) through the ceramics made in Goryeo and the chinese ceramics acceptted to Goryeo in 10th–12th century. So far, It had been placed too much emphasis on relations with south China. However, through this research, based on the status of manufacturing ceramics in Liao(遼) and Jin(金), could review multiply Goryeo ceramics' produced lineage and formative tradition in attention to interaction between Goryeo and neighboring.

The founding of Liao, there were new kiln sites in Hebei, Shanxi, and Inner Mongolia. The city of many provinces, includung Five capitals, such as Shangjing Linhuangfu(上京 臨潢府), Dongjing Liaoyangfu(東京 遼陽府) etc, would be placed under the rule of Khitan and stabilized, there had increased the demand for ceramics. Not only increased production and various kinds of ceramics, but also increased produced by Liao craftsman. Meanwhile, some Khitan craftsmen were moved to Goryeo, so that craft technology was descent from Khitan would also be reflected Goryeo ceramics technique.

고려와 북방문화

Former territory of Nothern Song was placed under the rule of Jin, and the area of the ceramic industry such as Ding-yao(定窯), Huozhou-yao(霍州窯), Yaozhou-yao(耀州窯), Jun-yao(鈞窯), Cizhou-yao(磁州窯) in Hebei, Henan was also occupied by Jin dynasty that Chinese porcelain tradition would be remained. In particular, some areas of Ding-yao and Yaozhou-yao were estimated to government's kiln of Jin dynasty. Also Jun-yao of Henan to increase production to meet market demand for new products was developed. Therefore, since Khitan had fell, until Jin ruled over Goryeo in 1125 and dominated the north of China in 1153, there were assumed that ceramics technology of nothern china was flowed into Goryeo via Liaoning.

At first, It is noteworthy that changes in production technology such as Introduction of biscuit Firing method and changes of fire support stand with declining of celadon kiln succeed to Yue-yao(越窯) which was first built in the center-west region of the peninsula. The original technology of the secondary firing was genteral with Dang-san-cai, it was spread to Shanxi, Hebei, Henan, and ito Shanxi. Not only the prevalence of the secondary firing on Dang-san-cai of Balhae and Liao but also Goryeo celadon can be seen to be related to nothern chaina rather than southern China. And the method of firing celadon put one upon another with about four of fireproof sludge on a ground was not feature of the Yue-yao group. These three features appeared at the same time were seemed to originate from the ongoing interaction with northern China.

In Goryeo dynasty, there were new style and technology of ceramics appeared in the interaction with ceramics of northern china. For example, through 10th-11th century until Jin dynasty, the technology of Ding-yao and Xing-yao(邢窯) where a strong tradition of a jade *pi*-shaped foot ring(玉璧底) had spread to many kiln sites of northern china.

So the production of white porcelain in Liao dynasty was diversified. Furthermore, white porcelains of northern china were came into Goryeo, and some kiln sites produced both celadon and white porcelain. At this time, It is noticeable that not a little bowls witha jade pi-shaped foot ring which were popular in Dang dynasty were reproduced in Goryeo. Though ewers and bowls which were popular in northern Sung dynasty were found in the tombs of Goryeo, at the same time the bowls with a jade pi-shaped foot ring were produced. It is similar to bowls with a jade pi-shaped foot ring's fashion in Chifeng(赤峰) Gangwa-yao(缸瓦窯) and Shangjing Lindong-yao(上京 林東窯) which took a strong tradition of white porcelain of Xing-yao in Liao and Jin dynasty. These are a unique phenomenon in Goryeo and northern China at late 10th century were able to see.

In other hand, the end of the 10th century, in the kilns of the center-west regions of the peninsula, it began inlaying techniques. The inlaid technique was mostly attempted to white porcelain first, it was influenced by the wares of Hebei and Shanxi where the inlaid technique was active. And it has understood that underglazed iron method of Cizhou-yao's direct or indirect domestic spread had also the same way of the overall flows of ceramic industry in early Goryeo dynasty.

고려와 북방문화

The Influence of Liao Dynasty Culture on Goryeo Dynasty Metal Craft

Ahn KuiSook

After it established a peaceful relationship with the Khitans, Goryeo became politically and socially a stable place, and between the 11th and 12th century during the rule of King Munjong and King Injong, it gave birth to an elegant and unique craft culture that was both naturalistic and ornamental.

The metal craft of this period shows the highest level of aesthetic craftsmanship with the finest techniques in the history of Korean metal craft, possessing form, practicality, and ornamentality. At the root were the sculpting skills and aesthetic sensibilities of Goryeo people but the official exchanges between Goryeo and the Khitan Empire that were carried out in the 11th century and the inflow and acceptance of the northern culture through the naturalization policy of the Khitans were also important factors. For about 50 years starting from the rule of King Hyeonjong in the 11th century, Goryeo had official exchanges with Khitan and, in formal envoy dispatches, court costumes and silverware made by master government artisans with the highest level of craftsmanship were given and received. There were most likely exchanges of basic craft forms and techniques as well.

Khitans, nomads that moved along areas with hunting, fishing, and aquatic plants, inherited the Tang Dynasty culture of the Hebei, Shanxi, and Liaoning areas, assimilated the Han race culture and, adding its own unique basic forms and techniques into the mix, established the 10th and 11th century north grassland culture. Goryeo craft could advance further because some of the Khitan artisans with considerable level of craftsmanship including metallurgy skills became naturalized and worked as government artisans in Goryeo.

Metal craft in Goryeo shows elements of Liao Dynasty culture in the formal aspects of its Buddhist craft, such as Kundika (淨瓶), and of its general artworks, such as twin dragon mirrors and encased ornamental knives. The most noticeable elements are the patterns: Buddhist patterns, such as double dragon, *taegeukhwayeombojumun* (太極火焰寶珠文) and *poryusugeummun* (蒲柳水禽文: water, willow and waterfowl), and general patterns, such as peoniesand bamboos. In technical aspects, the dense ring-matting technique using multiple chisels (多重釘) is the basic layer and, for main patterns, the high volume repoussé (打出技法) is the representational technique, and these achieved their peak during this period by adding the Khitan techniques to the foundation of the craft tradition from the Unified Silla Period.

This paper analyzed from various angles the elements of Liao Dynasty culture that are reflected in the 11th and 12th century craftsmanship, in which we can see the quintessence of Korean metal craft, and investigated their influence on Goryeo craft and their significance in terms of history of craft relations.

고려와 북방문화

출 처

※ 본서 수록 논문들은 아래의 글들을 수정 및 보완한 것이다.

• 김순자

「고려전기의 거란[遼], 여진[金]에 대한 인식」, 『한국중세사연구』 26, 2009.

• 권순형

「고려 內職制의 비교사적 고찰-요·금제와의 관련을 중심으로-」, 『梨花史學研究』 39, 2009.

• 김영미

「高麗와 遼의 불교 교류-『釋摩訶衍論』을 중심으로-」, 『韓國思想史學』 33, 2009.

• 강병희

「고려 전기 사회변동과 불탑: 11-12세기 불탑의 북방적 영향」, 『美術史學』 23, 2009.

• 정은우

「고려 중기 불교조각에 보이는 북방적 요소」, 『美術史學研究』 265, 2010.

• 장남원

「10-12세기 고려와 遼·金도자의 교류」, 『美術史學』 23, 2009.

• 안귀숙

「고려 금속공예에 보이는 遼文化의 영향」, 『梨花史學研究』 40, 2010.

▶ 강병희 (康炳喜)

한양대학교 강사.

한국학중앙연구원 예술사전공 문학박사.

한국건축사 전공.

■ 주요 논저

「고대 중국 건축의 8각 요소 검토-고구려 8각 불탑의 조망을 위하여」,『한국사상사학』36(한국사상사학회, 2010).

「고려 전기 역사변동과 불탑: 11-12세기 불탑의 북방적 영향」,『美術史學』23(한국미술사교육학회, 2009) .

「傳 홍륜사지 영묘사지인가?」,『미술사, 자료와 해석』(일지사, 2008).

「조선의 하늘제사 건축-대한제국기 원구단을 중심으로」,『조선왕실의 미술문화』(대원사, 2005).

「『熱河日記』를 통해 본 요동백탑」,『외대사학』12, 2000(한국외국어대학교 한국전통문예연구소, 2006 ;『연행록연구총서』 10, 학고방에 수정 재수록).

▶ 권순형 (權純馨)

한국학중앙연구원 한국학지식정보센터 연구원.

이화여자대학교 인문과학대학 사학과 문학박사.

고려시대 여성사 전공.

■ 주요 논저

「고려시대 宮人의 職制와 생활」,『이화사학연구』41(이화사학연구소, 2010).

「고려 內職制의 비교사적 고찰-요·금제와의 관련을 중심으로-」,『이화사학연구』39(이화사학연구소, 2009).

「고려 목종대 헌애왕태후의 섭정에 대한 고찰」,『사학연구』89(한국사학회, 2008).

▶ 김순자 (金順子)

한국외국어대학교 강사.

연세대학교 문과대학 사학과 문학박사.

고려시대 외교사 전공.

■ 주요 논저

『韓國 中世 韓中關係史』(혜안, 2007).

「고려·조선-明 관계 외교문서의 정리와 분석」,『한국중세사연구』28(한국중세사학회, 2010).

「고려시대의 전쟁, 전염병과 인구」,『이화사학연구』34(이화사학연구소, 2007).

「10~11세기 高麗와 遼의 영토 정책」,『북방사논총』11(동북아역사재단, 2006).

▶ 김영미 (金英美)

이화여자대학교 인문과학대학 사학과 교수.

이화여자대학교 인문과학대학 사학과 문학박사.

한국사상사 전공.

■ 주요 논저

『신라불교사상사연구』(민족사, 1994).

「11세기 후반~12세기 초 고려·요 외교관계와 불경 교류」,『역사와 현실』43(한국역사연구회, 2002).

「고려 진각국사 혜심의 여성성불론」,『이화사학연구』 30(이화사학연구소, 2003).
「나말려초 선사들의 계보인식」,『역사와 현실』 56(한국역사연구회, 2005).
Buddhist Faith and Conceptions of The Afterlife in Koryŏ, *SEOUL JOURNAL of KOREAN STUDIES* 21-2, 2008.

▶ **안귀숙 (安貴淑)**
문화재청 문화재감정관.
홍익대학교 미술사학과 문학박사.
공예사 전공.
■ 주요 논저
『유기장』, 서울(화산문화, 2002).
『朝鮮後期僧匠 人名辭典 - 佛敎繪畵(공저)』(양사재, 2008).
『朝鮮後期佛敎匠人 人名辭典 - 工藝와 典籍(공저)』(양사재, 2009).
『朝鮮後期佛敎匠人 人名辭典 - 建築과 石造美術(공저)』(양사재, 2010).
『中國淨甁 硏究』(홍익대학교 박사학위청구논문, 2000).
「佛鉢의 도상적 성립과 전개」,『시각문화의 전통과 해석』(예경출판사, 2007).
「고려 佛具의 의미와 제작기법」,『佛法으로 피어난 금속공예』(용인대학교박물관, 2006).

▶ **장남원 (張南原)**
이화여자대학교 인문과학대학 미술사학과 조교수.
이화여자대학교 인문과학대학 미술사학과 문학박사.
한국 및 동양도자사 전공.
■ 주요 논저
『고려중기 청자 연구』(혜안, 2006).
「고려시대 청자 투합(套盒)의 용도와 조형 계통」,『미술사와 시각문화』 9(미술사와 시각문화학회, 2010).
「고려청자의 사회적 기억 형성과정으로 본 조선후기의 정황」,『미술사논단』 29(한국미술연구소, 2009).
「10-12세기 고려와 遼・金도자의 교류」,『美術史學』 23(한국미술사교육학회, 2009).
「중국 원대유적 출토 고려청자의 제작시기 검토- 내몽고 집녕로 교장유적출토 청자연적을 중심으로」,『호서사학』 48(호서사학회, 2007).

▶ **정은우 (鄭恩雨)**
동아대학교 인문과학대학 고고미술사학과 교수.
홍익대학교 미술사학과 문학박사.
불교조각사 전공.
■ 주요 논저
『高麗後期 佛敎彫刻 硏究』(문예출판사, 2007).
『불상의 미소』, 보림미술관 12(보림출판사, 2008).
「용문사 목조아미타여래좌상의 특징과 원문분석」,『미술사연구』 22(미술사연구회, 2008).
「1502년명 천성산 관음사 목조보살좌상 연구」,『석당논총』 48(석당전통문화연구원, 2010).
「여말선초 소금동불의 유행과 제작기법의 변화」,『미술사학』 24(한국미술사교육학회, 2010).

고려와 북방문화

2011년 12월 20일 초판 인쇄
2011년 12월 30일 초판 발행

저 자   장남원 · 강병희 · 권순형 · 김순자 · 김영미 · 안귀숙 · 정은우
발행처   도서출판 양사재
발행인   한정희
등록번호   제313-2007-000136호(2007. 6. 20)
주 소   서울시 마포구 마포동 324-3 경인빌딩
대표전화   02-718-4831   팩스 02-703-9711
홈페이지   www.mkstudy.net
이메일   ysj@mkstudy.net

ISBN   978-89-960255-9-7   93910
값   28,000원